한국 학춤의
역사적 생성과 미

한국 학춤의
역사적 생성과 미

Historicul Birth And Beauty Of Korean Crane Dance

정은혜 지음

보고사
BOGOSA

발간에 부쳐

'학춤'은 한국무용사에서 빼놓을 수 없는 아름다운 춤이며 그 종류가 다양하다. 독특한 형태와 개성을 간직한 우리 민족의 예술인 '학춤'은 문헌자료를 통해 연구해 보면 『삼국사기(三國史記)』의 현학내무(玄鶴來舞), 탁발위유입설(拓拔魏流入說), 오학성중설(五鶴聖衆說), 계변천신(戒邊天神)가학강림설 등 그 역사성이 신라시대까지 소급된다. '학춤'은 우리 민족의 천(天) 사상에서 태양 중심의 의식구조와 관련된 주술적 천신신앙에서 비롯된 춤으로 고구려의 벽화나 그림, 조형물, 쌍학교금신상(雙鶴咬金身像) 등으로 미루어 볼 때 불교의 해탈의 정신, 도교의 무위자연, 유교의 선비사상을 흡수하는 춤으로 상생의 주술적 의미를 지닌 종교의 이상향과 사상성을 강하게 내포하였음을 알 수 있다. 『고려사』 「악지」를 보면 '학춤'이 구나의식에 포함되어 추어진 기록이 많았으며, 『악학궤범』에 이르러 학무가 독립된 춤으로 연희적 성격을 띠며 발전하였고, 『홀기』에 이르러 학무와 처용무, 연화대가 합쳐져 예술적으로 확대 발전되었다.

'학춤'은 향악정재로 분류된 것을 보아 '학춤'이 우리 민족의 역사 속에서 독자적으로 발생한 춤이다. 세계적으로 '학춤'은 소수 몇몇 나라에서 나타나고 있으며 일본, 중국 등의 '학춤'은 신체의 일부분만을 가리는 춤으로, 한국의 '학춤'과는 상이하다. 세계적으로 학과 인간이 동일해지도록 온몸을 감추는 탈을 쓰고 인간과 학이 하나로 합일을 이루어 학을 인간의 움직이는 예술로 승화되는 '학춤'은 우리나라만이 유일하다. 그 춤의 모습은 선이 부드럽고 우아하며, 고상한 기품과 엄격한 절제의 춤사위로 이루어져 있으며, 다른 춤에서는 찾아볼 수 없는 형태와 양식을 지니고 있다. 우리 민족의 자연에 대한 인식과 사고를 표현하고 민족혼을 표상하는 신화적인 소재인 학을 통해 인간과 자연이 조우하고 감응하는 독창적인 춤 예술인 것이다.

　이번에 발간되는『한국 학춤의 역사적 생성과 미』는 학탈을 쓴 '학춤'으로 한정하여 '궁중학무'와 '한성준학춤' 두 가지에 초점을 맞추어 서술하고자 한다. '학춤'의 기원과 탈춤으로서 한국의 '학춤'이 가지는 사상성, 상징성을 고찰하고, '학춤'의 종류와 형식을 비교하여 동일성과 각자 다른 특이성을 정리하였으며, 미학적 분석을 통해 그 의의와 예술적 가치 및 문화사적 의미를 정립하였다. 또한 '학춤'에 있어 학탈은 매우 중요한 구성요소이나 학탈 제작법에 대한 기록이 거의 없어 수년 동안 탐문 연구하여 현장의 춤사위 동작과 연계한 수정보완 및 검증을 거쳐 한국 최초로 정리하였다. 마지막으로 갑오개혁 이후부터 한국무용의 흐름을 선도하며 활동했던 한성준이 꽃피운 '학춤'의 씨앗이 얼마나 풍성한 춤 문화 활동으로 이어졌는지, 근·현대의 무용가들이 전통 '학춤'에 영향을 받아 어떻게 전통을 이어가고 현대적으로 재창조하며 변형과 확장의 작업으로 새로운 작품 활동을 펼쳤는지 살펴보았다. 이는 오늘의 무용가들이 창작의 가치적 혼란 속에서 한국무용이 나아가야 할 방향과 정체성을 획득하는 근본으로 작용하기도 하여 꼼꼼히 정리하고 최선을 다했다.

　'학춤'을 36년 이상 추어온 필자는 '학춤'에 대한 우수성을 발견하였고, '한성준학춤'이 우리의 큰 유산임에도 불구하고 침체되어 있음에 안타까운 마음을 가지고 본서를 집필하기 시작하였다. 거칠게 실린 자료들도 있지만 이는 향후 쓰일 저서들이나 후학들의 연구에서 좀 더 다듬어질 부분이라고 생각하며, 모쪼록『한국 학춤의 역사적 생성과 미』편찬이 우리 민족의 자랑스러운 '학춤'의 정체성을 세우고 '학춤'연구의 기초자료가 되고 교육적 자료로 활용되길 바란다. 더불어 학탈의 제작법에 관하여 처음으로 자세한 정리를 위해 노력한 만큼 무용 전문가 외에 의상 연구자 및 무대 소품 연구자들에게도 귀한 자료가 되길 바란다. 춤을 추는 사람으로서 이론적인 서술의 부족함과 한계 속에서 이제 마무리를 하며 '학춤'의 계승에 대한 의식과 보존가치를 높이는 데 조금이나마 도움이 될 수 있으리라 생각되어 기쁜 마음이다.

대학원을 졸업할 무렵인 1981년 말경 정재 공부를 하라며 김천흥 선생님과의 인연을 터주신 김백봉 스승님으로 인해 '학춤'과 모든 정재의 공부가 시작되었고 오늘에 이르렀다. 순수한 마음으로 무용의 길을 걷고자 하였던 그 시간들 속에서 예술의 혼을 일깨워 주셨던 스승님들의 가르침에 큰절을 올리며, 무보를 위한 영상작업과 사진 촬영을 도와주신 오정환 학장님과 신의수, 이채민 그리고 음악 복원작업을 도와주신 이생강 선생님의 노고, 충분치 않은 시간 안에 흩어져 있는 자료들을 모으고, 분류하며 복잡한 그 안에서 중심을 잡아가며 정리를 도와준 후배 강은숙, 무보화 작업을 함께한 제자 이금용, 자료 찾기와 정리를 도와준 조아연, 노란, 성륜영의 수고에 감사하며, 마지막으로 학 제작법을 함께 연구하며 책으로 묶어낼 수 있도록 도와주신 안정훈 선생께 감사를 드린다.

2018년 4월 1일
정은혜

차례

제3장. 한성준 학춤의 춤사위 분석

들어가는 말

춤은 몸의 언어이다. 춤은 언어가 생기기 이전 언어인 몸짓으로 인류의 역사와 함께 발달해 왔다. 사람들의 의식세계와 생활상을 반영하는 표현의 수단으로 원초적인 움직임에서부터 현재의 예술적인 몸짓으로 이어져 오고 있는 춤! 원시·상고시대부터 춤은 원시종합예술 형태로 바위그림이나 동굴벽화, 고분벽화를 통해 유추해볼 때 원시신앙 형태의 제의로서의 주술적 성격이 강했음을 알 수 있다. 주술적 성격의 춤은 시대의 변화와 함께 역사, 환경, 지역 등의 차이에 따라 다른 문화로 존재하면서 다양한 모습으로 나타나고 있다. 자연과 인간에 관한 사고와 사유의 구조는 각 문화 속의 춤 형태와 시각 그리고 표현의 차이를 가진다.

'학춤'은 학이라는 동물의 춤이며 학이라는 새의 몸짓을 모방한 춤이고, 학탈을 쓰고 새로운 신격을 획득하여 인간의 염원과 희망을 담아 표현하고 있다. 인류 최초의 춤이라 볼 수 있는 동물모방춤은 고대인들이 신성시하는 상징을 가진 특정 동식물에 대한 염원과 기원을 바탕으로 생긴 제의식에서 발생하였다. 동물모방춤은 일정 동물의 형태와 성격, 움직임의 특징 등을 모방하여 추는 춤으로, 동물의 모습을 사실적으로 모방하기도 하고 때로는 은유적·추상적으로 표현하며 상징화되면서 발전하여 왔다. 모방의 대상이 되는 동물의 춤은 인간들의 자연관과 세계관에 따라 다르게 의미부여가 되면서 표현되는 춤의 성격도 달라져 왔다. 동물모방춤은 그에 따른 특징적인 상징의 의미를 지니고 있으며 이는 공통으로 해석되는 부분도 있지만 지역과 문화 그리고 시대에 따라 다양한 차이가 나타난다. 시대적으로 나타나는 특징적 상징은 삶 속에서 드러난 다양한 유형의 유물에서 살펴볼 수 있다. 유물들은 문화의 상징들로서 그 시대의 사상과 철학이 투영된 표현 양식으로서의 의미를 지니고 있으며 역사적, 사회적인 정신구조의 표현이라 할 것이다.

선사시대의 유물과 삼국시대의 고분벽화 등에는 새의 형상을 새긴 문양이나 그림이 많이 나타나고 있다. 이것으로 보아 고대인들은 조류에 대하여 신성시하고 나아가서는 예시적인 영물로 인정하였음을 알 수 있다. 벽화에 나타난 그림에서 새와 관련되거나 새의 깃을 꽂은 사람이 상류계급의 귀인을 의미하는 것은 새를 숭배하는 고대인들의 관념이었다. 또한 성인(聖人)의 탄생과 관련된 설화에 새가 직·간접적으로 연결되어있는 사례가 많으며, 조류의 행동에 대한 암시성 혹은 상징성을 부여한 기록도 많이 있다. 고대인들이 이처럼 새를 숭배하고 신성시하며 새에 대하여 영험성을 인정하였던 사상적 배경은 여러 가지 측면에서 해석이 가능할 것이다. 새에 관한 인간의 느낌이나 생각은 시대나 지역에 관계없이 공감적인 요소를 많이 가지고 있다. 새에 있어서 가장 강력한 상징의 초점은 '날개'로 날 수 있다는 점이다. 높고 넓은 창공을 자유롭고 아름답게 비행하는 새를 보며 느낄 수 있는 공감대는 인간의 본성에 비추어 크게 다를 바가 없을 것이다. 인간의 이상향인 하늘에 가까이 다다를 수 있는 새는 하늘과 땅을 연결하는 매개의 역할로서 신비스러우며 자유로움을 상징하는 영적인 존재로 자연의 모든 현상에 커다란 의미를 부여하였다. 고대인들에게는 하늘을 마음대로 날아다니는 새와 그것을 가능하게 하는 날개에 대하여 큰 감동으로 새를 이해하고 의미를 부여하여 왔다. 인간은 새를 통해 자연과 감응하고 조화를 이루는 신비적이며 탈세속(脫世俗)의 가치를 기원했을 것이다.

학이라는 동물은 예로부터 십장생에 속하는 영물로 병풍과 관복, 청자 ,백자는 물론 사찰의 벽화에서도 많이 볼 수 있다. 우리 민족은 학을 귀하고 상서로운 새로 인식했을 뿐만 아니라 학과 같이 높고 청아한 경지를 동경하고 이상으로 삼아왔다. '일품조'라 일컬어지며 천년을 사는 장수를 의미하고 '고아일품(高雅一品)'의 고고한 성품과 삶을 의미하는 학은 우리 문화 전반의 유형과 무형의 유산인 서학도, 송학장춘, 송학도 등 동양미술과 불단이나 한국의 전통악기, 상감청자 혹은 도자기, 단학흉배, 전통문양, 복식 등의 유물에서 시대적으로 특징을 달리하며 다양한 양식의 표상으로 만날 수 있다. 또한 학수고대(鶴首苦待), 학명지사(學名之士), 학명지탄(鶴鳴之歎) 등 학을 상징으로 한 언어적 표현도 시대의 사상과 철학이 투영된 문화의 상징들이다. 현재 천연기념물 제 202호로 지정되어 보호되고 있는 학은 예로부터 천년을 장수하는 영물로 인식되어 우리의 일상생활에 매우 친숙하게 등장하고 있다.

우리나라 전통춤에는 새나 짐승 등 각종 동물 이름이 붙어있는 춤이 몇 가지 있다. 그중 학의 탈을 쓰고 추는 조류의 춤은 '학춤'이 유일하다. 학의 몸짓을 모방한 '학춤'은 오래전부터 이어져 왔으며 고려의 궁중의례 서적인 『고려사』「악지」에 기록되어 있다. 학의 모습이나 움직임을 통해 동물과 인간과의 교감을 표현한 '학춤'은 독특한 표현양식으로 예술성이 높으며, 내용이나 형식에 있어서 오랜 역사성과 전통성을 간직하고 있다. '학춤'은 우리의 역사와 문화 속에서 이상적인 삶에 대한 현실적 인간의 욕망과 기원을 담은 주술적 성격을 강하게 지니고 있다. '학춤'은 사실적 형상의 재현이나 모방에 그치지 않고 자연과 일치된 삶의 추구와 인간으로서의 기원과 희망을 담고자 하는 정신적 구조의 표현으로서의 상징과 의미를 지니고 있다. 또한 이러한 학에 대한 우리 민족의 가치와 감정의 통념에 의해 고정되고 표상된 자연적이고 상징적인 표현의 '학춤'은 감상의 대상으로만 존재하는 것이 아니라 인간의 욕망과 기원을 담은 주술적 대상으로서의 정서를 표현하고 전달하는 매개체 구실을 하는 것이다. 이렇듯 자연에 대한 경외와 신령스러운 정감이 깃들어있고, 이상 세계에 대한 동경, 행복과 길상의 축원 등이 담겨있는 '학춤'은 신비롭고 영적인 춤으로 우리 민족만이 가진 예술의 존재인 것이다.

탈이란 원시시대부터 시작된 것으로 추정되는데 처음에는 수렵생활을 하던 원시인들이 수렵 대상인 동물에게 접근하기 위한 위장면(僞裝面)으로, 후에는 살상할 동물의 영혼을 위로하며 그 주술력을 몸에 지니기 위한 목적에서 비롯하여 점차 종교적 의식과 민족 신앙의 의식용으로 변모하며 발전하였다. 인류의 역사에 수렵, 전쟁, 연희, 벽사, 의술 등에 쓰이기 위해 창출된 신앙성을 띤 역사적 조형물인 탈은 탈을 씀으로써 다른 인물이나 동물 또는 초자연적인 존재로 변신할 수 있기 때문에 본연의 모습에서 벗어나 새로운 인격을 획득하는 역할을 한다.

새의 모방춤인 '학춤'은 처음에는 인간이 가장 고결하고 장수하는 신비로운 존재인 학을 동경하며 학탈을 쓰고 추는 주술적인 춤이었을 것이다. 학탈은 그 시대의 세계관을 전달하는 의미심장한 표현도구로 조류 모방춤으로서의 '학춤'에 있어 가장 중요하다. 한국 춤에 있어서 유일한 조류춤인 '학춤'은 한국인의 자연관과 한국적 미의식이 내재되어있는 독창적 가치와 중요성을 지니고 있다.

'학춤'은 학이 되고자 하는 인간의 몸짓이다. 이러한 관점에서의 『한국 학춤의 역사적 생성과 미』에 대한 연구는 주술적, 연희적, 이상향적 관점을 기저로 깔고 두 분야로 연구를 진행하고자 한다.

첫째, 학탈을 통해 동물과 인간이 접화된 춤으로서의 이상적 가치를 연구한다. 자연과 일치된 삶의 추구와 인간으로서의 기원과 희망을 담고자 했던 정신적 구조의 표현으로서의 '학춤'을 분석해 보는 것이다.

둘째, 역사 속에서 변화 발전하는 그 춤의 원형과 변형, 확장에 대한 연구이다. 그것은 인간에 의해 창작된 '학춤'을 원형으로 역사 속에서 변화 발전되어 온 재창조물로서의 변형과 확장을 의미하며 그것을 탐구한다.

그러므로 본서는 '우리 민족은 왜 학을 선택하였는가?'에서 출발한다. '학춤'에 내재된 민족적 사상성과 상징의 의미를 파악하기 위해서는 새와 학과 탈의 의미와 상징에 대한 연구가 필수적이다. 그러므로 새의 사상적 의미와 모방적 상징성의 의미, 그리고 학의 의미, 탈의 의미를 순차적으로 연구한다. 각각의 의미연구는 그에 따른 연관성과 연상적 구조의 틀을 가지고 접근한다. 이는 우리 민족의 삶과 밀접하게 깃든 정신과 사유구조의 상징으로 다양한 문화유산인 유·무형의 산물을 근거로 한 인류학적 의미의 접근이다.

본서에서 '학춤'에 대한 연구는 직접 학의 탈을 쓰고 추는 '학춤'으로 한정하여 상징과 의미를 연구하고 '학춤'의 명칭 사용은 '학무'와 '학춤'으로 구분하여 표현하고 있는데 '학무'는 궁중무의 학의 춤으로, '학춤'은 민속춤으로서의 학의 춤으로 춤의 성격을 규정하여 서술하고 있으며 일반적으로 통칭하여 사용할 때는 '학춤'으로 설명한다. 그러므로 본고에서는 한성준의 '학춤'을 학무로 표기하지 않고 '학춤'으로 표기한다.

본서의 연구는 첫째, '학춤'의 기원을 살펴보고 그 속에 내재된 사상성의 연구는 불교와 유교, 도교의 철학과 상징적 설화, 민속 등의 문헌을 중심으로 연구한다. 둘째, '학춤'의 상징성의 연구는 문화의 상징들로서 시대의 사상과 철학이 투영된 표현 양식인 유물을 통하여 살펴본다. '학춤'으로 구현하고자 한 내재된 의미는 우리 민족의 삶과 문화에 깃들어 있는 새와 학과 탈의 의미들을 조형물과 그림, 문양, 복식, 문학과 설화에 나타난 학 등을 통해 시대별 특징을 유추해 본다. 셋째, '학춤'의 연구는 '궁중학무'와 '한성준학춤'을 중심으로 역사적 생성과 변형의 과정을 『용재총화』, 『고려사』 「악지」, 『악학궤범』, 『정재무도홀기』 등의 문헌을 통해 시대별 특징과 차이를 고찰하며, 교방으로 전해진 각 지역의 '학춤'과 『교방가요』의 '민속학춤'을 살펴본다. 또한 동양의 '학춤'을 찾아 살펴본다. 넷째, '궁중학무'와 '한성준학춤'의 음악과 의상을 고찰하고 '한성준학춤'의 독립적 가치를 중심으로 조명한다. 다섯째, '한성준학춤'을 체계화시키는 문화적 유산의 기록화는 무보로 기록을 하여 춤사위의 구조와 구성을 분석한다. 여섯째, 자연과 인간이 접화된 춤으로서의 미적 의미와 가치를 연구하여 우리 민족 춤의 정체성을 찾아보며 예술적 의미와 문화사적 의미를 조명한다. 일곱째, 예술가들이 어떤 문화사적 실체와 족적으로 '학춤'을 기반으로 한 새로운 창작춤을 그려내었는지 춤 문화 활동을 살펴본다. 여덟째, 학 탈의 제작법은 악학궤범 이후 우리 무용사에 있어 '학춤' 재조명의 계기를 구체화하는 방법으로 이를 최초로 정리한다. 원형에 관한 가치의 인식은 새로운 재창조로서의 변형과 확장을 통해 정체성 확립으로 이어진다. 이렇게 전통춤으로서의 '학춤'이 원형보존과 복원, 그리고 전승으로 이어져 새로운 '학춤의 재창조'를 이루어 낼 때 우리 춤의 다양성을 발견할 수 있는 계기가 되어 새로운 발전을 이룩할 것이다.

제1장
학춤의 근원적 배경

1 학춤의 기원

모방춤은 인류 최초의 춤으로 볼 수 있다. 종교가 의식화되었던 선사시대의 춤은 자연과 사물을 비롯하여 동물류나 조류 등을 흉내 내는 춤이었으리라 보기 때문이다. 조류 모방춤인 '학춤'은 고구려시대와 신라시대까지 소급되는 문제로 『삼국사기』의 고구려 현학설, 『고려사』 「악지」의 탁발위유입설, 『경상도지리지』의 신라 계변천신가학강림설, 『삼국유사』의 불교 오류성중설 등 네 가지의 분류에 근거하여 기원설을 살펴보기로 한다.

1) 고구려 현학(玄鶴) 설

『삼국사기(三國史記)』에 기록된 내용을 보면, "初晉人以七絃琴送高句麗, 麗人雖知其爲樂器, 而不知其聲音及鼓之之法. 購國人能識其音而鼓之者厚賞. 時第二相王山岳存其本樣, 頗改易其法制而造之兼製一百餘曲以奏之, 於時玄鶴來舞, 遂名玄鶴琴, 後但云玄琴.[1] 처음 진(晉)나라 사람이 칠현금(七絃琴)을 고구려(B.C.37~668)에 보냈는데, 고구려 사람들은 그것이 악기(樂器)인 줄은 알았지만 그 악기의 소리와 치는 법을 몰랐다. 그래서 고구려 사람으로 능히 그 성음(聲音)을 식별하고 연주할 수 있는 사람에게 후한 상을 주기로 하였다. 그러자 당시 제2상(第二相)인 왕산악(王山岳)이 그 본 모양은 그대로 두고 그 법제만 약간 개량하여 만들고, 겸하여 일백여 곡을 지어 이를 연주하니, 현학이 날아와 춤을 추므로 이를 현학금(玄鶴琴)이라 하였다가, 후에는 단지 현금(玄琴)이라 하였다."[2]

현금의 유래는 바로 현금의 '현(玄)'이 검은 학이 날아왔다는 의미에서 사용된 것이다. 여기에서 검은 학이 날아와서 왜 춤을 추었는가. 하필이면 왜 많은 동물이나 새 중에 학이 춤을 추었다고 했는가. 『예기(禮記)』[3]의 「악기편(樂記

---

1 김부식, 『삼국사기』 「악지」 권32, 『신라고기』.
2 한흥섭, 『한국의 음악사상』, 민속원, 2002, p.16.
3 『예기(禮記)』는 49편(編)으로 이루어진 유가의 경전으로 예(禮)에 관하여 보완(補完)·주석(註釋)

篇)」에서 "정(情)은 마음의 중심에서 움직이고 말(言)에서 나타나니 말이 부족한 까닭으로 그것을 탄식하고 탄식이 부족한 까닭으로 그것을 춤으로 나타난다"고 한 것처럼 춤은 예술의 극치이고 학은 동물 중에서 가장 세상을 초월한 청초하고 깨끗한 이미지를 갖고 있기 때문이다. 거문고는 선비가 타는 악기였고 학은 선비를 상징하는 것으로 그 안에 내재된 의미는 고구려시대부터 조선시대까지 시대를 초월하여 살아있으며 동일한 민족적 정서를 가늠하게 한다. 이러한 표현이 사실이거나 상징적 표현이라 하더라도 이것은 가장 신성한 것을 표현하는 의지를 지니고 있다. 우리 '학춤'의 최초의 기록은 이러한 유래로 왕산악의 거문고 음악 연주에 맞추어 '학춤'을 춘 것으로 나타나 있으며 이때부터 우리 고유의 '학춤'이 존재했을 것이라고 보는 것이다. 이것은 왕산악이 학을 춤추게 할 정도로 거문고의 명인이라는 표현을 한 것으로 현학이 날아와 춤을 춘 추상적인 상징일 수도 있으나 실제로 전문무용수가 학춤을 춘 것으로 추정해 볼 수도 있는 것이며 고구려 고분벽화에서 선인이 학을 타고 춤을 추는 모습이 보이는 것은 이와 무관하지 않다고 유추해 보는 것이다.

2) 탁발위(拓跋魏) 설

'학춤'은 『고려사』 「악지」에 따로 보이지 않는다. 하지만 많은 학자는 대부분 탁발위에서 연화대무가 왔으므로 '학춤'도 '연화대무'와 함께 중국에서 유입되었을 것이라는 추측을 하고 있다. 그러나 중국문헌 그 어디에서도 '연화대무' 안에 '학무'는 없고 '연화대무'의 형태만이 기록되어있다.

"연화대는 본래 탁발위에서 나왔다. 두 여동을 쓰는데 의복과 모자를 조촐하게 차린다. 모자에는 쇠방울을 달아서 장단에 맞춰서 움직이면 소리가 난다. 그들이 나타나는 데는 두 연꽃 속에 감추어 두었다가 꽃이 터진 후에 보이게 한다. 춤 가운데서 아묘한 것으로 그것이 전해 내려온 지가 오래되었다."[4]

하였다. 그러나 『예기』가 의례의 해설서라고만 하지 않는 이유는 의례의 해설뿐 아니라 음악·정치·학문 등 일상생활의 사소한 영역까지 예의 근본정신에 대하여 다방면으로 서술하고 있기 때문이다.

위의 『고려사』 「악지」에 기록된 글을 살펴봐도 '학춤'에 대한 기록은 보이지 않는다. 그러므로 '학춤'이 탁발위에서 왔다는 것은 바로잡아야 할 것이다. 그렇다면 탁발위는 어떠한 나라인가? 탁발위는 남·북조시대 북위 왕조의 나라이다. 역사가들이 무용이 아주 성행하던 나라로 기술하고 있는 것이 가끔 눈에 띈다. 탁발부(拓跋部)가 화북(華北)에 세운 나라의 왕조가 위(魏, 386~534)이며, 북위는 오랜 시간 혼란 속에서 세워진 오호십육국(五胡十六國)시대를 평정하였다. 이것이 북위의 시작이며 곧 탁발위가 된다. 탁발위(北魏)가 존재했던 시기는 A.D.386~534년이며 고구려는 B.C.37년부터 시작되었다. 고구려의 현학설이나 고구려 고분벽화에 나타난 '학춤'은 탁발위설보다 더 오래전의 기록인 것이다.

3) 신라 계변천신(戒邊天神) 설화

서라벌의 변경(邊境)에 위치한 융변(戎邊)에서 신라 52대 효공왕 5년(901)에 학에 연관된 융변산신(戎邊山神) 설화가 등장한다. 융변산신이란, 현재는 계변천신이라고도 말하며, 쌍학을 타거나 혹은 쌍학이 부처상인 금신상을 물고 신두산(학성)에 내려와서 학성에 살고 있는 군인의 수록과 복록을 준다는 의미를 말하고 있다.

김성수는 울산의 계변천신 설화와 관련된 사적(史籍)을 통해 울산 문화의 중심에 학(鶴)이 있음을 알고 나아가 '학춤'이 있었을 개연성을 확신하여 울산학춤을 안무하게 되었다고 한다. 울산의 계변천신 설화 관련 서적으로는 『경상도지리지(慶尙道地理志)』, 『고려사지리지(高麗史地理志)』, 『세종실지리지(世宗實地理誌)』, 『신증동국여지승람(新增東國輿地勝覽)』, 『학성지(鶴城誌)』, 『울산부읍지(蔚山府邑誌)』, 『울산부여지도 신편읍지(蔚山府輿地圖 新編邑誌)』, 『경상도읍지(慶尙道邑誌)』, 『울산읍지(蔚山邑誌)』, 『여승람(麗勝覽)』, 『용강사지(龍岡詞誌)』 등이 있다.[5]

---

4 『고려사』 「악지(樂志)」 당악(唐樂)조(條) 후주(後註).
5 김소양, 「울산학춤의 생성 배경과 변천」, 경북대학교 박사학위논문, 2011, p.50.

4) 불교 오류성중(五類聖衆)[6] 설

오류성중은『삼국유사(三國遺事)』[7] 탑상편(塔像篇)에 수록되어 있는 네 항목 중 하나이다.『삼국유사』탑상편에는 오대산에 관하여 대산오만진신(臺山五萬眞身), 명주오대산보질도태자전기(溟州五臺山寶叱徒太子傳記), 대산월정사오류성중(臺山月精寺五類聖衆)과 오대산문수사석탑기(五臺山文殊寺石塔記) 등 네 항목이 수록되어 있다.

오류성중의 내용을 요약하자면, 신효(信孝)는 오류성중의 중심인물로서 효신(孝信)이라고도 하며, 충청남도 공주 출신으로 지극히 효(孝)를 다하여 어머니를 봉양하였다. 그의 어머니는 고기 없이는 밥을 먹지 않아 매일 고기를 구하려고 산과 들을 헤매며 사냥하였다.

그러던 어느 날 사냥을 하던 중 학 다섯 마리를 보고 활을 쏘았지만, 모두 날아버렸고 그중 한 마리의 학이 깃 하나를 떨어뜨렸다. 그 깃으로 눈을 가리고 사람들을 보았더니 사람들이 모두 짐승의 형상으로 보였다. 그 때문에 신효는 고기를 얻지 못하고 자기 넓적다리 살을 베어 어머니에게 드렸다. 후에 출가하여 집을 절로 만들고 길을 떠나 전국을 여행하던 중 강릉에 이르러 깃을 통하여 사람들을 보니 모두가 인간의 형상으로 보여 그곳에서 거주하기로 하였다.

길에서 만난 노부(老婦)에게 머물 만한 곳을 묻자, 그는 서쪽 고개 넘어 북쪽으로 향한 마을이 머물 만하다 하였다. 그는 관음보살이 화현(化現)[8]하여 가르침을 준 것임을 깨닫고 마을을 찾아 떠나니 자장율사(慈藏律師)가 문수보살을 친견하기 위하여 머물렀던 모옥(茅屋)[9]이 나타나 그곳에 머물렀다.

---

6 불교어. 보살(菩薩)·성문(聲聞)·중생(衆生)·기계(器界)·불설(佛說) 등 다섯 가지 설법을 강(講)하는 성자(聖者)의 무리.

7 1281년(충렬왕 7)경에 고려 후기의 승려 일연(一然)이 편찬한 사서(史書)로 고대의 역사, 지리, 문학, 종교, 언어, 민속, 사상, 미술, 고고학 등이 총체적으로 수록되어 있으며 오늘날 문화유산의 원천적 보고자료로 평가되고 있다.

8 불보살이 중생을 교화하고 구제하려고 여러 가지 모습으로 변하여 세상에 나타남.

9 띠나 이엉 따위로 지붕을 인 초라한 집.

어느 날 승려 5명이 찾아와 전에 가져갔던 가사[10] 한 폭을 돌려줄 것을 요구하였다. 그가 의아해 하자 가사는 깃을 통해 사람을 보았던 것이라 하여 깃을 내어주었더니 한 승려가 받아서 뚫어진 가사에 맞추자 꼭 맞았으며, 깃은 가사인 천으로 바뀌었다. 그는 다섯 승려와 헤어진 뒤 비로소 그들이 오대산의 오류성중임을 깨달았다고 한다.

이처럼 깨달음을 주기 위해 승려가 학이 되고 또한 부처가 가르침을 준 후 학이 되어 사라지는 등의 설화들은 '사찰학춤'을 발생하게 하는 근거가 되었다.

❷ 학춤에 내재된 사상

사상은 판단이나 추리를 통하여 논리성을 지니게 되는 구체적인 견해, 생각, 의식 내용을 의미한다. 또한 종교는 초인적 절대적 존재인 신을 믿고 그 힘에 의존하여 삶의 고뇌를 해결하고 삶의 궁극적 의미와 근본적 목표를 찾는 가치 체계이다. 그러므로 종교는 사상의 바탕이 되며, 그 존재 이유가 인간의 삶과 직결된다. 삶을 영위하며 겪는 문제들을 풀어가는 가치의 지향이 종교인 것이다. 게다가 종교는 삶이 끝난 후 내세까지 이어지는 초월성을 지니며, 이러한 종교의 성격은 인간의 사상에 영향을 미쳐 곧 예술의 본질과 맞물려 표현된다. '학춤'에 내재된 사상과 성격은 역사적 상황과 시대에 따라 변화되었다. '학춤'은 우리 민족의 천(天) 사상에서 태양 중심의 의식구조와 관련된 주술적 천신신앙에서 비롯된 춤으로 고구려 고분벽화나 그림, 조형물, 쌍학교금신상(雙鶴咬金身像) 등으로 미루어 볼 때 불교의 해탈의 정신, 도교의 무위자연, 유교의 선비사상을 흡수하는 춤으로 상생의 주술적 의미를 지닌 종교의 이상향과 사상성을 강하게 내포하였음을 알 수 있다.

---

10 승려가 장삼 위에, 왼쪽 어깨에서 오른쪽 겨드랑이 밑으로 걸쳐 입는 법의(法衣). 종파에 따라 빛깔과 형식을 엄격히 규정하고 있다.

1) 토속신앙

고대의 예술은 인간의 존재나 삶의 지향점과 같은 당위론적 문제이자, 원초적인 삶의 표현이었다. 인류 최초의 춤의 형태는 동물이나 조류, 모든 사물을 흉내 내는 모방춤에 가까웠다고 볼 수 있다. 모방춤에는 주술적 성격이 내포되어 있다. 고대의 수렵인들은 동물의 소리와 움직임을 흉내 냄으로써 그 동물들을 이길 수 있는 힘을 얻기도 하고 그 동물들을 숭배하는 성격을 갖기도 하였다. 이처럼 동물 춤의 형태는 원시신앙인 토테미즘이나 애니미즘의 사상과 깊은 연관성이 있으며, 사실적인 모방 이외에 상징적인 모습으로도 나타나는 주술적 의식과 다산 생식을 기원하는 기능으로 활용되기도 하였다.

한국인에게 원초적으로 잠재하고 있는 '사상의 원형'과 한국사상이 내재하고 있는 '사상적 특징'은 단군 신화, 고주몽 신화, 박혁거세 신화, 석탈해 신화, 김알지 신화 등 '한국의 신화'를 통해 알 수 있다. 한국의 신화 속 관념은 토속신앙을 토대로 하고 있으며 '인간본위의 사고경향'과 '자연신의 관념', '토템사상적 경향'과 '자연친화 의식' 등을 특징으로 한다. 고대사회에서 우리 민족은 혈연적, 지연적 집단이 동식물이나 자연물과 공통의 기원을 갖는다고 믿거나 결합관계에 있다고 믿었으며 그것을 인간집단의 상징으로 삼고 숭배하는 토테미즘을 형성하였다.

또한 천(天) 사상에서 태양을 중심으로 전개되는 기본적 의식구조와 관련된 주술적 천신신앙에서 한국원시신앙의 태동을 볼 수 있다. 농경문화생활을 하던 우리 민족은 자연현상과 생활 속에서 이해되지 않는 시련 등을 마주하였을 때 그 풀리지 않는 인과관계에 대하여 하늘의 뜻, 신의 섭리 내지는 귀신의 노여움으로 풀이하였다. 이러한 생각으로 인해 하늘과 땅, 산천초목과 같은 자연에 대하여 두려움과 경이로움을 가지게 되었으며 나아가서 조상숭배, 천신사상, 산천사상 등이 중요한 신앙의 형태를 이루며 샤머니즘과 애니미즘을 형성하기에 이르렀다.

그리고 보편적인 유일신 화(化)의 과정에서 형성된 민족적 천신사상은 하늘을 신령화하고 천신으로 신격화하였다. 또한 하늘(神)의 보살핌 아래 만물을 품어내는 땅의 풍요로움에 감사함을 느껴 그 생명력과 정기를 또 다른 신으로 인식하기 시작한다. 즉, 인간은 하늘(天)의 정기를 받고 땅(地)의 형체를 빌어서 생겨나 자연과 상통하며 살아가는 존재로 인식하며 존귀한 존재로 여긴다. 이 개념은 천지인(天地人) 사상으로 이어진다. 천지인은 하늘과 땅과 인간이라는 세 가지 형태로 세상 만물은 모두 천지(天地)의 원리 속에서 생겨났지만, 그 중에서도 인간은 하늘(天)과 땅(地)의 성격을 그대로 닮았다고 생각한다. 즉, 인간의 본성은 하늘처럼 맑고 그 정기는 땅과 같이 풍부하기 때문에 인간은 세상의 도리를 스스로 깨우치고 이해하여 하늘과 땅의 감응에 능하게 된다. 이와 같이 천지인은 인간이 천지와 함께 더불어 하나가 되는 것이며 삼재(三才)라고 부른다.

그 후 인간이 하늘과 같다고 생각하는 천인사상(天人思想)이 생겨나 인간과 신이 동일차원으로 존재함을 인정함으로써 천인합일(天人合一) 사상이 형성되었고, 천신과 혼연일체가 되기 위하여 인간은 인간의 미비함과 불완전함을 떨치려는 의식적 노력을 하였다. 이때 사유구조의 큰 특징은 하늘의 의미를 미래의 저 세상적인 것이 아니라 현재의 이 세상적인 것으로 파악하고자 하였다는 점이다. 천인합일은 이 세상에서 이루어지는 것이며, 완전성의 추구는 현실적 바탕 위에서 모색하며 모든 인간 속에서 그 근거를 찾아 의식화하려 한 데 있었다고 볼 수 있다.

우리 민족은 이러한 사상적·종교적 역사 속에서 언어·문자·예술·풍습의 문화를 풍부하게 발현시켰다. 우리 춤의 최초의 시작은『삼국사기』「위지 동이전」천신사상(天神思想)의 제천의식에서 찾을 수 있다. 부여족의 영고(迎鼓), 고구려의 동맹(東盟), 예의 무천(舞天) 등은 모두 천신·태양신 숭배사상에 바탕을 두는 제천의식이 근본인 '천신제'였다. 이러한 제천의식은 고대의 종합적인 예술의 집약형태로 모든 예술의 근원이었다.

'학춤'도 한국 춤의 사상성을 포함하여 천신사상의 주술성을 띠고 있다. 한국인의 정신적 사유의 저변에는 다양한 종교의 사고가 융합되어있지만 고조선 시대의 사상은 천신숭배·태양 숭배사상으로 천신의 가장 위대하고 분명한 실체는 태양이라고 생각하였다. 태양과 가장 가깝게 다다를 수 있는 조류의 춤,

이것은 고대의 사회생활에서 천신과 태양신에게 제사 지내는 의식에서부터 점차 의식화되어지고 형성되기 시작하였을 것이다. '학춤'은 신과 인간의 중간에서 신의 뜻을 인간에게 전달하고, 또 사람의 뜻을 신에게 전하는 역할을 담당하는 춤의 하나였을 것이다.

2) 불교

불교는 인간의 삶에 대한 문제해결을 중요시하는 실제적 종교이다. 시간의 유한성, 현세의 시작이나 끝, 내세의 존재유무 등 형이상학적 질문보다는 삶의 문제해결을 위한 구체적 양식에 주력한다. 현재 인간이 존재하고 있음에 대한 실존성, 인연의 생멸에 대한 실제적 목적이 앞선다. 그러므로 사람마다 사회적 조건, 삶의 문제, 인연 등이 다르기 때문에 가르침 또한 그 내용이 변화하며, 획일적이고 일방적이기보다는 개인의 상황에 따른 다양성을 지니기 때문에 때로는 서로 모순되는 것처럼 보이기도 한다. 그럼에도 불구하고 불교는 관용성을 가지고 모든 상황과 조건을 충분히 수용하기 때문에 오늘날까지 종교적 전통의 맥을 이어가고 있다.

불교가 한국에 유입된 시기는 4세기 무렵이다. 당시 삼국은 고대국가의 체제 정비, 중앙 집권 체제의 확립, 지방 세력의 통합에 힘쓰던 시기였으며, 국가정신의 확립과 왕권강화를 위하여 이념적 사상이 필요했던 것으로 보인다. 그러므로 고구려와 백제는 영토 확장에 따른 사회 통합적 이념으로서 평등한 중생이라는 불교적 관념을 십분 활용하였으며, 신라는 왕실의 종교로서 불교를 공인하여 왕권을 수호하고 중앙집권 체제를 강화하였다.

한국의 불교는 전래된 이후 오랜 시간이 흐르는 동안 토착화되면서 한국인에게 맞는 한국적 특성을 지닌 종교 사상이 되었다. 즉, 인도나 중국의 사상을 융합하려는 통불교적 성격을 지니며 자심(自心)을 밝히는 수행을 중시하고 또한 위기상황에서 불교에 의지하는 호국불교(護國佛敎)의 사상이 그 특성이다.

불교에서 '학'과 관련된 기록은 곳곳에서 찾아볼 수 있다.

구마라집(鳩摩羅什)의 『아미타경(阿彌陀經)』[11] 제5 금수연법분(禽樹演法分)에는 극락세계에 기묘하게 여러 빛깔을 한 백학과 다양한 새들이 있고, 이 새들이 장단에 맞추어 우아한 소리로 노래를 하며, 이 노랫소리를 들으면 부처님과 법문을 생각하게 된다고 기록하고 있다.

김혜승의 『해동율경집』[12] 해원경에는 극락세계에 청학(靑鶴), 백학(白鶴)과 다양한 새들이 염불 소리처럼 울음을 운다고 묘사한다. 청학이 추가된 것 이외에는 『아미타경』의 내용과 유사함을 확인할 수 있으며, 두 기록에서 학은 동일하게 울음소리를 통하여 불법을 전파한다고 되어있다. 이로 미루어 불교에서 학은 부처의 설법을 전하는 존재, 부처의 화현을 나타내는 상징적 의미를 가지는 것을 알 수 있다.

일연의 『삼국유사』에는 오대산 월정사의 오류성중(五類聖衆)에 대한 기록이 나온다. 신효(信孝)라는 이가 모친을 위하여 사냥을 하다가 학 다섯 마리를 보고 활을 쏘아 이 중 한 마리의 깃털 한 개를 떨어뜨린다. 이 깃털을 통해 세상을 보니 사람들이 모두 짐승인지라 신효는 자신의 허벅지살을 떼어 모친을 봉양하였다. 후에 오류성중이 나타나 자신의 베를 달라 하여 깃털을 돌려주자, 성중이 구멍난 베에 깃털을 붙이고 사라졌다. 이에 신효는 다섯 분의 성중이 다섯 마리의 학으로 변신한 것을 깨달았다. 성중은 석가를 따르는 불교의 성자들이다. 성자가 학으로 화현했다는 것으로 보아 학은 신이(神異)한 동물이며 신물(神物)로 여겼음을 알 수 있다. 또한 이 역시 학이 부처의 설법을 전하는 존재, 부처의 화현

통도사 명부전 벽화
〈군학도〉

---

11 『아미타경(阿彌陀經)』은 우리나라 정토신앙의 근본경전으로 『무량수경』, 『관무량수경』과 함께 정토삼부경의 하나이며, 일반 불교신도들 사이에 가장 많이 유포되어 독송되는 경전 가운데 하나이다. 이 경은 아미타불과 극락정토(極樂淨土)의 장엄을 설하고, 그러한 정토에 왕생하는 길이 아미타불을 청명염불(稱名念佛)하는 데 있다는 것을 취지로 하고 있다.

12 『해동율경집』(1989)은 경문을 담고 있는 경책(經冊: 앉은 거리에서 독경하는 경문이 수록된 책)으로 기존에 있던 문헌의 내용을 기반으로 쓰여 있다. 총 113종의 경문이 수록되어 있다.

을 나타내는 상징적 의미라는 것을 다시 한 번 확인할 수 있다.

이외에도 통도사 응진전(경남 양산), 해인사 대적광전(경남 합천), 신흥사(경남 양산), 문수사 대웅전(경남 울산), 양덕사 대웅전(경북 언양), 수다사(경북 구미), 전등사(인천 강화도), 삼화사 대웅전(강원도 동해) 등의 사찰 내 전각의 벽화에도 학의 의미가 묘사되어 있다.

'학춤'은 불교에서 신앙적 제의식과 불교 전파의 교화 수단으로 행하여지며 사찰을 중심으로 그 역사를 지니고 있다. 한국의 '사찰학춤'의 발생은 신라시대의 정치적 환경에 습합되어 당시 계변천신 설화로 탄생되었다고 추측할 수 있다.

계변천신 설화는 계변성이라 하여 신화가 발생한 처소를 분명하게 하고 천신을 주격으로 분명히 나타냈다. 학을 탔다 하여 조수(助手)가 등장했으며 학이 금신상을 물고 날아간 것이 아니고 내려와 앉았다고 밝혔다. 또한 신두산에 내렸다 하여 내린 처소를 명시했고 주인수록주창(主人壽醁主唱)이 등장하여 주인공의 목적의식을 확실히 하였다. 또한 천복원년이라 하여 확실한 연대와 동, 서, 남, 북, 중앙에서의 현상을 동쪽-청학, 서쪽-백학, 남쪽-바라봄, 북쪽-내려옴, 중앙-앉음으로 학이 금신상을 물고 나타낸 행동을 분명하게 밝히고 있다.[13]

이러한 계변천신 설화는 불교에 영향을 끼쳐 신라 말 어려웠던 정치적 상황에서 당시의 승려들에 의하여 '학춤'을 도출시켰으며 나아가 겨울만 되면 어김없이 찾아오는 겨울 철새의 진객 두루미를 흉내 내어 '학춤'을 추기 시작했다. 그 후 '사찰학춤'은 신라 태화사 및 여러 사찰과 승려들에 의해 다른 지역으로 전승, 전파되었다. 특히 '양산학춤'은 양산 통도사에서 승려들이 큰 제나 행사에서 추어온 춤이며 '지성승무', '바라춤', '학춤' 등이 불법의 포교를 위해 의례행사무로 추어졌다. 이렇듯 '사찰학춤'은 불교와 관련된 설화와 포교목적으로 추어졌다는 점, 대제 때나 종무총회 시에 의례행사로서 승려들에 의하여 전승되어 온 점을 통해 불교와의 연관성을 알 수 있다. 그 후 서민층으로 흘러가면서 민속적인 '학춤'에 영향을 주었다.

---

13 김성수, 『울산학춤 연구』, 울산학춤 보존회, 2000, p.24.

3) 도교

도교는 우주의 도(道)가 곧 생(生)이기에 귀생(貴生)의 원리를 중요시하며 장생연수(長生延壽)를 추구하여 득도(得道) 혹은 영생(永生)을 실현하고자 하는 종교이다. 이를 실현한 인물은 바로 신선(神仙)으로 죽음을 극복한 존재이다. 이때의 죽음은 생리적 죽음이 아닌 인간의 실존이 필연적으로 갖게 되는 원초적 죄를 의미하며, 세속사회의 모든 불선(不善)과 부조리(不條理)를 포괄적으로 나타낸다. 따라서 죽음에서 해방되기 위해 세속적 욕망이나 가치를 탈피하여 영생을 얻고자 하는 것이다.

도교에서 학은 신선을 상징한다.『상학경기(相鶴經記)』에서 학은 조류의 우두머리이고 암수가 서로 만나 눈을 맞추기만 해도 생명을 잉태하며 신선들이 타고 다닌다고 서술되어 있는데, 이 때문에 선조(仙鳥) 또는 태선(胎仙)이라고 불리었다.

전(傳) 조세걸, 신선(神仙) 중 제7폭

진나라(265~420) 최표(崔豹)의 『고금주(古今注)』[14]에는 "학은 천 년을 살면 푸른색 청학으로 변하고, 또 다시 천 년을 살면 검은색 현학으로 변한다."라고 기록되어 있는데, 이를 미루어 학을 불사조로 믿었음을 알 수 있다. 한국에서는 청학이 지리산에 살고 있다고 하여 '청학동'이라는 지명의 유래가 있으며, 예로부터 이곳을 길지(吉地)이자 이상향으로서 신성시 해왔다.

학은 중국의 남극노인(南極老人) 전설에도 등장한다. 남극노인은 남선인(南仙人)의 수장인 동왕공(東王公)인데, 항상 수천 년을 사는 선학(仙鶴)을 타고 상

---

14 『고금주(古今注)』는 중국 진나라 때 최표(崔豹)가 명물(名物)을 고증하여 엮은 책으로 총 3권 8편에 188조의 고사로 이루어져 있다. 여복(輿服)·도읍(都邑)·음악(音樂)·조수(鳥獸)·충어(蟲魚)·초목(草木)·풍속(風俗) 등 일상생활에서 흔히 접할 수 있는 다양한 명물에 대한 고증과 해석이 주로 기록되어 있다.

운(祥雲) 사이를 날았다고 한다.

진나라 도잠(陶潛)의 『수신후기(搜神後記)』[15]에는 정영위(丁令威)의 전설이 실려 있는데, 요동사람 정영위가 영허산에서 도를 닦아 천 년 만에 학(鶴)이 되어 돌아왔다고 기록되어 있다. 이때의 학도 역시 신선을 의미한다. 영생(永生)이 곧 종교적 목표인 도교에서 신선과 어울리며 장수하는 학은 중요한 의미를 가지며, 조류에서 유일하게 십장생(十長生)에도 포함되어 있다.

'학춤'은 도교의 신선사상에 의한 주술과 민간신앙의 혼합된 형태를 띠면서 장수나 육체의 영존, 불로장생을 의미하는 춤이기도 하였다. 『악학궤범』의 '학연화대무'에서 학이 청학과 백학으로 표현되어 춤추는 것은 도교의 영향을 짙게 받은 것으로 보인다.

4) 유교

유교는 인(仁)을 삶의 균형과 조화를 추구하는 사상이자 교학 체계의 최고 이념으로 삼았다. 수신(修身)·제가(齊家)·치국(治國)·평천하(平天下) 즉, 수기치인(修己治人)을 목표로 자기수양을 통해 천인합일(天人合一)하여 대동사회(大同社會)를 실현하고자 하는 것이다. 특히 우리나라에서는 조선시대에 유교가 유입되면서 신을 의인화한 인격신을 배제하고 하늘의 명령은 사람의 도덕으로 결정된다는 천명사상(天命思想)이 나오게 되었다.

조선시대에는 많은 문화적 사회적 이념이 학(鶴)과 연관되어 있었다. 조선시대의 선비들은 학시사(鶴詩社)나 학 품평회를 개최하기도 하였고 출사(出仕)를 거절하는 의미로 학을 활용하여 시나 그림을 그려 보내기도 하였다. 선비들은 학이 상징하는 의미를 시화에 표현하는 것에 그치지 않고 원림에 학을 적극적으로 도입하여 학의 생김새, 몸짓, 소리를 포함하는 동적 요소들을 선비

---

15 『수신후기(搜神後記)』는 중국 6조시대의 문어체(文語體) 지괴소설집(志怪小說集)으로 『속수신기(續搜神記)』라고도 하며, 진나라 도잠(陶潛, 365~427)의 저서로 알려져 있다. 간보(干寶)의 『수신기』 뒤를 잇는다는 뜻에서 저작되었으며, 신괴(神怪)·동식물 등에 관한 이문(異聞)·설화(說話) 등 116가지를 기술하였다.

의 풍류와 연관시켜 공감각적 감상을 즐겼다. 즉, 원림에 학을 도입하기 위해서 야생의 학을 잡아들여 학옥이나 학우리, 혹은 울타리를 만들어 가두고, 물을 공급해 주는 연못으로 생육환경을 마련했다. 또한 학을 전담 관리하는 노비를 두고 춤을 추도록 훈련시킨 후 학의 생태를 고려하여 한두 마리의 학을 방사하여 감상하였다. 또한 학과 짝이 되는 상징성을 나타낸 수목으로서 은일 처사의 의미체인 매화와 장수 의미를 지닌 소나무를 원림에 식재하였다. 이렇듯 조선시대 선비는 학과 함께 완상(玩賞)·오수(午睡)·독서(讀書)·탄금(彈琴)으로 풍류를 즐겼다는 기록을 살펴볼 수 있어, 우리 민족이 학에 대하여 많은 관심과 사랑을 주었음을 알 수 있다.

우리 조상의 관념 속에서 학은 세속을 초월한 은자(隱者)이거나 고상한 기품을 지닌 현자(賢者)의 상징으로 여겼다. 학은 『상학경(相鶴經)』에서 으슥한 못가에 숨어서 울어도 그 소리가 하늘 높이 퍼지는 것이 마치 군자의 기풍과 같다고 하여 고금(皐禽) 또는 구고군(九皐君)으로 불렀다.

학은 사자성어인 군계일학(群鷄一鶴)에서 지칭하는 바와 같이 고고함을 지닌 존재이며, '썩은 고기를 먹지 않는다'거나 '굶주려도 곡식을 먹지 않는다'는 속담에서 알 수 있듯이 선비로서 갖추어야 할 인품을 상징했다. 이는 동양화에서 그림의 의미로 작용하여 관념적 산수화에 학이 등장하는 주요 요인이 되었다.

학은 자태가 청초하고 고귀하여 신성한 새로 조선시대 문관을 상징하는 관복의 가슴과 등에 붙이는 흉배에 학을 수놓아 관직의 품계를 나타내었고, 학문을 숭상하는 학자와 문인을 비유하여 문관을 '학반'이라고도 하였다.

학창의

'학창의(鶴氅衣)'는 조선시대 남자들이 입었던 곧은 깃(直領)으로 된 도포(袍)로 치마(裳)처럼 길게 연결되어 있는 상하연속의(上下連續衣)로 학(鶴)과 같이 덕망 높은 학자가 학의 모습을 본뜬 옷을 입는 것이다. 흰 바탕의 창의에 깃과 소맷부리, 도련의 가장자리 둘레를 검은 헝겊으로 넓게 선을 둘러 세조대나 광대(廣帶)로 묶어 여며 입었다. 학창의는 예로부터 신선이 입는 옷이라고 하여 덕망 높은 학자가 연거복(燕居服)으로 입었던 것으로 학처럼 고귀하고 숭고한 기품의 상징이었고 깨끗한 선비의 기상을 표상하였다.

북송(北宋)시대 시인인 임포(林逋, 967~1024)는 조선시대 선비의 처사적 삶에 대한 동경으로 매화를 아내로 삼고(梅妻), 학을 아들로(鶴子), 사슴을 심부름꾼(鹿家人)으로 삼았다고 한다. 그리하여 그를 '매처학자(梅妻鶴子)'라고 불렀으며 임포설화의 영향으로 선비를 학에 빗대어 표현하는 지칭이 생성되었다.

고독한 지식인의 외로움을 표현한 '학고(鶴孤)', 외진 곳에서 몸을 닦고 마음을 실천하는 선비를 일컫는 '학명지사(鶴鳴志士)', 은거한 선비가 도를 이루지 못하여 탄식하는 '학명지탄(鶴鳴之歎)', 세상을 벗어나지 못하고 고결한 뜻을 진세(塵世)에 묻은 선비의 처지를 학우리에 갇힌 '농학(籠鶴)'으로 표현하는 것 등이 이에 해당한다.

유교의 미학에 합치되어 가무를 즐기던 선비가 학이 나타내는 고고한 자태를 흉내 내면서 출현한 '동래학춤'은 순수한 한량들의 놀이 춤으로서 덧배기 춤사위에 학의 이미지를 가져다 만든 춤이다. 선비 몇 사람이 학의 모습에 반해 학의 날갯짓을 흉내 내면서 점점 무아지경에 빠져들었고, 도포를 입고 갓을 쓴 채 너울너울 춘 춤은 멋과 풍류를 좋아했던 선비들에게 학과 같이 고고한 느낌을 주었다. 청초하고 고고한 선비의 정신을 우아한 학의 모습으로 승화시킨 '동래학춤'은 시를 즐기며 연장자에 대한 존경의 표시 방법으로 춘 춤이다. 전체적으로 춤 폭이 크고 활달하며 여유로움이 잘 조화되어 있는 춤으로 한층 더 높이 승화된 인간세계를 추구하고자 하는 고고한 선비의 정신이 우아한 학의 모습으로 담아내어지고 있다.

천신사상으로서의 새(鳥)는 고구려 사신총과 쌍영총의 벽화에 드러난 것처럼 태양을 의미하는 숭배의 대상이었다. 불교에 있어서는 『삼국유사』의 대산 월정사 오류성중조에서 나타난 것처럼 부처님의 현신으로 대중교화의 방편으로 활용되는 미륵신앙과 기복신앙의 대상으로, 사찰의 벽화나 불단의 불화(佛畫) 속에서 학이 나타난다. 또한 도교에서의 학은 신선사상을 의미하며 민간신앙과 무속신앙 그리고 신선사상이 결합된 양상으로 신선도와 가학선인도, 십장생도에서 그 모습을 찾아볼 수 있다.

고대와 현대의 시대를 구분하지 않고 인간들은 세속을 떠나 자유롭고 높이 비상하고자 하는 염원을 가졌다. 신의 원형인 하늘에 다가가고자 하는 인간의 이상은 태양과 가장 가깝게 도달하며 하늘과 땅을 연결하는 유일한 매개체로 서의 새의 존재를 숭배하며 존귀하게 여겼다. 예술을 규정하는 입장은 크게 두 가지이다. 하나는 세계와 자연을 재현하는 것이고, 또 하나는 보이지 않는 세 계를 보여주는 신비의 현현으로 보는 것이다. 전자의 예술 목적은 세계의 모습 을 잘 모방하는 것이고, 후자는 보이지 않는 세계에 대한 비전을 드러내는 일 일 것이다.

결국 '학춤'에 내재된 한국의 전통사상은 천신사상에서 무속신앙을 바탕으 로 하여 유·불·도교 사상의 유기적 수용으로 종합적 특성을 가지게 되었다. '학춤'은 우리 민족의 고유사상 내지 고유 신앙인 고대로부터 전해 내려오는 불변적이고 일정한 신앙 형태의 하나를 포함하며 한국의 풍토, 한국인의 역사 와 사유과정 속에서 형성되어 정립된 공통적인 사상적 특성을 간직하고 있다 고 이해함이 타당하다. 또한 '학춤'은 시대적 사유구조의 표현으로서 그 상징 성을 지니고 사실적 재현과 의미의 상징을 체계화한 것으로 예술로서의 의미 와 가치를 지닌다. 우리 민족의 사상은 고대로부터 주술적 천신신앙에서 시작 하였지만 동아시아 문화권에 편입되면서 불교, 도교, 유교를 도입하고 수용하 였다. 조류 모방춤으로서의 '학춤'은 삶의 가치를 높이기 위한 미적 실천으로 학의 상징성에 내재된 철학적 인식을 묘사와 재현적 표현을 통해 민족의 정 서를 표출하는 춤이다. '학춤'에 내재된 사상과 상징이 춤 이미지로 인식될 수 있는 근거를 우리 민족의 삶 속에서 정신적 사고의 기반인 민족 종교적 관점 에서 바라볼 수 있었다. 한국인의 정신적 사유의 저변에는 다양한 종교적 사 고가 융합되어 있다. 그러므로 우리 전통사상 가운데서 미나 예술의 가치와 현상의 해석을 어느 한 분야만으로 파악할 수 없다. 불교에서의 해탈의 정신, 속세의 번뇌에서 고결할 수 있는 선비의 정신 그리고 도교의 무위자연이 내 재되어 있는 '학춤'은 제의적이지 않으나 강력한 종교적 이상향으로 현현하고 있다.

3 학춤의 상징

'학춤은 어디서부터 시작되었는가?'에 대한 의문은 새와 탈과 학의 상징성을 살펴보는 것으로 이해할 수 있을 것이다. 학은 고결함과 장수를 상징한다. '학춤'은 학탈을 쓰고 날개 동작의 반복에 의해서 상징적 이미지를 획득한다. 학이 되고자 하는 인간의 몸짓인 '학춤'은 이러한 주술적 상징의 이미지와 형태로 근원적인 욕구를 표출하는 가운데 형성되었다.

예술은 원시적인 제의의 형태에서 시작되었으며 인간세계와의 주술적 소통이다. 주술이란 인간의 길흉화복을 초자연적인 존재나 신비적인 힘을 빌려 해결하려고 하는 신앙적인 기술이다. 유사한 것은 서로 통한다는 유사성의 논리를 지닌 주술은 원래의 형상을 모방하여 재현된 형상을 통해 이루어지거나 실제 사물의 한 부분을 이용해서 이루어진다. 주술에 사용된 상징적 이미지와 형태는 인간세계의 근원적인 욕구를 표출하는 가운데 형성된다. 특히 벽화 등에 나타나는 동물들의 이미지는 주로 신화적 상징체계 속에서 민간신앙과 결부되어 여러 형태로 표현되며 대체로 자연의 신비로운 이미지와 관계가 깊다. 재현되거나 대표된 상징적 이미지는 실제의 원형성과 유사성을 가지며 동일한 이미지를 획득한다. 그러므로 예술적 유물들은 문화의 상징들로서 시대의 문화적 사상과 철학이 투영된 표현 양식으로 구현되었다. 인간의 삶의 욕구, 그리고 그 욕구를 실현하는 과정에서 유물은 자연의 이미지를 형상화하며, 이미지의 힘은 그 자체에 있는 것이 아니라 거기에 부여한 정신성에 있고 우리가 이미지의 영향을 받는 것은 거기에 우리의 내면적인 의도, 욕구 등이 내포되어 있기 때문이다. 그러므로 우리 민족의 삶 속에 깃든 문화의 상징들인 예술적 유물을 통하여 민족혼이 내재된 '학춤'의 상징성을 살펴보기로 한다.

1) 새의 상징성

'새'의 대표적 형태적 특성은 '날개'를 지니고 하늘을 '난다'는 것이다. 태양과 새의 숭배사상은 한국 고대문화의 사상적 원형 가운데 하나이다. 새가 주는 이미지는 높다(高), 날다(飛翔), 자유롭다(自由), 가볍다(輕) 등의 이상적인 의미를 함축하고 있다. 자유로움을 표상하는 대표적인 동물인 새는 네다리를 지닌 짐승보다도 인간에게 동경의 대상으로 생각되었으며, 그 동경은 인간으로 하여금 새의 날갯짓을 통해 인간이 새처럼 동일하게 되도록 염원을 담아 표현하게 하기 시작했다.

새는 하늘세계와 땅의 세계를 매개하는 동물이라는 특징을 지닌다. 새는 하늘과 땅을 연결하며 하늘의 기운을 땅에 전달하는 상징으로, 속세를 벗어나 날아오르고자 하는 인간의 이상을 지향하는 상징적 의미를 지닌다. 인간의 삶에서 꿈을 향한 도약을 '비상'이라 하고, 현실속의 좌절을 '날개가 꺾였다', 인간의 죽음을 '하늘로 돌아간다', 또 '새(鳥)로 환생했다' 등은 새에 관한 상징적의미와 무관하지 않은 언어적 표현들이다. 그리고 새는 육신과 영혼을 하늘로인도하는 안내자의 역할을 상징하는 주술적 동물로 여겼으며 천상의 영혼과육신의 세계를 내왕하며 연락을 담당하는 것으로 인식하였다. 또한 인간의 고향은 하늘이고 땅에 내려와 살다가 죽으면 다시 하늘로 돌아간다고 생각했다.죽음의 순간을 '한 마리 학이 되어 날아갔다' 등의 표현은 인간의 탄생과 삶,죽음에 이르기까지 새와 인간의 관계성에 대한 인식의 사유관을 엿볼 수 있다.

또한 삼신할미가 아기를 점지해줄 때 '새가 물어다준다'는 설화와 『삼국지』「위지 동이전」의 변진(弁辰)조를 보면 "변진에서는 사람이 죽으면 큰 새의 깃털로 장례를 꾸미는데 이는 죽은 이가 하늘로 날아오르기를 바라는 뜻이다."라고 나와 있다.

새는 인간으로서 접근할 수 없는 영적 존재로 인식되며 재생, 영예 등을 상징한다. 또한 새의 비상에서 공중을 부유한다고 믿었던 영혼과의 결합이 연상되어서, 새를 영혼 그 자체, 또는 영혼을 운반하는 사자로 보는 신앙이 생겼고,그 때문에 새가 집 안으로 날아오는 것을 일반적으로는 집 안에 사자(死者)가오는 흉조로 생각했다. 현재도 지역에 따라서 죽은 사람이 자기의 영혼을 작은새에게 기탁하고, 친한 자에게 작별인사를 고하기 위해서 찾아온 것으로 해석하기도 한다. 이처럼 새는 현세에서 영계와의 관계를 깊게 지니고 서로 왕래한다고 생각되었으며, 특히 특정 계절에 갑자기 출현하는 철새의 무리는 철새의 의미가 명확하지 않았던 시대에 영계를 오가는 현상으로 신비롭게 여겼다.

선사시대의 유물과 삼국시대의 고분벽화 등에는 새의 형상을 새긴 문양이나 그림이 많이 나타나고 있다. 이들 벽화에 나타난 그림에서 새와 관련되거나 새의 깃을 꽂은 사람이 상류계급의 귀인을 의미하는 것으로 보아 고대인들은 새를 숭배하는 특별한 관념을 가지고 있었음을 알 수 있다. 성인(聖人)의 탄생과 관련된 신화와 설화 등에 새가 직·간접적으로 연결되어 있는 사례가 많으며, 조류의 행동에 대한 암시 혹은 상징성의 기록이 많이 있다. 이는 고대인들이 조류에 대하여 신성과 영험성을 인정하였다는 것이다. 그러면 고대인들이 이처럼 새를 숭배하고 신성시하며 새에 대하여 영험함을 인정하였던 사상적 배경은 여러 가지 측면에서 해석이 가능할 것이다. 새에 관한 인간의 느낌이나 생각은 시대나 지역에 관계없이 공통분모적인 요소를 많이 가지고 있다. 새에 있어서 가장 강력한 상징과 초점은 '날개'로 날 수 있다는 점이다. 높고 넓은 창공을 자유롭고 아름답게 날아다니는 새를 보며 느끼는 인류의 공감대는 인간의 본성에 비추어 크게 다를 바가 없을 것이다. 인간의 영원한 이상인 하늘에 가까이 사는 생물, 그것은 높고 신비스러우며 자유로움을 상징하는 존재로서 누구나의 가슴에 와 닿을 수 있다. 새는 우리나라와 중국 등 동아시아의 신화에 자주 등장한다.

새는 태양과 관계되어 땅과 하늘을 연결하며 하늘의 기운을 땅에 전달하는 상징이다. 고구려 절풍, 신라의 금관과 조익형의 관식, 환두대도(環頭大刀), 삼지엽, 솟대 등이 모두 '새' 숭배사상에서 그 시원을 찾을 수 있는 문화의 상징들로 시대의 사상과 철학이 투영된 양식이다.

(1) 상고시대 솟대

솟대는 나무나 돌로 만든 새를 장대나 돌기둥 위에 앉혀 마을 수호신으로 믿는 상징물이다. 솟대는 삼한시대의 소도(蘇塗) 유풍으로서 '솟아 있는 대'로 인식하기도 한다. 그 분포는 만주·몽골·시베리아·일본에 이르는 광범한 지역이다. 이는 솟대가 북아시아 문화권에서 오랜 역사를 지닌 신앙물 임을 알려준다. 솟대는 형태를 기준으로 솟대·짐대·돛대·설대·새대·장승대 등으로 구분

솟대

되고, 기능을 기준으로 수살·추악대·진목·소줏대·표줏대·효대 등으로 나누어진다. 세우는 목적에 따라 세 종류가 있는데 첫 번째는 마을의 안녕과 풍농, 풍어의 보장 그리고 액막이를 기원하여 세우는 일반적인 솟대이며 두 번째는 풍수지리상으로 행주형(行舟形)인 마을에 비보(裨補)로서 세운 솟대, 세 번째는 풍수지리설과 과거급제에 의한 입신양명을 기념하기 위해 세운 솟대인데 이는 짐대와 급제를 기원하는 화주대(華柱臺)로 분화·발전된다.

(2) 고구려 삼족오

삼족오(三足烏)는 오랜 세월 동안 우리 민족과 함께해 온 자연물로 하늘을 향한 인간의 꿈이 형상화된 세 발 달린 '새' 까마귀이다. 고구려 고분벽화에 자주 보이며 삼족오는 우리 문화의 구심점으로 인식되어 아름다운 현실문화 속에 자리매김하고 있다. 고조선의 뒤를 이은 고구려인들은 자신들이 가장 위대한 태양의 후손이라는 뜻에서 원형의 태양 속에 삼족오를 그려 넣어 자신들의 문양으로 삼았다. 다시 말해, 삼족오는 천손(天孫)의식을 갖고 있던 한민족 고유의 상징이 되었다. 태양, 하늘과 자신들을 연결시켜주는 동물을 새라고 생각하였고 태양과 새를 결합하여 태양신을 상징적으로 형상화할 때는 삼족오로 상징화하여 표현한 것이다. 고구려(高句麗), 백제(百濟), 신라(新羅)에서는 왕을 상징하는 부장품들 중 삼족오 문양이 들어간 경우를 많이 볼 수 있는데, 이는 삼족오를 태양신의 화신이라고 생각하였기 때문이다. 여기서 태양이란 양(陽)의 상징이기 때문에 인간으로 말하면 남성을 뜻하므로 번영(繁榮)과 풍요(豐饒)를 상징한다.

삼족오
(고구려 고분벽화
오회분 4호묘의
천장 그림)

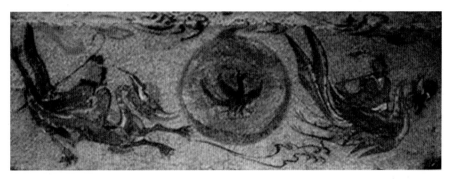

(3) 고구려 무용총 수렵도

고구려인들의 역동적인 사냥의 모습을 묘사한 것
으로 유명한 무용총 수렵도는 여기저기 뛰어다니는 사
슴과 호랑이, 말달리며 이를 맞히려는 고구려 사람들
의 모습이 그려져 있다. 고구려인의 머리에는 여러 개
의 새꼬리를 한데 묶어 관모의 정면에 삽입한 조미관을
썼는데 이는 짐승을 많이 잡고 싶은 샤머니즘적 의미도
포함되어 있을 것이다.

고구려 무용총 수렵도

(4) 청동기시대 농경문 청동기

새를 묘사한 조각품은 신석기시대의 유적에서 출토된 바 있으며, 고대무덤
과 제사유적에서도 조문이 새겨진 청동기나 새 모양을 본 딴 토기 등이 심심치
않게 발견된다. 학을 비롯하여 오리·앵무·철새·제비 등이 다양하게 나타나는
각종 새의 문양은 고대의 우주관을 보여주는 것이며, 새의 형상을 도안화하여
새기거나 장식 문양을 통해 표현된 새는 천계(天界)의 상징이다.

주술적(呪術的)인 의미를 지닌 것으로 보이는 청동기시대의 농경문 청동기
(農耕文靑銅器, 대전광역시 출토)에서도 부조(浮彫)된 새의 문양이 나타난다. 폭
12.8cm의 농경문 청동기의 한쪽 면에는 밭을 일구어
농사짓는 모습과 항아리에 무언가를 담는 인물이 매우
사실적으로 표현되어 봄과 가을의 농사풍경을 한눈에
볼 수 있다. 반대쪽 면에는 Y자형으로 갈라진 나뭇가
지 양 끝에 각각 한 마리의 새가 앉아있는데, 새를 통해
마을의 평안과 풍년을 기원하고, 하늘과 땅을 연결하는
매개자로서 새를 인식하였음을 짐작할 수 있다.

농경문 청동기

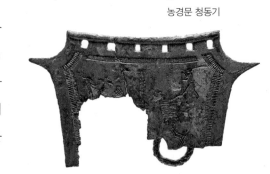

(5) 청동기시대 청동쌍조간두식·오리형검파두식

청동기시대의 유물인 청동쌍조간두식(靑銅雙鳥竿頭飾)·오리형검파두식(鴨
形劍把頭飾)은 사실적인 조각 형태로 묘사되고 있으며, 간두식의 양끝에 앉은

청동쌍조간두식·
오리형검파두식

두 마리의 새가 마주 보는 형태로 그 형상이 입체적으로 조형되어 있다. 이러한 새의 형상은 남러시아·오르도스 지방의 청동기문양과 연결해 볼 수 있으며 내몽고 및 북중국, 그리고 우리나라와 일본 등지에서 나타나고 있다.

(6) 신라시대 서봉총 금관

경주 서봉총(瑞鳳塚)에서 출토된 금관에서는 수지형(樹枝形)의 입식 위에 앉아 있는 세 마리의 새의 조형을 볼 수 있다. 금대(金帶)는 전후와 좌우를 반원형으로 연결하여 중앙에서 교차되게 만들고, 그 교차된 위치에 세 개의 나뭇가지 끝에 각각 새가 앉은 모양을 금판으로 오려 만들었다. 그리고 앞뒤에 영락을 달아 고정시켜서 다른 금관에서는 볼 수 없는 특이한 양식을 취하였다. 당시의 사람들은 새가 천상의 영혼과 육신의 세계를 왕래하는 역할을 담당한다고 믿고 있었다. 이러한 새의 상징적 의미는 고대 여러 민족들의 샤머니즘적 우주관에서도 볼 수 있으며, 여러 장신구나

 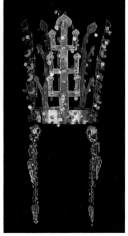

서봉총 금관

무덤의 각종 부장품, 특히 관식(冠飾)에 새의 형상이 나타나는 것도 고대신앙에 의한 것으로 생각된다.

(7) 통일신라시대 와당

통일신라시대에는 서역(西域)의 영향을 받은 불교미술의 성행과 더불어 와당(瓦當)을 비롯하여 각종 금공유물(金工遺物)에서 좌우 대칭적 구도의 새의 형상이 나타난다. 쌍조문평와당(雙鳥文平瓦當)에는 넓은 꽃잎의 초화문양을 중심으로 양측에 대칭구도로 새 두 마리가 묘사되어 있다. 새의 몸통은 작고, 꼬리와 날개는 길고 커다랗게 그려져 있어 다소

쌍조문평와당

과장되게 보이지만 이 역시 새가 하늘을 날 수 있다는 것에 중점을 두어 그 상징성을 표현하기 위한 것으로 보이며 부드럽게 와당을 가득 메운 새의 날개깃이 매우 아름답다. 쌍조문수막새는 직경 13cm의 둥근 수막새의 가운데에 두 마리의 새가 꽃 위에서 마주 보는 모습으로 날개를 한껏 위로 올리고 마주 보고 서 있으며, 그 위쪽으로도 꽃의 문양이 보인다. 이러한 형태는 분황사(芬皇寺), 영묘사지(靈廟寺址)에서 출토된 것과 유사하며 서역미술에서 유래한 것으로 신라의 문화적 교류를 확인할 수 있다.

쌍조문수막새

2) 탈의 상징성

탈의 특징은 '가리다' 또는 '감추다'이며 탈의 대표적 기능은 변신이다. 탈이란 아득한 인류의 역사와 함께 생산된 것으로 신앙성을 띠면서 벽사, 의술, 영혼, 추억, 토템, 기우, 수렵, 전쟁, 연희 등에 쓰이기 위해 창출된 역사적 문화적 조형물이다. 탈은 동서양을 막론하고 거의 모든 민족에게 존재하며 기원도 원시민족사회까지 거슬러 올라간다. 원시적인 제의에는 가면이 등장하는데 제의에 탈을 쓴다는 것은 현실의 인격이 아닌 초자연적인 인격으로 변하여 제의에 참여한다는 의미이다. 원시 제의에 사용되는 탈은 곰, 사자, 독수리 등 동물형상의 것들이 많은데 이는 탈을 통해 그 동물이 가지는 본질적인 특성을 마음속에 내면화시키기 위한 것으로 탈은 인격을 변용시키는 도구로서 그 존재를 표현하는 가장(假裝)의 성향을 지닌다. 탈은 인간 스스로의 이상을 다른 대상에 투사시켜 탈의 이미지가 지니고 있는 초월성을 상징적으로 보여주고 있다. 그 원형적 본질은 외적인 표현이든 내면적 의미이든 그 이미지를 형성하는 인간의 마음에 변용의 기운을 전해준다. 동물에 대한 재현이나 표현은 인간의 심상과 감정을 표출하여 그 내면을 치유하기 위한 목적이 있었다.

원시인들은 처음에는 수렵생활을 하며 수렵 대상물인 동물에게 접근하기 위한 위장면(僞裝面)으로 탈을 사용하였고, 동물을 잡아온 뒤에는 영혼을 위로하며 그 주술력을 몸에 지니기 위한 주술적 목적으로 변모하였고 점차 종교적

의식과 민족 신앙의 의식용 가면으로 발전되었다.[16]

역사와 정치, 종교의 변천에 따라 그 모습과 의미를 달리하며 독창적으로 표현되는 탈의 형태는 인류역사의 발전과 함께 재창조되어 나타난다. 탈과 탈춤의 기원은 원시수렵과 어로 생활에서 동물 탈을 쓰고 위장하여 사냥의 성과를 기원하며 추었던 수렵 춤의 시작으로 가면으로 얼굴이나 머리 전체를 가리고 본래의 얼굴과는 다른 인물이나 동물 또는 초자연적인 존재로 분장하는 것이었다.

한국 탈놀이의 기원에 대해서는 농경의례설(農耕儀禮說)·기악설(伎樂說)·산대희설(山臺戲說)의 세 가지로 논의된다. 고구려의 무악(舞樂), 백제의 기악(伎樂), 신라의 처용무와 오기(五伎) 등에서 보는 바와 같이 대륙에서 전래된 산악백희(山嶽百戲)가 향악화(鄉樂化)되고, 고려의 산대잡극으로 이어진다. 조선 전기에는 사찰기악의 민속극화로 이루어지며 각종 가면희가 선행예능으로 참여하였고 조선 후기에는 현존하고 있는 산대도감극(山臺都監劇)이 정립되었다.

'학춤'은 학의 탈을 쓰고 추는 동물모방춤으로 그 기원을 나례에서 찾아볼 수 있다. 나례[17]의 동물가장가면희의 의미와 기능은 연희의 연행상황 속에서 대사와 요소 등을 통해 벽사진경의 의미와 기능을 지니고 있음을 알 수 있다.

주로 연말에 행해지는 나례는 황금사목의 가면과 곰 가죽을 걸치고 창과 방패를 든 방상씨(方相氏)[18]가 위협적인 모습으로 사악한 기운을 물리치는 벽사의례이다. 주로 연말에 나례를 연행하는 것은 다가오는 새해에 나쁜 것(厄)들을 모두 제거하여 경사를 맞이하고자 하는 의미를 지닌다. 우리나라의 궁중 나례에서도 궁궐을 돌며 잡귀를 몰아내는 구나의식(驅儺儀式)을 행하였다. 특히 고려시대 이후에는 나례가 끝난 뒤 사자춤을 연행했는데 신성한 동물이 나례

---

16 편찬위원회, 『한국예술사전IV』「가면」, 대한민국예술원, 1985.

17 나례는 모든 재앙과 병마의 근원인 잡귀를 쫓아내고 새해의 복을 맞으려는 의식이었다. 궁중에서는 섣달그믐이 다가오면 궁중 안팎을 깨끗이 치우고 그믐에 나례를 행했다.

18 방상씨는 궁중에서 역귀(疫鬼)를 쫓기 위해 구나(驅儺)의식을 행하였는데 역귀로 분장한 사람을 방상씨가 쫓는 연극으로 행해졌다. 방상씨는 창과 방패를 들고 붉은 옷에 검은 치마를 입고 눈이 4개인 탈을 썼다.

와 결합하여 공연되어지는 것은 벽사의 기능을 강화하고자 하는 의미로 해석할 수 있다.

구나(驅儺)의 일은 관상감에서 주관하는 것인데, 제석 하루 전날 밤에 창덕궁과 창경궁의 뜰에서 한다. 그 규제(規制)는 붉은 옷에 가면을 쓴 악공 1명이 창수(唱師)가 되고, 황금사목(黃金四目)에 곰 가죽을 뒤집어쓴 방상씨 4명은 푸른 도포를 입고 복건(幞頭)을 쓰고 목홀(木笏)을 쥐고 가면을 썼으며, 소매(小梅) 몇 사람은 여자 적삼을 입고 가면을 썼는데, 저고리와 치마는 모두 붉은색과 초록색이고 손에 당간(撞竿)을 잡는다. 12신(神)은 모두 귀신의 가면을 쓰는데, 예를 들면 자신(子愼)은 쥐 모양의 가면을 쓰고 축신(丑神)은 소 모양의 가면을 쓴다. 또 악곡 10여 명은 복숭아나무 가지를 들고 이를 따른다. 아이들 수십 명을 모아 붉은 옷에 붉은 두건을 씌워 진자(振子)로 삼는다.[19]

나례에서 연행되었던 '학춤'도 벽사진경의 의미를 지니고 있다. 조선 초 궁중에서 행한 나례의 구나의식 후에 벽사진경을 의미하는 '처용무'와 사악한 것을 쫓는다는 의미를 지닌 쇠방울이 달린 옷을 입고 추는 '연화대무'와 길상(吉象)을 의미하는 '학춤'이 합설되어 연행된 것은 벽사의 기능이 더욱 화려하고 장대하게 강화된 것으로 보인다.

(1) 패면

우리나라에서 지금까지 발굴된 가면 중 최초의 것으로 알려진 것은 부산 동삼동에서 출토된 조개껍데기에 두 눈과 입을 뚫은 가면인 패면(貝面)과 신석기시대의 가면유물을 들 수 있다. 이러한 탈들은 얼굴에 직접 착용했다기보다는 주술적인 용도나 장식품으로 쓰였을 것으로 추측된다. 부산 동삼동에서 출토된 조개탈은 눈과 입을 표현한 구멍을 뚫어 사람의 얼굴을 만든 것이다. 고대인들에게 조개는 여성의 생식기와 닮아서 생성과 풍요, 생명력을 상징하였고 부적이나 장신구로 액이나 악운으로부터 보호해 주는 집단 공동의식이나 벽사도구로 이용되었을 것으

패면

19 성현, 『용재총화』, 1997, p.104.

로 추정하고 있다.

토면

(2) 토면

강원도 양구에서 출토된 토면(土面)과 강원도
양양 오산리에서 발견된 흙으로 빚은 사람의 얼
굴 조각상은 신앙적 의식에 사용되었을 것으로
보인다. 전신상은 여성상이 많은데 이것은 모계씨족 사회에서 연유하는 다산
과 풍요를 기원하는 의미일 것이다.

(3) 고대 제천의식의 탈

암석에 새겨져 있는 제단 그림에는 태양, 달, 별 등이 그려져 있고 땅에는
작물과 양이 있으며 탈을 쓴 사람이 그려져 있다. 이를 통해 고대 제천의식에
도 탈이 존재함을 알 수 있다. 탈과 탈춤은 자연에 대한 두려움에서 시작되었
다. 탈의 원형은 생존을 위협하는 환경 속에서 살아남기 위해 인간의 능력으로
는 범접할 수 없는 자연에 신성한 힘이 있다고 믿으며 생존을 빌거나 새나 호
랑이, 사자, 원숭이, 멧돼지 등 동물의 능력을 빌리고자 모방하며 그들의 모습
과 행동을 위장·모방하는 것에서 출발하였다. 신과 인간을 이어주는 상징적
매개물로서 신앙적 기능을 가진 탈은 재앙을 극복하기 위한 도구로, 초인간적
인 힘을 나타내기 위한 주술과 실제 모습과는 다른 형상으로 신의 경지에 도달
하려는 의지에 의해 생성된 것이며 현재의 모습을 갖춘 것은 청동기시대로 추
정된다. 탈과 의식은 시간이 지남에 따라 예술적·오락적 성격이 가미되어 시
간이 흐르면서 탈에 색을 칠하고 몸동작을 하거나, 인위적인 소리를 만들어 내
면서 탈놀이의 원형이 형성되기 시작하여 오늘날의 탈놀이 문화를 형성하게
되었다고 볼 수 있다.

(4) 부여시대의 탈

① 방형가면

2, 3세기 부여시대 때 만주에서 제작된 금동가면으로 말이나 무기 등에 부

착한 장식품으로 추정되며 길고 갸름한 얼굴형에 앞으로 튀어 나온 턱, 찢어진 눈꼬리, 튀어나온 광대뼈 등이 인상적이다. 귀고리를 한 흔적도 있는데 특히 상투를 튼 모습은 확실히 우리 조상의 원형임을 알 수 있다. 현존하는 모형 중 가장 오래된 한국인의 얼굴 원형이라 할 수 있다.

부여 청동가면

(5) 고구려시대의 탈

궁중제의나 나례 등에 주로 연희되었던 고구려시대 탈의 근거는 무용총 벽화에서 찾아볼 수 있다. 안악(安岳) 제3호분 동수묘 벽화 가운데 후실의 '무악도'에서 보이는 춤꾼은 탈을 쓰고 있다. 고구려인들은 이미 4세기 이전부터 마상재(馬上才), 칼싸움, 막대기와 공을 던지는 농환(弄丸) 등의 잡희가 성했으며, 『고려사』에는 고구려 가악(歌樂)의 명칭이 기재되어 있다. 고구려악은 당시 중국을 풍미한 서역악, 곧 악기뿐만 아니라 탈춤까지 고루 수용함으로써 좁은 의미의 음악만을 가리키는 것이 아니라 '악가무'가 함께 어우러지고 있으며 이것은 조선조의 궁중무까지 전승되고 있다.

(6) 백제시대의 탈

백제시대 탈의 유산은 우리나라보다 일본에 더 많이 남아 있다. 7, 8세기의 탈(伎樂面)이 일본에 현재 2백여 개나 보존되고 있음은 실로 백제의 문화에서 탈을 비롯한 모든 문화가 일본에 전달되었음을 알 수 있다. 일본의 기악은 익살스러운 춤과 몸짓으로 연출하는 10과정(科程)으로 된 발림으로만 엮는 탈놀이의 형태를 띠고 있으나 이 역시 우리나라에 전승되는 산대놀이와 같은 계통으로 생각된다. 한편 우리나라의 경우는 발림굿인 기악에서 대사극으로, 신앙성을 띤 놀이에서 세속적인 놀이인 산대놀이로 발전하여 오늘에 이르고 있다.

(7) 신라시대의 탈

『삼국유사』에 나타난 신라의 가면무는 벽사나례의 '처용무'와 '십이지신무', '신라박'이 있으며 '상염무', '황창무', '검무'가 있다. 또한 『삼국사기』와 최치원의 〈향악잡영(鄕樂雜詠)〉에도 탈놀이 기록이 전해진다. 우리나라의 탈의 기원은 적어도 삼국시대 훨씬 이전이 된다. 탈의 형태를 갖춘 유물로 신라시대의 방상씨 가면으로 추측되는 '목심칠면'을 들 수 있다. 한가위나 팔관회에서 연희되었던 '신라악'들은 다분히 중국의 '산악백희(散樂百戱)'의 영향을 입은 것으로 추측된다. 그 대표적인 것으로 검무(劍舞), 무애무(無㝵舞), 처용무(處容舞) 오기(五伎)를 꼽을 수 있으며, 이 가운데 무애무만이 탈춤이 아니다. 신라시대에는 검무(劍舞)도 탈놀음이었다고 하나 이에 대한 정확한 문헌은 없다. 덕물산(德物山) 가면과 국보 제121호로 지정된 13개의 하회탈, 병산탈 등이 전해진다.

① 십이지탈

십이지탈은 정월 대보름날 농악놀이 때 사용되었으며, 대부분 짚으로 만들어 종교 의식에 사용했을 것으로 추측된다. 월별 수호신으로 생각되나 정확한 것은 알 수 없다. 단지 눈과 입 주위가 뚫린 것으로 보아 사람이 썼던 탈임이 분명하다.

본래 '십이지(十二支)'라는 말은 자(子)·축(丑)·인(寅)·묘(卯)·진(辰)·사(巳)·오(午)·미(未)·신(申)·유(酉)·술(戌)·해(亥)의 열두 지지(地支)를 이르며 육십갑자(六十甲子)의 아랫부분을 이룬다. 육십갑자는 시간과 날짜, 연도를 표시하는 데 쓰던 말이다. 그러나 여기에서의 십이지는 쥐띠·소띠·범띠 등의 띠를 의미한다.

② 신라박

신라박(新羅拍)은 일본 『신서고악도(信西古樂圖)』에 등장한다. 양손과 발, 머리에 합하여 5개의 탈을 착용한 괴이한 모습이다. '신라박'의 연희 형식은 기록이 없어 알 수 없지만 사악한 기운을 물리치는 벽사 의식에 사용되었을 것으로 추정된다. 『신서고악도』에서

新羅拍

신라박

박은 동물을 가리키는데 머리에 뿔이 있으며 늑대처럼 사납고 양을 잘 모는 목양견으로 천구(天狗)라고 한다.

신라박은 신라악 입호무(入壺舞)와 함께 산악·백희의 동아시아 상호교류를 입증하는 중요한 사례이다.[20]

③ 처용탈

신라 헌강왕 때의 처용설화에서 비롯되었다고 하는 '처용무'는 우리나라의 뿌리 깊은 토착 신앙과도 관련된 이야기를 담고 있다. 신라 사람들은 처용의 형상을 만들어 대문 위에 걸어 놓음으로써 나쁜 귀신을 쫓았다고 한다. 처용설화는 실제로 신앙성을 띤 주술전승(呪術傳承)으로 일상생활 속에서 전해지는 가운데 그 형상인 '처용탈'이 신앙적 상징물로 떠받들어지면서 굿에서 탈춤연희로 발전하여 후세에 전해지고 있다.

'처용무'는 고려·조선을 거쳐 오면서 탈을 쓰고 춤추는 것을 볼 수 있는데, 『고려사』 고종 23년(1236)조에 복야(僕射) 송경인(宋景仁)이 취흥하여 '처용무'를 추었다고 기록되어 있는 것이 문헌상 가장 오래된 것이다. 연원을 신라시대로 거슬러 올라갈 수 있는 '처용무'는 많은 변천 과정을 거치고 있다. 처음에는 한 사람으로 하여금 붉은 탈과 검은 옷에 사모(紗帽)를 쓰고 춤추게 했으며, 그 뒤에는 중국의 '오방무'의 영향을 받아 '오방처용무'로 확대되고, 이후에는 다시 '학연화대처용무합설(鶴蓮花臺處容舞合設)'로 가무극화(歌舞劇化) 되었다.

처용탈

(8) 신라오기의 대면, 속독, 산예

신라오기(新羅五伎)는 신라시대 연희되었던 다섯 가지 놀이로 최치원(崔致遠)의 『삼국사기』 제사조(祭祀條)에 보이는 〈향악잡영(鄕樂雜詠)〉[21] 5수에서 금

---

20 전경욱, 『한국전통연희사전』, 민속원, 2014.
21 〈향악잡영(鄕樂雜詠)〉은 신라 말기에 최치원(崔致遠)이 지은 한시이다.

환(金丸)·월전(月顚)·대면(大面)·속독(束毒)·산예(狻猊) 등이 있으며 그중 대면(大面)은 당대(唐代) 오기의 하나인 대면희(代面戲, 大面戲)나 일본에 전하는 좌방무(左方舞)의 '난릉왕(蘭陵王)'과도 비교되는 일종의 구나무(驅儺舞)이다.

속독(束毒)은 중앙아시아의 여러 나라에서 전래한 건무(健舞)의 일종으로 추측된다. 최남선(崔南善)은 "원방인(遠方人)이 왕화(王化)를 사모하여 떼지어 와서 무악(舞樂)을 바치는 뜻을 나타내는 가면극"이라고 설명하였다.

최치원은 산예(狻猊)를 다음과 같이 읊었다. "일만리라 유사에서 건너왔기로, 누런 털은 다 빠지고 먼지는 부애. 몸에 배인 착한 덕에 슬겁게 노니, 온갖 짐승 재주 좋다 이와 같으랴(遠涉流沙萬里來 毛衣破盡着塵埃 搖頭掉尾馴仁德 雄氣寧同百獸才)." 신라오기 중에서 사자춤인 산예이다.

(9) 방상씨탈

방상씨탈은 지금으로부터 3천 년 전인 주(周)나라의 의식에 사용하는 중국 탈의 영향을 받은 신앙탈이다. 고려와 조선시대에는 세말 궁중에서 역귀(疫鬼)를 쫓기 위해 구나(驅儺)의식을 행하였는데 역귀로 분장한 사람을 방상씨가 쫓는 연극으로 행해졌다. 방상씨는 창과 방패를 들고 붉은 옷에 검은 치마를 입고 눈이 4개인 탈을 썼다.

방상씨탈

(10) 하회탈

경상북도 안동군 하회마을과 그 이웃인 병산마을에 전해 내려오는 탈로서 연대는 확실하지 않으나 고려 말기~조선 초기의 것으로 추정된다. 하회탈은 11개가 전해지는데 주지 2개, 각시, 중, 양반, 선비, 초랭이, 이매, 부네, 백정, 할

미 탈이 있다. 병산탈은 총각, 별채, 떡다리 탈이 있었다고 하나 분실되어 현재 2개가 남아 있다.

한국의 가면은 대개 바가지나 종이로 만든 것이 많아서 오래 보존된 예가 드물며, 그해 탈놀이가 끝난 후 태워버리는 것이 일반적이었다. 그러나 하회탈과 병산탈은 드물게 보이는 목조탈이며, 격식과 세련됨을 갖춘 유물이다.

원래 해마다 정월 대보름에 거행되는 별신굿에 쓰이던 것이며, 마을마다 따로 가면들을 보존해 왔을 뿐만 아니라 탈에 대한 금기나 제약이 매우 엄격했다. 이 탈의 재료는 오리나무로서 그 위에 옻칠을 두 겹 세 겹으로 칠해 정교한 색을 내었다. 턱은 따로 조각되어 있어서, 아래턱을 노끈으로 달아 놀이할 때 말하는 것처럼 움직이게 함으로써 생동감을 주도록 만들었다.

(11) 학탈

'학무'는 조선 전기로부터 전해져 내려오는 향악정재(鄕樂呈才)의 하나이며, 『악학궤범』 권8에 의하면 "학의 의물(儀物)을 만드는 제도는 학은 청학과 백학 각 하나씩으로 몸 거죽은 대(竹)로 만들어 종이를 바르고 목은 둥그렇게 대를 말아 엮고, 거죽은 백포(白布), 내경(內頸)은 긴 나무를 쓴다. 또, 숙승(熟繩)을 써서 아래 주둥이에 매달아 이것으로써 흔들어 돌아보고 쪼는 형상을 짓는다. 백

학탈

당안(白唐雁) 날개를 붙이는데 청학은 청칠(靑漆)을 한 날개를 붙인다. 날개는 관(鸛: 학의 일종)의 날개털을 쓰고, 꼬리는 검은 닭 꼬리를 쓰고, 푸른 주둥이를 가진다. 청학은 초록 주둥이다. 두 무릎에는 붉은 치마, 붉은 버선, 붉은 나무발을 입고 신는다."라고 나와 있다.

하지만 『악학궤범』에 기록된 제작법은 움직임이 자유롭지 못하고 불편함이 있어 현대에 와서는 재료와 재질의 개발과 함께 춤의 움직임이 편리하도록 개조된 방법으로 학탈이 제작되고 있다.

(12) 민속탈

한국의 전통적인 민속놀이는 예로부터 주로 서민층에서 명절이나 혹은 특별한 일이 있으면 여흥을 돋우고자 행하여졌는데 그중 탈놀이는 가장 짜임새 있는 민속놀이로 가면이 기발하고 음악 반주에 따라 춤·노래·몸짓·재담을 엮어 나간다. 우리나라 탈은 형모가 괴이하고 색채가 짙은 데 특질이 있지만, 그 표정은 사실적이기보다 대부분 상징적인 것이 또한 그 특색의 하나이다.

(13) 동물탈

연극의 줄거리가 희극적인 관계로 실제의 동물탈도 상당히 있다. 즉, 봉산탈춤·송파산대놀이·해서가면극의 원숭이탈, 통영오광대의 사자탈, 수영야류 범탈 등과 같은 탈이 그것이다.

수영야류 범탈

3) 학의 상징성

'학'은 '두루미'라고도 불리며 약 5천7백만 년 전부터 존재했다. 학은 두루미과에 속하는 대형조류로서 우리나라에서 겨울을 나는 철새이다. 몸길이는 136~140cm 정도이며 날개 길이는 70cm 정도이다. 온몸이 백색으로 이마와 머리의 앞부분과 눈앞 쪽에는 검은색이며, 머리 부분에는 깃이 없다. 정수리 부분은 붉은색으로 목 부분에는 길게 내려간 까만 띠가 있다. 한국에는 11

월 초순경에 모습을 나타내어 1월 말경에는 남쪽지방에서 볼 수 있고 2월 중순에서 3월 말경이면 그 모습을 볼 수 없게 된다. 우리나라에서는 천연기념물 제202호로 지정하여 보호하고 있다.

학은 천 년 만에 푸른색의 청학이 되고, 다시 천 년이 지나면 검은색으로 변하여 불사조인 현학이 된다고 옛 선인들은 믿어 왔으며, 학은 신선이 타는 이미지로 새 가운데 가장 높은 우두머리의 위치를 차지하고 있어 일품조(一品鳥)라 하였다. 그렇기에 장수하는 길한 영조(靈鳥)로 인식되어 일상생활에 매우 친숙한 새로 등장하였다.

불교에 있어 학은 부처의 화현으로 표현되어지고 있다. 『삼국유사』의 오대산 월정사 관련 기록에는 불교의 성자인 오류성중이 학으로 변신했다는 내용과 성자가 학으로 변했다는 내용은 학이 부처 설법을 전하는 존재임을 의미한다. 불교 경전인 『아미타경』에서 불국토(佛國土)는 백학을 비롯한 다양한 조류가 맑은 소리로 노래하는 곳을 묘사하여 백학과 새들을 아미타불 법문을 펴는 화현으로 보았다. 부처의 화현으로서의 학의 상징적 의미는 사찰 내 전각에 묘사되어 있다. 또한 불교식 장례에서 '학가마'라고 지칭하는 것은 학은 죽은 망자를 좋은 곳으로 데려간다고 믿었기 때문이다.

『동주열국지』『상학경기(相鶴經記)』에는 '학은 양(陽)의 새이다'라고 하며 도교에서의 학은 신선세계와 장수를 상징적으로 표상한다.

고려시대에는 장수를 기원하며 학을 새긴 '고려동경(高麗銅鏡)'을 선물로 주고받았다. 십장생(해, 산, 물, 돌, 구름, 소나무, 불로초, 거북, 학, 사슴)에는 조류로서 유일하게 학이 들어가 있어 장수의 의미를 확장하였다. 고려시대의 학의 모습은 날개를 마음껏 활짝 펼치고 다리를 수평으로 쭉 뻗치고 있는 동적인 모습을 하고 있다.

조선시대 유교에서의 학은 세속을 초월한 은자(隱者)이거나 고결한 인격을 지닌 현자(賢者)의 상징으로 고고함을 지닌 존재인 '군계일학(群鷄一鶴)'으로 지칭하며 선비로서 갖추어야 할 인격을 상징했다. 이러한 관념은 산수화에 학이 등장하는 요인이 되었으며 조선시대 문관을 상징하는 흉배(胸背), 학창의(鶴氅衣)는 학의 대표적 상징으로 청빈과 고고함, 고귀함을 상징하며 민족 문화의 한 축을 형성하면서 민족 고유의 정신적 사상을 표현하는 동시에 이상적인 삶의 지표를 만들어주는 순수한 예술 자료이다.

학은 다른 사물과 어울려 표현되어질 때 그 의미에 차이를 지닌다. 즉, 학이 소나무가 함께 그려지면 장수 외에 높은 벼슬을 기원하는 의미를 가진다. 학과 마찬가지로 소나무는 장수의 상징과 함께 일품(一品)의 벼슬을 의미하기 때문이다. 학과 파도가 함께 그려지면 벼슬과 관련된 그림으로 볼 수 있는데 여기에서 파도는 조정(朝廷)을 의미한다. 학과 태양이 그려진 경우는 희서(喜瑞)를 기원한 것으로 풀이할 수 있다. 여기에서의 학은 상서로움을 의미하는 것으로 보이며 태양은 햇살이 비치듯 길한 운세가 펼쳐지기를 기원한 것으로 해석할 수 있다.[22]

학은 이상적인 삶에 대한 현실적 기원의 주술적 대상으로서의 성격을 강하게 지니고 우리 민족이 집단적인 가치 감정의 통념에 의해 고정되고 표상된 제2의 자연과 상징적인 기호에 의한 표현이다. 학은 감상의 대상으로만 존재하는 것이 아니라 인간의 욕망과 기원을 담은 대상으로 그런 정서를 표현하고 전달하는 매개체 구실을 하는 상징성을 지닌다. 자연에 대한 경외와 신령스러운 정감이 깃들어있고, 이상 세계에 대한 동경, 행복과 애정의 충만, 길상(吉祥)의 축원 등이 담겨있는 학은 신비롭고 영적인 존재로 인식되어 청초함과 불로장생을 의미하는 존재로 높고 귀한 존재의 새이다. 불교, 도교, 유교적 상징성을 지닌 학은 우리 민족의 삶 속에서 다양한 모습으로 구체화되었다. 학을 그리기를 즐겨하고 학을 노래하는 시조를 읊었으며, 복식이나 여러 가지 공예품에 학의 문양을 즐겨 사용하였다. 학은 조선시대 왕조실록을 비롯한 고문헌에서 기록을 다수 찾아볼 수 있으며 시, 서, 화, 도자기 등 다양한 유물에 등장한다. 전통문화 속에 나타난 학을 통해 학의 상징적 의미를 살펴본다.

(1) 그림에 나타난 학

학은 중국의 신선 사상과 결부되어 선도(仙道)에서 두 가지 시각으로 고려

---

22 한국문화상징사전편집위원회, 『한국문화 상징사전』, 두산동아, 1996.

되었다. 하나는 사람이 도를 닦아 경지에 이르면 신선이 되어 학으로 변해 신선세계로 날아간다는 것이고, 다른 하나는 신선을 태우는 천리마라는 것이다. 이러한 사상적 측면과 결부되어 학은 장수를 상징하는 길상문양으로 자리 잡게 되었다. 학문양을 기물에 새기면 장수·행복·귀인(貴人)·풍요의 운이 찾아든다고 믿어 장수를 송축하는 물품에 학의 문양을 넣었다. 학에는 흑·황·백·청·홍의 다섯 종류가 있다고 하며, 그중 흑색 학이 가장 오래 산다고 한다. 그림에 나타나는 학의 모습은 시대의 변천에 따라 다소 차이가 있다.

① 고구려 가학선인도
학문양이 장생의 상징으로 등장한 것으로 고구려 통구 사신총 널방 남쪽 천장고임벽화에 나타난 〈가학선인도(駕鶴仙人圖)〉를 들 수 있다. 여기에는 신선이 학을 타고 구름 사이를 날고 있는 모습이 그려져 있다.

고구려 통구
사신총 천장벽화
〈가학선인도〉

② 쌍학대무
쌍학대무(雙鶴對舞)는 두 마리의 학이 서로 마주 보며 춤추고 있는 그림을 말한다.

③ 학헌반도
학헌반도(鶴獻蟠挑)는 학이 복숭아를 물고 있는 모습으로 장수를 상징하는 그림이다.

쌍학대무(진찬의궤)

④ 단학

단학(團鶴)은 십장생 무늬의 하나로 청초함과
장수를 상징한다.

단학

⑤ 단원도

김홍도가 39세에 그린 〈단원도(檀園圖)〉는 시적인 정취와 가락을 발산하는
변화의 단초를 연 작품이다. 이 작품은 1784년 찰방에 근무하거나 아니면 다시
도화서로 돌아와서 화원으로 활동하던 시기에 제작된 것으로 보인다. 마당의
방지에는 연꽃이 피어 있고 학이 놀고 있으며 괴석이나 오동나무로 장식해 선
비의 집임을 상징화하였다.

⑥ 전원행렵도

〈전원행렵도(田園行獵圖)〉는 김두량(金斗樑, 1696~1763)과 그의 아들인 김덕
하(金德夏, 1722~1772)의 합작이다. 가을 장면에서 하늘에 학이 노닐고 농부들이
도리깨로 타작하는 모습을 그렸다.

⑦ 조선시대 신선도

신선이 길상적 의미를 가진 독립된 주제의 그림으로 성행했던 시기는 조선
중기 이후이며 이 시기의 신선은 도교의 신선사상과 밀접한 관련이 있다. 신선
그림이 의미하는 바는 신선과 같은 불로장생(不老長生)이다. 우리 선조들은 무
병장수(無病長壽)를 기원할 때 신선도를 그려 선물했다.

⑧ 조선시대 화조도

학 한 쌍을 중심으로 괴석과 나무가 묘사된 화조도의 6폭 병풍 중 제2폭의
중앙에는 학 한 쌍이 등을 교차하면서 마주하고 있다. 학의 몸은 전체적으로
희게 묘사되었으며, 다리와 머리에 묘사된 빨간색이 선명하여 부리와 목의 검
은색과 조화를 이룬다. 학과 태양이 그려진 경우는 희서(喜瑞)를 기원한 것으로
풀이할 수 있다. 여기에서의 학은 상서로움을 의미하는 것으로 보인다.

⑨ 조선시대 십장생도

십장생도(十長生圖)는 오래도록 지속되거나 생명이 유지된다고 믿어지는 열 가지의 사물을 소재로 하여 장수의 뜻을 담은 그림이다.

십장생도는 도교와 신선사상(神仙思想)을 배경으로 하여 불로장생(不老長生)에 대한 꿈과 희망을 상징적으로 표현한 우리나라의 대표적인 길상(吉祥) 장식화(裝飾畵)이다. 십장생 도상(圖像)은 회화 이외에도 자수·목칠·가구·도자·금속공예의 도안으로 많이 사용되었으며 지금까지도 주변 사물의 의장에서 흔히 볼 수 있는 친숙한 주제이다. 왕실의 무병장수(無病長壽)와 만수무강(萬壽無疆)을 기원하기에 십장생도는 임금이나 왕세자의 국혼(國婚), 대왕대비나 왕비의 회갑연(回甲宴) 등 궁중의 주요한 행사에 장엄과 치장을 위해 사용되었다.

〈십장생도〉

⑩ 조선시대 고산방학도

〈고산방학도(孤山放鶴圖)〉는 정선(鄭敾)의 그림으로 조선 초기에 그려졌으며, 항주(抗州) 서호(西湖)에 살던 처사 임포(林逋)의 매처학자(梅妻鶴子)의 고사(古事)를 그린 그림으로 나타낸 것이다. 임포가 학을 놓아주는 장면은 학을 사랑하여 자연으로 돌려보내는 선비의 자비를 보여준다.

⑪ 조선시대 취후간화

〈취후간화(醉後看花)〉는 조선 후기 김홍도의 그림이며, 대숲을 배경으로 학 두 마리가 마당에서 놀고 있는 것이 보인다. 방 안에선 주인과 손님이 책을 앞에 두고 고담준론이 한창이고, 마당에선 총각머리를 한 동자가 차를 끓이고 있는 정경이다.

⑫ 조선시대 삼공불환도

〈삼공불환도(三公不換圖)〉는 조선 후기 김홍도가 그린 고사인물화이며, 원래는 8엽의 병풍이지만 지금은 한데 붙여 족자로 표구하여 보존하고 있는 상태이다. 바다와 산, 들판이 펼쳐져 있는 자연 속에서 영의정·좌우정·우의정 삼공이 전원의 생활을 누리고 있는 장면이며, 우측하단에 학 두 마리가 있는 정경이다.

⑬ 조선시대 수로한거도

〈수로한거도(樹老閑居圖)〉는 조선 후기 이인문의 그림이며, 울창한 고목으로 둘러싸인 집 방안에는 고사 한 사람이 팔베개를 하고 마당을 내다본다. 마당에선 학 한 마리가 주인과 마주 보고 있는 정경이다.

⑭ 조선시대 승학탄금신선도

〈승학탄금신선도(乘鶴彈琴神仙圖)〉는 조선 후기 봉화 축서사 보광전 천정 반자의 문양이다. 신선과 학, 구름과 거문고를 하나의 판 안에 함께 담아 인간의 가장 기본적이고 원초적인 불로장생을 기원하는 마음을 담아내고 있다. 『상학경(相鶴經)』에는 학이 1600년을 살며 신선들을 태우고 하늘을 오르내렸다고 전해지고 있다고 하는데 그 모습을 잘 표현하는 문양이다.

〈승학탄금신선도〉

⑮ 조선시대 송학도

송학도(松鶴圖)는 대부분 소나무에 학이 앉아 있는 모습이 표현된다. 그러나 학은 생태적으로 소나무에 앉지 못한다. 그럼에도 불구하고 학과 소나무가 함께 그림에 나타나는 경우는 장수 외에 높은 벼슬을 기원하는 의미를 가진다. 학과 소나무 각각의 요소가 반드시 있어야만 내용이 만들어지기 때문이다. 그러므로 송학도는 사실적인 표현이나 묘사와 관계없이 관념적인 그림이다.

(2) 조형물에 나타난 학

① 고려시대 상감운학문 매병

고려시대에는 12세기 중엽부터 상감청자(象嵌靑磁)에 선학(仙鶴)이 구름 사이에서 날고 있는 모습이 표현되었는데, 이와 같은 무늬는 상감청자의 주 무늬였다. 또한 두 마리의 학이 긴 목을 서로 휘감고 춤을 추는 모습을 사방연속(四方連續) 무늬 형식으로 새겨 넣기도 하였다. 상감청자와 함께 고려동경에도 쌍학에 구름무늬가 들어간 형태, 학이 소나무 가지를 물고 날아가는 모습, 파초 사이에서 먹이를 찾는 모습 등으로 나타났다.

상감운학문 매병은 위가 약간 넓은 원통형의 몸체에 밑바닥 중앙에 지름 6cm 가량의 구멍을 뚫어 물이 빠질 수 있게 만든 청자 화분이다. 거의 이등분된 구성이지만 아래쪽은 약하게 음각선으로 처리하여, 윗면의 구름과 학 무늬만이 도드라져 보인다.

② 고려청자 매병

몸체의 원 무늬 안에는 하늘을 향해 날으는 학을, 원 무늬 밖에는 땅으로 향하는 학들을 상감기법으로 표현했다. 당당한 형태와 완벽한 문양 구사가 돋보이는 대표적인 고려청자 매병이다.

③ 조선시대 청화백자십장생문양사발

뛰어 다니는 사슴, 잎 끝에 점을 찍어 포인트를 준 대나무, 바람에 흘러가는 구름, 영지, 두 날개를 활짝 펴고 하늘을 나는 학 등의 십장생(十長生) 문양을 넣었으며 조선시대의 한국적 미감의 새로운 표현을 잘 보여주는 예라고 할 수 있다.

청화백자십장생
문양사발

④ 조선시대 창덕궁 인정전 계단

창덕궁의 법전인 인정전 앞 계단에 새겨진 쌍학. 전각 안 천장 중앙에는 봉황 한 쌍이 장식되어 있고, 북측 중앙에 닫집으로 장식된 용상(어좌)이 설치되어 있다. 학 한 쌍은 월대로 올라가는 석조 계단의 중앙에 새겨진 것으로 장수

쌍학문
두루주머니

를 상징하기도 하며 권위와 정절의 의미를 잘 보여준다.

⑤ 조선시대 쌍학문 두루주머니

쌍학을 수놓은 주머니. 두루주머니는 궁중에서 가례 때 패용했던 것으로 이 유물은 순종비 윤황후(尹皇后)가 영왕비(英王妃)에게 하사한 것이다. 주머니 중앙부에는 두 마리 학이 정면을 향하여 마주 보며 날아드는 듯한 모습을 수놓았으며, 안은 금실로 메웠다. 학은 상서로운 동물로 여인들의 품위와 어울려 궁중에서 즐겨 사용하던 길상체이다.

⑥ 조선시대 쌍학흉배

조선시대의 왕·왕세자·문무백관 관복의 가슴과 등에 장식한 표장(表章)으로, 문관의 당상관이 관복 앞뒤에 붙이던, 한 쌍의 학을 수놓은 흉배. 북청색 운문난(雲紋緞) 바탕에 불로초를 입에 물고 있는 두 마리의 학을 중심으로 금실·색실로 구름을 수놓았고, 하단에는 삼산(三山)·바위·물결·불로초 등의 장생문(長生紋)을 수놓았다. 양 날개를 활짝 펴고 구름 속을 날고 있는 학은 문관의 고고한 기품을 나타내주고 있다.

(3) 문학에 나타난 학

한국문학에 나타난 학은 한시를 비롯하여 고소설이나 설화까지 폭넓게 나타났다. 이러한 학의 의미는 대부분 신선세계의 신조나 길조, 그리고 장수의 심상(心象)으로 인식되고 있었다. 문헌에 언급된 학의 표현에서 선인들은 학이 자연계에 실제로 존재하고 있는 새임에도 불구하고 매우 신비스럽고 영적인 존재로 인식하였던 것을 알 수 있다. 또 다른 새들과 달리 외진 곳에서 조용히 은거하며 고답(高踏)을 추구하는 모습이 은둔하는 현자(賢者)로 비유되었다.

우리 민족사에서 학은 자유로움의 상징으로 이상과 소망, 사랑의 대상으로 비유, 은유되기도 하며 변하지 않는 고고미의 표상과 동경의 대상으로도 표현되었다. 학을 소재로 한 고시조 작품은 고려 후기부터 조선조 전반에 걸쳐 나타나고 있다. 시조에 수용된 학의 역할과 문학적 의미는 다양한 특성과 전통적인 학의 심상을 계승하면서도 고문헌의 기록을 수용하여 시상(詩想)을 전개하고 있다는 점이 특별하다. 그리고 시조에 나타난 학은 다양한 주제의식을 효과적으로 표출하는 역할과 기능으로 수용하며 대부분 사대부의 삶을 효과적으로 담고 있다. 또한 설화에서 온천은 학과 관련된 이야기가 유난히 많다. 유성온천 설화에 등장하는 학 관련 설화나 동래온천, 온양온천, 덕산온천, 수안보온천 등의 온천설화는 직간접적으로 학이 관련되어 있다.

① 최자의 〈국자감 직려에서 채진봉 학의 울음을 들으며(國子監直廬採眞峯鶴唳)〉

구름 걷힌 넓은 하늘에 달은 휘영청 밝은데	雲掃長空月正明
솔 둥지에 깃든 학이 맑은 기운에 겨워	松巢宿鶴不勝淸
온 산의 짐승들 학의 소리 알 리 없건만	滿山猿鳥知音少
홀로 성긴 날개 펄떡이며 밤내 울고 있네	獨刷疎翎半夜鳴

달은 휘영청 밝은데 솔 그림자 성기고	月明松影疎
이슬은 찬데 뜨락은 청결하구나	露冷庭隅淨
맑은 밤 외마디 구슬픈 학 울음소리는	一聲淸夜淚
저마다 깊은 시름에 젖게 하누나[23]	令人發心炳

이 시는 고려 고종 때의 문신 최자(崔滋)가 밤에 당직을 서다가 채진봉(採眞峯)에서 학이 우는 소리를 듣고 지었다고 한다. 불우한 처지를 감상하여 지은 것으로 달빛 속의 소나무와 밤하늘을 날며 학의 울음과 모습을 고고한 기개로 표현하였다.

② 김인경의 〈학시(鶴詩)〉

화려한 축재 정성 하늘을 움직여 일깨우고	華祝精誠動覺天

---

23 성삼문(成三問), 〈학루정송(鶴淚庭松)〉, 『성근보집(成謹甫集)』.

향로를 모신 두 줄기 눈물, 향 연기 적시네   奉爐雙淚濕香烟

바로 거북과 학의 삼천 세 나이를 가져다   直將龜鶴三千歲

우리 임금의 연세 일 년으로 셈하리   算作吾皇第一年

이 작품은 최자의 『보한집(補閑集)』에 실려 있는 〈학시〉로 김인경(金仁鏡)의 작품이다. 낙산(洛山)에서 왕의 장수를 비는 행사인 축성제(祝聖齊)를 파하고 지은 시로 학이 함유하고 있는 장수의 심상을 주제의식으로 드러내고 있다. 거북과 학의 삼천세 나이를 임금의 일 년으로 셈하라는 내용으로 장수를 축원한다.

③ 송강 정철의 〈관동별곡(關東別曲)〉

이 술 가져다가 스히(四海)예 고로 눈화 억만창싱(億萬蒼生)을 다 취(醉)케 밍근 후의 그제야 고텨 맛나 쏘흔 잔 ᄒ쟛고야. 말 디쟈 학을 ᄐ고 구공(九空)의 올나가니 공듕옥쇼(空中玉簫) 소릭 어제런가 그제런가.

이 작품은 조선 선조 13년에 지어진 송강 정철(鄭澈)의 〈관동별곡〉으로 장문의 시 중 마지막 결사의 부분이다. 꿈속에 선관이 내려와 송강에게 상계의 선관이라며 일러 주고, 학을 타고 올라가는 장면은 신선과 함께 선계에 있는 신조로 표현되었다.

천상의 세계를 오가는 학은 새 중에서도 속세에서 쉽게 접할 수 없기에 인간세계에서 길조로 인식되었다. 따라서 한국문학에 나타난 학은 좋은 일의 징후나 암시로 나타난다. 고려부터 조선까지 학을 소재로 한 고시조는 총 125수로 단시조 94수, 장시조 31수로 많은 작품이 남아있다고 한다.[24]

④ '청학동' 설화

푸른 학이 노닐던 곳이라고 하여 이름 붙여진 청학동(靑鶴洞)은 신라 말 고

---

24 변승구, 「고시조에 나타난 '학'의 수용양상과 문학적 의미」, 어문연구학회, 2014, p.229.

운(孤雲) 최치원(崔致遠)이 은거했던 장소로 알려져 있으며, 고려 명종 때 이인로(李仁老)가 지은 『파한집(破閑集)』에 이런 이야기가 전한다. 지리산은 두류산이라고 하는데, 이 산을 둘러싼 고을이 10여 주에 이르고, 이 산의 신비를 다 살필 양이면 얼마만큼의 세월이 걸릴지 모른다. 옛 노인들이 서로 전하기를 이 산속에 청학동이라는 곳이 있는데, 길이 매우 좁아 겨우 사람이 지나칠 만하며, 어떤 곳에서는 아주 길이 막혀 기고 엎드리고 하여 가까스로 수리를 들어가면, 비로소 광활한 별천지가 펼쳐진다. 거기는 양전옥토(良田沃土)로 곡식을 심기에 적당하며 오직 청학이 서식함으로 그런 이름이 전한다.[25]

⑤ 무주 안국사 극락전 '단청 설화'

안국사가 자리한 적상산은 붉은 치마라는 의미의 적상(赤裳)이라는 말처럼, 붉은 단풍과 주홍·노랑·초록으로 물든 가을의 단풍이 아름답기로 유명하다.

특히 안국사 극락전은 붉은 단풍 빛깔처럼 아름다운 단청에 관한 설화와 함께 그 흔적이 전하고 있다. 전해오는 옛이야기는 극락전 단청을 할 당시로 거슬러 올라간다. 안국사의 주 법당으로 극락전을 지은 스님이 단청불사를 어떻게 해야 할지 고심하고 있던 어느 날 하얀 도포를 입은 한 노인이 나타나 "제가 지금부터 100일 동안 단청을 할 테니 극락전에 하얀 막을 치고 물 한 그릇만 넣어 주되 절대로 그 안을 들여다보지 마시오."라고 말하였다.

스님은 범상치 않은 노인을 말을 깊이 새기며 궁금증을 억누른 채 노인에게 단청불사를 맡긴 채 무사히 끝나기를 기다리며 부처님께 기도하며 나날을 보냈다. 그렇게 하루하루가 지나 구름이 걷히고 단풍이 떨어질 무렵의 어느 날, 스님은 천막 속의 단청불사가 어떻게 진행되고 있는지 궁금함을 억누를 길이 없었다. 그리하여 단청이 시작된 지 99일째 되던 날 그 호기심은 극에 달하여, 가만히 안을 들여다보고 말았다. 그런데 놀랍게도 천막 안에 노인은 온데간데없고, 붓을 입에 문 흰 학이 단청을 하고 있는 것이었다. 순간 스님이 몰래 지켜보는 것을 눈치챈 학은 완성하지 못한 단청 일을 남겨 놓은 채 하늘로 날

<hr>

25 한국향토문화전자대전, 한국학중앙연구원.

아가 버렸다. 그래서인지 안국사 극락전의 뒤편 한쪽에는 딱 하루 거리에 해당하는 분량의 목재가 단청이 되지 않은 채 그대로 나뭇결을 드러내고 있다.[26]

예전에는 '온통 학이 노닐었다'고 할 만큼 극락전에 학 그림이 많이 그려져 있었다.

⑥ 대전 '유성온천 설화'

유성온천이 있는 대전시 유성구 봉명동은 본래 명학소(鳴鶴所)라고 불렸다. 학이 울면서 날아갔다는 곳이라는 의미다. 유성온천 인근은 학과 관련된 설화나 전설 지명 등이 산재해 있는 것으로 보아 학과 온천설화가 깊은 관련성이 있는 것으로 보인다. 설화 속 …(중략)… 어머니는 아들 이름을 부르면서 달려갔다. 거기엔 아들이 온몸에 상처를 입고 쓰러져 있었다. 신라군의 성을 쌓는 데서 모진 매를 맞으며 일을 하다가 죽기를 각오하고 도망쳐 나온 것이었다. 그는 집에 와서 병 치료를 하게 되었다. 몸은 다친 데가 한두 군데가 아니었으며 그는 혼수상태에서 헤매게 되었다. 어머니는 좋은 약이란 약은 모두 구해다가 써 봤지만 효력이 없었다. 그래도 자식을 구해야겠다는 생각으로 이른 아침에 약을 구하러 집을 나섰다. 집 앞을 지나 논길을 걷는데 다친 학 한 마리가 하늘에서 떨어지면서 고통스럽게 울고 있었다. 어머니는 이상한 일이라고 생각하고 떨어진 학 곁에 가보니 학이 떨어진 자리에서 뜨거운 물이 나오고 있다. 학이 떨어져서 뜨거운 물에 몸을 비비고 있는 것을 보고 어머니는 자기 아들을 생각했다. 학은 뜨거운 물로 한쪽 날개를 자꾸 적시더니 파닥거리다가 하늘로 날아갔다. 그의 어머니는 무거운 발걸음을 재촉해서 집으로 돌아왔다. 집에 와서 물동이를 이고 뜨거운 물을 떠서 그것을 이고 집으로 돌아와서 아들에게 그 물로 목욕을 시켰다. 아들의 상처를 따뜻한 물로 씻기자 아무렇지도 않은 듯 눈만 감고 누워 있었다. 그러기를 며칠, 이상하게도 바깥 상처에 딱정이가 지기 시작했고, 저절로 딱지가 떨어지더니 언제 앓았느냐는 듯이 홀가분하게 일어나는 것이었다.

---

26 문화원형백과 불교설화, 안국사 극락전 단청설화, 한국콘텐츠진흥원, 2004.

그 후 그의 어머니는 뜨거운 물이 나오는 곳에 움막을 짓고 여러 가지 병을 앓는 사람을 여기에 와서 목욕을 하도록 했고, 여기 물로 목욕을 한 사람 중에서 병을 고친 사람이 한둘이 아니었으므로, 여기 유성 땅 뜨거운 물이 나오는 온천은 팔도강산 구석구석까지 알려져서 찾는 이가 많았다고 한다.[27]

⑦ 학하리 마을설화 '목씨 집 이야기'

온천 인근에 있는 학하리(鶴下里)는 이곳 지형의 형상이 학과 닮았고, 오래 전부터 이 마을에 학이 내려앉았다고 하여 '학하리'라고 불렸다. 이 지명은 '학무정'이라고 하는 학하리 정자의 유래가 대변한다. 학무정은 학하동 마을의 서쪽에 있는데 옛날 이곳은 소나무와 참나무가 무성했던 숲이었다고 한다. 그 당시 많은 학이 이곳에 날아들었고 모습이 학이 춤추는 형상이라 하여 '학무정'이라고 했다 한다. 지금은 수령 120년의 소나무 일곱 그루만 남아 있어 대전시의 보호수로 지정돼 있다. '학하리'에 학과 관련된 설화는 많지만 '목씨 집 이야기'가 그 가운데 하나이다. 목씨 집의 안주인이 손님을 싫어하여 스님에게 손님이 오지 않는 방법을 물었다. 이에 스님이 학탑을 무너트리면 된다고 하였다. 이에 학탑을 무너트리자 그 속에서 학이 날아갔고, 목씨네는 망했다는 것이다.[28]

이처럼 문학에 수용된 학은 다른 종류의 새와 달리 사대부가 추구하는 삶과 상당 부분 닮아 있으며 고고한 이미지로 작품 속에서 다양한 방식으로 수용되어 나타나고 있다. 특히 한국문학에 나타난 학의 심상은 다양한 문헌의 기록을 수용하여 작자의 시상이나 주제의식을 효과적으로 드러내고 있다는 점에서 그 역할과 문학적 의미가 크다.

---

27 『문화원형백과 이야기 온천사』, 문화콘텐츠닷컴, 한국콘텐츠진흥원, 2010.
28 박종익, 『한국구전설화집』 12, 민속원, 2005.

제2장
학춤의 원형고찰

한국무용을 크게 궁중무용과 민속무용으로 분류하기도 한다. 궁중무용은 궁중 제례의식이나 향연에서 실행되던 춤으로서 내재적인 율동미와 형식미에 치중한다. 반면 민속무용은 인간의 삶과 밀접하게 연결되어 있는 즉흥적이고 활동적이며 감정표현에 솔직한 춤이다.

한국의 '학춤'에는 '궁중학무(宮中鶴舞)'와 '민속(民俗)학춤'이 있다. 궁중과 민속 양쪽에서 발견되는 '학춤'은 우리 민족 고유의 전통적인 춤사위의 대부분을 함축하고 있다. '궁중학무'는 『악학궤범(樂學軌範)』, 『정재무도홀기(呈才舞圖笏記)』 등에서 보이는 학춤을 말하는 것으로 주로 궁중행사에 학의 탈을 쓰고 공연했다. '민속학춤'은 '양산학춤', '동래학춤', '사찰학춤' 등이 있지만 학의 탈을 사용하지 않고 학의 행태를 상징적으로 춤춘다. 그러나 '한성준학춤'은 학탈을 사용하고 궁중학무가 가지는 요소를 수용하며 민속적 요소를 포함하는 동시에 근대적인 요소를 갖추고 있으며 창작자와 창작연대, 창작의도가 분명한 역사성을 가지는 춤으로 이제 민속학춤으로 분류하여야 한다. 이 글에서는 학탈을 쓰고 추는 '궁중학무'와 '한성준학춤' 그리고 궁중학무에서 지역으로 파생된 대표적인 학춤으로 '진주교방학춤'을 중심으로 서술하고, 또한 '동양의 학춤'에 대해서도 간단히 살펴보고자 한다. '궁중학무'와 '한성준학춤'을 중심으로 역사적 생성과 변형의 과정을 『용재총화』, 『고려사 악지』, 『악학궤범』, 『정재무도홀기』 등의 문헌을 통해 시대별 특징과 차이를 고찰하며 교방으로 전해진 『평양지(平壤志)』의 '평양학춤'과 『성천지(成川誌)』, 『속성천지』, 「선루별곡」의 '학춤', 진주의 정현석의 『교방가요』를 통해 '진주교방학춤'을 살펴본다. 또한 동양에서는 중국과 조선족 그리고 일본에 나타난 '학춤'을 찾아본다.

'궁중학무'에 대한 여러 기록이 고려부터 조선 후기까지 나타나지만 그 내용의 다른 점은 두 가지로 정리된다. 하나는 『악학궤범』으로부터 계사년(癸巳年) 『여령각정재무도홀기』까지 거의 동일한 내용이며 다른 하나는 진주(晉州) 지방의 교방(敎坊)을 중심으로 연행된 지방교방무용에 대해 기술한 정현석의 『교방가요(敎坊歌謠)』의 내용이다.

'학무'의 출현(出現)은 '연화대무'가 유도하였고 '학무'와 '연화대무' 이 둘

<표 2-1> 『악학궤범』, 『홀기』, 『교방가요』, 현행 학연화대무의 비교분석

분류 종류	『악학궤범』	『정재무도홀기』	『교방가요』	현행
무대장치	지당판(연못을 상징하여 꾸민 판), 연통	지당판(연못을 상징하여 꾸민 판), 연통	연꽃 2송이	지당판(연못을 상징하여 꾸민 판), 연통
음악	〈보허사령〉을 연주하고 제기들의 창가.	〈채운선학지곡〉을 연주	무곡(舞曲)의 명칭이 기록되어 있으며 작품은 기록이 없음.	세령산 10박 – 삼현도드리 6박 – 타령 12박
장소	설치 무대	설치 무대	넓은 뜰	설치 무대
학탈	청학, 백학	청학, 황학	백학 1쌍	청학, 백학 혹은 백학 1쌍
동기	동녀 2명	동녀 2명	선자, 동녀	동녀 2명
특이점	학무와 연화대가 따로 독립적으로 존재함.	연통이 열리면서 양 동녀가 나온다. 황학과 청학은 깜짝 놀라서 나가고 음악이 그침. (동작의 중지)	학무와 연화대가 따로 독립적으로 존재함. 꽃 속의 선동이 나와 학을 타고 춤을 춘다. (동작의 연속성)	『정재무도홀기』와 매우 흡사하나 도판 9-23까지 홀기와 다름.

은 불가분의 관계를 맺고 긴 세월을 전해 내려왔다. 그렇기 때문에 고려 때부터 추어온 '연화대'와 유관시켜 '학무'가 중국에서 왔다고 유추하며 고려 때부터 발생되었다고 전하는 기록이 일반적이다. 이것은 뒤에 자세한 설명을 하겠지만 전후가 부합되지 않는 점이 많다. '연화대무'의 원조인 중국의 '날자지(堀柘枝)'[1], 운남지시(雲藍紙詩)[2], '자지(柘枝)'[3] 등에는 학이 기록이 없다. 그럼에도 불구하고 우리나라 국악(國樂)에 학무(鶴舞)를 『청장관전서(靑莊館全書)』9권에서 두 여동(女童)은 연꽃 속에 숨겨 두고 또 두 사람이 있어 학의 탈을 쓰고 춤을 너울너울 추면서 부리를 쪼아 연꽃을 터트리면 두 여동이 꽃 속에서 마주보고 춤을 춘다. 이것은 바로 날자지 춤에서 유래된 뜻을 지니고 있다[4]고 쓰여

---

1 양신찬(楊愼撰), 『단연여록(丹鉛餘錄)』, 악원(樂苑).

2 단성식(段成式)이 온정균(溫庭筠)에게 보낸 시.

3 당대의 춤 이름이다. 소수민족의 지역에서 유입된 활발한 무용인데 대략 중국의 서북지역에서 전해진 것으로 보고 있다. 『몽계필담(夢溪筆談)』에 전한다. 〈자지〉의 곡조는 매우 경쾌한데, 북소리가 시종일관 곁들여 있다. 당대의 〈자지〉는 소형의 무도였는데, 송대에 오면 중원의 대곡과 결합되면서 백여 명 이상이 연출하는 대형무도로 변했다.

4 이덕무 저, 민족문화추진회 역, 『청장관전서』9권, 민문고, 1989, pp.56~57.

진 문헌들이 있어 유의를 요구하고 있는 것이다. 그리고 '화봉무(火鳳舞)'·'급화봉(急火鳳)'·'무학염(舞鶴鹽)'·'학무(鶴舞)'가 중국의 '학춤'으로 기록되어 있으나 이 춤들은 손에 부채를 들고 춘다고 서술하고 있다. 중국의 '학무'는 고대부터 지금까지 줄곧 유전되어 온 춤이지만 무인은 부채를 들고 노래를 부르며 춤을 추었다. 이는 지금 운남 합니족(哈尼族) 민간무 중에 백학무(白鶴舞)라는 춤을 생각하게 한다. 무인은 양손에 큰 깃털 부채를 쥐고 새의 날개와 같이 부채를 움직이며 나는 듯 춤을 추는데, 새가 높이 날아서 내려앉는 모습을 흉내낸 무용이다. 이 춤은 당대 유행한 '화봉무'를 북위의 기원까지 거슬러 올라가도록 시사한다.[5] 이처럼 '날자지', 운남지시의 '굴자지', '자지', '화봉무', '급화봉', '무학염' 등 중국의 '학춤'은 우리의 '학춤'과는 전혀 다르며 형태와 형식, 이미지, 내용, 의복 등에 큰 차이가 있어 우리의 '학춤'이 중국에서 온 것이 아님을 알 수 있는 것이다. 중국의 '학춤'은 이름으로 보아 새의 동작을 흉내 내고 있지만 그 형태나 형식은 우리의 '학춤'과는 상이하기에 이는 앞으로 면밀히 밝혀 연구되어야 한다.

1 궁중학무 - 학연화대합설무

한국의 '학춤'은 고대 한국의 민간신앙인 토속신앙에서부터 불교, 도교, 유교 등의 종교와 철학에 이르기까지 그 기반이 매우 다양하게 걸쳐져 있다. 궁중정재로서 '학무'는 학이 갖는 고고하고 우아한 귀족적 이미지를 갖고 고전을 엄격히 숭상하는 사회적 풍조에 의해 창조된 춤으로 장수와 풍요를 기원하는 내용으로 행해졌다. '궁중학무'는 학의 동태를 모방하여 먹이를 쪼거나 부리를 치거나 부리를 땅에 문지르는 등 학의 동작을 사실적으로 표현한 모의무이다. 일반적인 궁중무용과는 달리 창사가 없으며 전체적으로 춤이 간결하며 발동작만의 간단한 동작으로 연결하고 있다. 그러나 보통의 궁중무용과 마찬가지로

---

5 차순자 역, 『중국무용사』, 동남기획, 2002, pp.111~112.

예악사상과 음양오행설 등의 철학적 사상을 지니고 있다. 여기에서 '궁중학무'는 '학연화대합설무(鶴蓮花臺處容合設舞)'를 지칭하기도 하지만 오직 연화대무가 포함되지 않은 학춤만을 '궁중학무'라고 표기하기로 하였다.

1) 기원과 발생

현재 문화재관리국에는 궁중학무가 '학연화대합설무'란 명칭으로 국가무형문화재 제40호로 지정되어 있다. '학무'는 임금을 송축하기 위해 학탈을 쓰고 추는 춤으로 고려 때부터 궁중의례에서 행해 왔으며, 새의 탈을 쓰고 추는 춤으로는 우리나라에서 유일하다고 되어 있다. 이 설명에 따르면 '학연화대합설무'는 조선 전기 궁중에서 악귀를 쫓기 위해 베풀던 의식 다음에 '학무'와 '연화대무'를 연달아 공연하는 종합적인 무대였다. 또한 현재 국립국악원에 전해지고 있는 무용의 종류와 창작연대를 밝혀둔 기록에서 '학무'가 고려 때 발생된 것으로 무원은 2인이고 작자는 미상이며 반주음악은 〈일승춘지곡〉의 2곡으로 나와 있다.[6]

'연화대무(蓮花臺舞)'는 '자지무'의 일종으로 『고려사』 「악지」 제71권 당악 연화대 후주에 "연화대 춤은 본래 북위(北魏)에서 창작된 것으로서 두 처녀에게 고운 옷을 입히고 모자를 씌우는데 모자에는 금방울을 달았으므로 춤을 출 때마다 방울소리가 난다. 그리고 춤을 추는 처녀가 나올 때는 연꽃 속에 숨어 있다가 꽃잎이 열리면서 나타나는 것인데 모든 춤 중에서도 우아하고 절묘한 춤으로서 전해 온 지 오랜 것이다."[7]라고 전한다.

당대의 시인 유우석(劉禹錫)의 자지사에는 '자지무'를 시조로 표현하고 있는데, "여동(女童) 둘을 불러 모자에 금색 방울을 달게 한다. 북소리에 맞춰 손뼉을 치고 몸을 회전하면서 두 송이의 연꽃에 숨어 있다가 이윽고 연꽃이 갈라지자 몸을 드러낸다. 둘이서 마주 보고 추는 춤은 실로 우아하도다."라고 쓰여 있다.

---

6   김천흥·최현, 『무형문화재 조사보고서』 제64호, 문화재관리국, 1969. 12.

7   정인지 외, 『고려사』, 북한사회과학원, 허성도, 1998. "蓮花臺本出於拓跋魏用二女童鮮衣帽帽施金鈴抃轉有聲 其來也於二蓮花中藏之花坼而後見舞中之雅妙者其傳久矣."

위의 두 기록은 '연화대무'를 설명하고 있으나 학의 출현은 어디에서도 확인할 수 없다. 또한 조선시대『악학궤범』에는 '학무'와 '학연화대처용무합설'이 향악정재에 속해 있고 '연화대무'는 당악정재에 속해있으므로 '학무'는 이전부터 우리의 춤으로 전해온 것임을 명확히 밝힌 것이고, '연화대무'는 중국으로부터 유입된 춤임을 확인해 준다. 이러한 기록들을 미루어 분석하면 탁발위의 '연화대무'에서 '학무'가 전래된 것이 아니라, 중국에서 '연화대무'가 전해진 후 '학춤'을 첨가하여 좀 더 극적으로 연출한 것이 우리의 '학춤'을 포함하는 '연화대무'가 되었다. 그렇다면 '연화대무'에 연결한 '학춤'은 원래부터 있었던 것인가 아니면 '연화대무'에 넣기 위해 그 당시에 새롭게 창작한 춤인가.

필자는 오랜 세월 춤을 춰온 사람으로서 이렇게 개성 있고 독특한 우리 민족의 '학춤'이 연꽃을 터트리기 위한 연출로 짧은 시간 안에 창작될 수 없다고 생각되어진다. 고대 한국의 토속신앙과 더불어 시작되었고 이것은 고구려 고분 무용총(舞踊塚) 벽화에 학을 타고 춤을 추는 신선으로 표현되었으며, 고구려 통구 사신총(四神塚) 천장벽화에 나타난 가학선인도(駕鶴仙人圖)에서 보이는 학춤과 유사한 모습,『삼국사기』악지에 거문고 소리에 현학이 와서 춤을 추었다는 설, 오류성중의 부처가 학으로 화(化)하여 하늘로 올라갔다는 이야기 등으로 미루어 '학춤'은 고려시대 이전부터 전해진 우리의 춤으로 독자적으로 만들어진 학춤이 있었다고 유추해 보는 것이다. 우리 민족의 오랜 전통을 지닌 주제였던 학은 '학춤'으로 유명무실하게 전래되다가 마침 '연화대무'의 두 연꽃을 열게 하는 동기의 춤으로 끼어 들어가 연출되며 궁중무용으로 입적되었고 '연화대무'를 더욱 아름답게 정립하였다고 생각되어지는 것이다. 그렇기에『악학궤범』에서 '학무'는 향악정재로 분류되어 있다. 현재까지 중국에는 학의 탈을 쓰고 추는 춤은 찾을 수 없으며 조선족의 '학춤'도 우리나라에서 전해진 '연화대무'와 유사한 춤으로 '진주교방학춤'과도 매우 상통하는 춤이다.

2) 궁중학무의 역사

전통적으로 '학춤'은 국가의 안녕과 벽사진경의 의미로 추어졌다. 이는 동물에 영혼이 깃들어 있다고 믿었던 고대 토테미즘의 영향을 받은 것이다. 태양 숭배 사상과 새의 밀접한 연관의 실례는 평남 용강군 사신총이나 쌍영총의 벽화가 그 대표적인 예이다. 또한 고구려에서는 관에 새 깃을 꽂고 다닌 복식풍속과 백제 무령왕 고분의 금관도 깃을 꽂은 조관 형식으로 되어 있다. 삼국시대에는 머리나 관에 새의 깃을 꽂은 조관은 귀인을 표시한 것이며 이는 새가 태양을 상징한다고 믿었기 때문이다.

한국에는 다양한 모방춤(거북이, 사자, 원숭이, 두꺼비, 개구리, 나비, 곰, 호랑이, 말 등)이 존재하는데, 이 중에서도 '학춤'은 '궁중학무'와 '민속학춤'으로 나뉘며 '민속학춤'은 다시 학의 고고한 자태를 흉내 낸 '동래학춤', 학의 비범한 기상을 춤으로 표현한 '사찰학춤', 학의 행태를 그대로 모방하여 표현성을 강조한 '한성준학춤' 등 연희자의 신분, 연희 장소, 연희 목적에 따라 각기 다른 '학춤'이 존재한다. 이러한 다양한 '학춤'은 각기 다른 독특한 예술성이 있어 그 가치를 높이 평가받고 있다.

한국 '학춤'의 기록에 의한 기원은 고려 1116년 예종(睿宗) 때의 나례경연을 전후의 시기로 잡을 수 있으며 고대로부터 형성되어 온 것이 1116년부터 1123년경 완전하게 정착된 것으로 볼 수 있다. 그리고 '학춤'이 '연화대무'와 결합하여 궁중정재로의 형태를 갖추면서 합설무(合設舞)로 발전되어 간 것은 1123년에서 1145년 사이로 추측된다. 이후 '학춤'이 '학연화대처용무합설(鶴蓮花臺處容舞合設)'로 변형을 가져온 시기는 고려 말 1389년 조준의 상소(上疏)로 인한 무악의 개편에서 나온 결과물이다.

오랜 기간 우리의 문화는 조선시대를 거쳐 나라가 안정되면서 융성되었는데, 특히 음악에서 당악정재를 배제하고 향악정재를 발전시키면서 다른 문화유산들과 함께 춤도 당악정재의 유입보다는 향악정재가 많이 만들어졌다. 고려시대의 '연화대무' 역시 이런 조류에 편승되어 '학춤'이 새롭게 삽입되어 들어간 것으로 보인다. '학연화대처용무합설' 중 '연화대'만이 당악정재이고 '학무'와 '처용무(處容舞)'가 향악정재인 것은 조선시대에 우리에게 맞는 춤 형태로 발전시켜 고유의 형식으로 재생성되었다는 것을 입증하는 것이다. '학춤'은 중국에서도 발견되지만 그 형식은 학탈을 쓰지 않고 부채를 들고 학의 날갯짓을 흉내 내는 상징적 춤의 형태이다. 그러므로 필자는 앞의 기원에서도 서술하였듯이 우리의 학춤이 우리만의 독특한 형태를 간직하고 순수한 우리 민족만의 문화로 생성되었고 발전되었다고 보는 것이다.

'학춤'의 연원을 생각해보면 '학춤'은 주술적 성격과 사상을 담고 구나에서 행하여오다가 춤의 예술성만이 남아 연희로 옮겨져 연회 되었다. 구나의 시원은 제의식이고 신과의 소통이나 주술을 위해 탈춤을 추었다는 분명한 사실이 증명되고 있다. 이렇게 학탈을 쓴 '학춤'은 오랜 시간 숙성되며 발전되었으며 『악학궤범』에 향악정재로 기록된다. 정재는 궁중의 연희 때 행하는 것으로 일반적으로 죽간자에 의해 등, 퇴장이 되는데 조선 말의 '학연화대처용무합설'에서는 후도(後道)에 죽간자 없이 악사가 두 학을 인도하는 것으로 되어 있다. '학무'와 '학연화대처용무합설'을 비교해보면 '학무'는 박을 치면 청학과 백학이 나와 춤추었는데 '학연화대처용무합설'에서는 전도(前度)와 후도(後度)가 나뉘면서 전도에는 악사가 동발을 들고 청, 홍, 황, 흑, 백의 오방처용이 춤을 추며 후도에 이르면 학, 연화대, 의물 등 제구를 갖추어 진설한 다음 청학과 백학이 따르고 두 마리의 학이 춤을 추다가 연화대를 쪼고 그 속에서 두 동녀가 나오면 학이 놀라 뛰어서 물러가도록 기록되어 있다. 조선 말기 고종 때 『정재무도홀기』는 황학과 청학을 쓰는 점에서 차이가 보인다. '궁중학무'는 1902년까지 공연된 기록이 있고 그 후 단절되었다가 1935년 한성준의 공연에서 '학춤'이 추어져 그 맥을 이었으며 그 후 1969년에 한영숙과 김천흥에 의하여 복원되어 '학무'로 1971년 중요무형문화재 제40호로 지정되었다. 한영숙이 타계하자 '학무'는 궁중학무의 특징만을 추려 1993년 '학연화대무'로 재지정되었다.

3) 문헌고찰

'학춤'의 문헌을 살펴보면 성종 24년 『악학궤범』 제3권과 『고려사』 「악지」 당악정재 제4권, 성종조 당악정재 도의에는 '연화대'만 기록되어 있고, 제5권 성종조 향악정재 도의에는 '학무', '학연화대처용무합설' 두 가지가 모두 기록되어 있다. '학무'에 관한 문헌에서 가장 두드러지는 변화는 학탈의 색 변화이다. 조선 초기에 성종조의『악학궤범』에는 청학과 백학의 대무가 보이며, 조선 말기의『정재무도홀기』에는 청학과 황학, 조선 말기 정현석의『교방가요』에서는 백학 한 쌍의 대무로 이루어진다. 하지만 학의 수는 2마리의 대무(隊舞)로 그 수가 언제나 일정하다. 또한『악학궤범』과『정재무도홀기』의 무보(舞譜)는 동일하게 조금도 달라진 것이 없다.

이렇듯 '학춤'은 조선 성종 때『악학궤범』에서 '처용무'와 '연화대무'의 합설로 기록되어 전해지고 있다. 그러나 조선 말 철종·고종 연대(1850~1890)까지 궁중에서 전해져 오다가 고종 이후에 단절되었다.

삼국시대에서는『삼국사기(三國史記)』와『사기(史記)』에 학춤에 관한 내용을 찾아볼 수 있으며 고구려벽화나 신라시대, 고려시대의 유물에 근거하여 학의 춤이 있었을 것이라고 추측한다. 그러므로 당악정재인 '연화대무'에 향악정재인 '학무'가 새롭게 끼어 들어가며 조선시대에 들어와서『악학궤범』에 기록될 만큼 규모가 커졌고, 연화대무와 처용무가 연이어 공연되는 궁중무용의 대작으로 완성되었다.『악학궤범』제5권 성종조 향악정재 도의에는 '학무'와 '학연화대처용무합설'이 각각 기록되어 있으며, 그중에서도 '학무'의 무보가 상세히 기록되어 있다. 또한 제8권 중 향악정재 악기 도설에는 무의인 학탈의 의상이 전해지고 있어 그 당시 '학춤'의 존재와 모습을 추측할 수 있도록 한다.

학무와 관련된 문헌기록을 좀 더 다양하게 살펴보면 다음과 같다.

〈표 2-2〉 학무와 관련된 문헌기록

문헌 기록	진행적 특징
『고려사』「악지」(高麗史樂志)[8] 당악정재(唐樂呈才) - 연화대(蓮花臺)	학무(鶴舞)에 대한 기록은 없음. 연꽃에서 두 동녀가 나타남. 진행 : 오운개서조 인자(五雲開瑞朝引子) 연주 – 여기(女妓)의 구호 – 중선회 인자(衆仙會引子) 연주 – 동녀의 춤 – 백학자(白鶴子) 연주 – 미신사(微臣詞) 창 – 헌천수령(獻天壽令) 만(慢) 연주 – 동녀의 손 춤 – 헌천수령의 일난풍화사(日暖風和詞) 창 – 최자령(嗺子令) 연주 – 왼쪽 동녀의 춤 – 최자령 낭원인간사(閬苑人間詞) 창 – 삼대령(三臺令) 연주 – 왼쪽 동녀

	의 춤 – 하성조(賀聖朝) 연주 – 왼쪽 동녀의 춤, 오른쪽 동녀의 춤 – 반하무(班賀舞) 연주 – 두 동녀의 삼진퇴(三進退) 춤 – 두 동녀, 합립(蛤笠)[9]을 쓰고 춤 – 오운개서조 인자 연주 – 구호 – 두 동녀 재배(再拜)
『악학궤범(樂學軌範)』[10] 제4권 성종조 당악정재 도의(時用唐樂呈才圖儀) – 연화대	학무에 대한 기록은 없음. 진행 : 전인자(前引子) 연주 – 죽간자(竹竿子) 족도 – 진 구호(進口號) – 전인자 연주 – 두 동녀의 좌우 외협(外挾) – 중선회 인자 연주 – 두 동녀 춤(인무) – 미신사 창 – 헌천수(獻天壽) 만 연주 – 왼쪽 동녀 춤 – 반하무(班賀舞) 연주 – 두 동녀의 대무 – 합립을 씀 – 두 동녀 무진무퇴 – 도약의 춤 – 후인자(後引子) 연주 – 퇴 구호(退口號) – 후인자 연주
『악학궤범』 제5권 성종조 향악정재 도의(時用鄉樂呈才圖儀) – 학무	독립된 '학무'의 명칭이 처음으로 등장. 무대장치 '지당판(池塘板)' 설치. 진행 : 보허자(步虛子) 영(令) 연주 – 제기(諸妓) 노래 – 청학, 백학의 등장 – 청학, 백학의 대무(隊舞) – 세 단락으로 구성(2보를 단위로 나아가면서 부리를 마주치고 혹은 땅에 닿는 동작) – 연통을 발견 – 연통을 쪼아 열기 – 두 동녀의 출현 – 두 학이 놀라서 뛰어 물러가며 처음 위치로 섬
『악학궤범』 제5권 성종조 향악정재 도의 – 학연화대처용무합설	청학, 백학의 춤이 있음. 12월 그믐 하루 전날 5경(更) 초 나례(儺禮)에 거행됨. 구나(驅儺)[11] 뒤에, 내정에 '지당구(池塘具)'[12] 설치. 진행(전도前度) : 처용무 2번 연희 – 처용 만기(處容慢機) (봉황음 일기鳳凰吟一機) 연주 – 여기 처용가 창 – 처용무 무릎디피춤[13] – 홍정돋움춤(紅程도돔舞) – 블바딧춤[14] – 팔무(八

---

8 정인지, 『고려사』 「악지」(1451, 문종), 총 139권 75책 중 『고려사』 가요편(歌謠篇)은 악지로 2권이다. 현재 연세대학교 도서관 소장.

9 연화대무를 출 때에 어린 기생이 쓰던 갓이다.

10 성현(成俔) 외, 『악학궤범』(1493, 성종 24)은 총 9권 3책의 악전(樂典)이다. 궁중의식에서 연주하던 아악(雅樂)·당악(唐樂)·향악(鄉樂)에 관한 여러 사항을 그림으로 풀어 설명하고, 악기·의상·무대장치 등의 제도, 무용의 방법, 음악이론 등을 자세히 적고 있다. 현재 서울대학교 도서관 소장.

11 황금빛 네 눈의 커다란 가면을 쓴 방상씨(方相氏) 4인이 잡귀를 몰아내는 행사를 말한다.

12 초입배열도에 연통(蓮筒)과 함께 있는 등(燈)은 지당구가 현칠보등롱(懸七寶燈籠)한 지당판(池塘板)임을 가리킨다(『악학궤범』, 권8.14b).

13 무릎디피춤(무릎디피무)은 무릎을 깊이 굽혔다 펴면서 춤을 춘다는 뜻으로, 다리를 높이 들었다 놓으며 무릎을 굽혔다가 펴는 다리의 움직임을 사실적으로 묘사한 것이다.

14 블바딧춤(발바딧무)은 청·홍·흑·백의 처용은 왼발로, 황의 처용은 오른발로 시작하여 나갈 때

	舞) – 인무(人舞) – 불바디작대무(作隊舞)[15] – 수양수(垂楊手) 무릎디피춤 – 수양수오방무(垂楊手五方舞) – 봉황음 중기(中機)연주 – 여기 노래 – 처용 대무 – 황 처용 청·홍·백·흑 처용과 대무 – 좌선 – 회무 – 봉황음 급기(急機) 연주 – 삼진작(三眞勺) – 여기 노래 – 무진(無進)무퇴(無退) – 정읍(井邑)의 급기 연주 – 여기 노래 – 변무(變舞)(정읍무井邑舞) – 북전(北殿)의 급기 연주 – 여기 노래 – 환장무(懽場舞) 진행(후도後度) : 학, 연화대의 의물 등 제구를 갖추어 진설 – 청학, 백학 등장 – 오방 처용 등장 – 영산회상(靈山會相) 만기 연주 – 여기 재창 – 영산회상 영 연주 – 처용 환무 – 가면무 동 족도 요신 – 환무 – 보허자 영 연주 – 청학, 백학 춤 – 연화 쪼기 – 두 동녀 출현 – 학 놀라 뛰어 뒤로 물러가 처음 자리에 섬 – 두 동녀 춤 – 처용 만기 연주 – 미타찬(彌陀讚) 연주 – 여기 도창(導唱) – 제기 화창 – 처용과 무동 환무 – 나머지 모두 요신 족도 – 도창 – 화창 – 제기 관음찬(觀音讚) 제창 – 악지(樂止)
『악학궤범』 제5권 성종조 향악정재 도의 – 교방가요(敎坊歌謠)[16]	학무가 있음. 침향산(沉香山)[17], 지당 도구 설치. 진행 : 제기 백(百)사람이 침향산 좌우로 섬 – 가요 축(歌謠軸) 담은 함 설치 – 대가 도착 악공 고취(북을 침) – 여민락(與民樂) 영 연주 – 제기 노래 – 여기 함을 받듦 – 도기(都妓) 축을 받듦 – 승지 받아듦 – 내시 함에 받아 임금께 바침 – 도기 사수무(四手舞)[18] 춤 – 제기 족도 – 악지 – 학무·연화대 정재도 상의와 같이 실행 – 전후부 고취 – 환궁악(還宮樂)[19] 연주 – 제기 금척무(金尺舞)[20] 춤 – 행악(行樂)과 별곡(別曲)을 연주.

발을 굴리며 추는 춤이다.

15 불바딧작대무(발바딧작대무)는 발을 들어 옮기며 다른 열을 만드는 춤사위를 말한다.

16 교방가요는 교방헌가요(敎坊獻歌謠)의 준말. 임금이 환궁(還宮)하는 날에 대가(大駕)를 맞는 의식의 일부로, 여기(女妓)가 임금에게 한문으로 쓰인 가요(歌謠)의 축(軸)을 올리는 절차이다(『세종실록』, 권60.5b–6a).

17 향악정재에 쓰는 산 모양의 무구. 교방가요 공연 때 침향산, 지당의 도구를 서리한다. 침향산 앞에 화전벽을 깔고 제기 100명은 침향산 좌우에 갈라선다.

18 사수무는 도기가 엎드려 가요를 바치고 일어서며 추는 춤이다.

19 송사의 한 곡명으로 임금이 환궁할 때 연주하는 음악이다.

20 행악은 환궁악 같은 것이고, 별곡은 여민락 같은 것이다.

『용재총화(慵齋叢話)』[21] 제1권 - 처용희(處容戲)	쌍학춤이 있음. 매년 제야의 전날 밤 창경궁, 창덕궁 뜰에서 사귀를 물리치기 위하여 처용유희를 하였음. 창경궁에서는 기악(妓樂)을 출연시키고 창덕궁에서는 가동(歌童)을 출연시켜 새벽이 될 때까지 음악을 연주함. 흑포사모 차림의 처용 독무가 있음. 세종이 음악을 봉황음이라 하고 묘정(廟廷)의 정악(正樂)으로 삼음. 세조가 그 제도를 확대하여 교향악(交響樂)으로 합주. 진행 : 기녀 영산회상곡 제창 - 쌍학인과 오처용의 탈을 쓴 열 사람이 세 번 노래 - 대고취 - 광대, 기녀 요신동족 - 연화대무 시작 - 보허자곡 연주 - 쌍학의 춤 - 연꽃봉오리 쪼음 - 어린 기녀 출현 - 도약이무 동동 - 쌍학인 물러나고 처용이 들어감 - 만기곡 연주 - 처용의 춤 - 중기곡(中機曲) 연주 - 다섯 처용 춤 - 촉기곡(促機曲) 연주 - 신방곡(神機曲) 연주 - 춤 - 북전곡(北機曲) 연주 - 처용들 정렬 - 기녀「나무아미타불」창 - 관음찬 세 번 창.
『화성일기(華城日記)』[22] - 학연화대무	두 마리의 학춤이 있음. 처음으로 두 동녀가 악기 생황(笙簧)을 연주. 진행 : 두 개의 연꽃 속 두 무동이 숨음 - 두 마리 학의 출현하여 춤을 춤 - 연통 쪼기 - 연잎을 쓰고 안개 옷을 입은 두 동기의 출현 - 생황을 불며 춤을 춤.
『원행을묘정리의궤(園幸乙卯整理儀軌)』[23] - 학무	학춤이 있음. 푸른 날개옷(靑羽衣)과 흰 날개옷(白羽衣)을 입은 두 여기가 연꽃 속에 들어가 감춰짐. 진행 : 학이 돌아 날면서 춤을 춤 - 연꽃통을 쪼아서 열고 물러남 - 두 어린 기녀가 연꽃에서 나온 다음에 연화대무를 춤.

---

21 『용재총화』(1525, 중종 20)는 조선 중기에 성현(成俔)이 지은 필기잡록류에 속하는 책으로 총 10권이다. 고려에서 조선 성종대까지의 형성, 변화된 민간 풍속이나 문화 전반에 걸쳐 다루고 있다. 현재 서울대 규장각도서관 소장.

22 『화성일기』(1795, 정조 19)는 이희평이 지은 일기체 기행록이다. 1795년 정조왕이 어머니인 혜경궁 홍씨(惠慶宮洪氏)의 회갑을 맞아 경기도 화성(華城)에 있는 아버지 장헌세자의 능에 참배하였을 때 수행한 기록이다. 혜경궁 홍씨의 회갑연과 그 행사의 모습으로 1795년 2월 9일부터 17일까지 9일간의 기록이다. 학춤의 연희는 12일과 13일의 잔치 대목이다.

23 『원행을묘정리의궤』(1797, 정조 21)는 1795년 을묘년에 정조가 사도세자의 묘소 현륭원(顯隆園)을 방문한 배경과 경위, 절차 등을 기록한 의궤이다. 1795년은 어머니 혜경궁 홍씨의 탄생 60주년이 되는 해여서 특별히 화성에서 회갑연을 열게 된다. 이 의궤는 회갑연이 끝난 후인 1797년에 금속

정현석의 『교방가요』[24] – 연화대	학무와 연화대무가 연희된 후에 선동이 학을 타고 춤을 추는 장면이 처음으로 묘사됨. 동기 두 명이 화관(花冠)을 쓰고 적삼(紅衫)을 입음. 진행 : 연꽃 두 송이에 두 동기 숨어있음 – 백학 한 쌍이 춤을 춤 – 부리로 연꽃을 쪼음 – 꽃 속에 꽃이 열리면 선동이 나와 학을 타고 춤을 춤.
『고종정해진찬의궤(高宗丁亥進饌儀軌)』[25] – 학무	학 두 마리의 춤이 있음. 대나무로 학 두 마리를 만듦. 청색과 백색 깃옷을 입은 무동이 그 안에 숨음. 진행 : 학이 빙빙 날아다니는 춤을 추다가 연통을 쪼아서 연통이 열리면 물러섬 – 2명의 동기가 연꽃에서 나오면 이후부터는 연화대무가 됨.
『정재무도홀기(呈才舞圖忽記)』 계사(癸巳)[26]	청학과 황학이 춤을 춤. 음악은 〈채운선학인지곡〉[27]을 연주.〈향당교주〉 진행 : 박(拍), 청학과 황학이 날개를 펴고 뛰며 나아가 지당 앞에서 동서로 나뉘어 북향하고 섬 – 박, 몸을 떨치고 부리를 두드림 – 박, 족도하며 두 걸음을 안쪽 발을 먼저 딛음 – 박, 두 걸음후 바깥쪽을 돌아봄 – 박, 두 걸음 후 안쪽을 돌아봄 – 박, 두 걸음 후 바깥쪽을 돌아봄 – 박, 안쪽으로 돌아 지당을 향해 두 걸음을 나아가 안쪽을 돌아 봄 – 박, 두 걸음 후 바깥쪽을 돌아봄 – 박, 한 걸음 후 구부려 부리로 쪼고, 머리를 들어 부리를 마주치고, 부리를 땅에다 씻고, 다시 머리를 들어 부리를 마주침 – 박, 두 걸음 후 안쪽을 돌아봄 – 박, 두 걸음 후 바깥쪽을 돌아봄 – 박, 안쪽으로 돌아 북향하고 두 걸음 후 안쪽을 돌아봄 – 박, 두 걸음 후 바깥쪽을 돌아봄 – 박, 두 걸음 후 안쪽을 돌아봄 – 박, 안쪽으로 돌아 지당을 향해 두 걸음을 나아가 안쪽을 돌아봄 – 박, 두 걸음후 바깥쪽을 돌아봄 – 박, 안쪽 발을 들어 뛰고 연통의 안쪽 면을 보

활자인 정리자(整理字)로 간행된 활자로 인쇄한 최초의 의궤이다.

24 『교방가요』(1872, 고종 9)는 1872년 2월에 정현석(鄭顯奭)이 진주 교방에서 연행되던 악가무희(樂·歌·舞·戲) 등 다양한 교방 예술 장르를 기록하여 엮은 책이다. 현재 국립중앙도서관 소장.

25 진찬은 진연(進宴)보다 규모가 작고 의식이 간단한 것으로, 조선시대의 진찬의궤는 현재 7종이 존재한다. 『고종정해진찬의궤』는 1887년(고종 24) 대왕대비인 신정왕후(神貞王后, 1808~1890)의 팔순을 축하하기 위한 진찬기록으로 3권 권수 합 4책이며 신활자본이다.

26 1893년(고종 30, 癸巳) 3월에 거행되었던 양로연에 소용된 홀기.

27 '채색 구름 속의 선인이 타는 학'이라는 뜻의 악곡명. '引'은 '歌', '曲'과 같은 말로 '노래'라는 뜻임. 〈학무〉의 반주음악인 향당교주에 임시로 붙인 아명(雅名).

	고, 바깥쪽 발을 들어 뛰고 연통의 바깥 면을 봄 – 박, 안쪽으로 돌아 북향하고 두 걸음 후 안쪽을 봄 – 박, 두 걸음 후 바깥쪽을 돌아봄 – 박, 안쪽으로 돌아 지당을 향해 두 걸음 후 안쪽을 돌아봄 – 박, 두 걸음 후 바깥쪽을 돌아봄 – 박, 안쪽 발을 들어 뛰고 연통 안쪽 면을 보고, 바깥쪽 발을 들어 뛰고 연통 바깥 면을 보며 안쪽 발을 들어 뛰며 연통 안쪽 면을 굽어 봄 – 박, 연통을 쪼아 열면 두 동녀가 이에 나옴 두 마리 학은 깜짝 놀라 뛰면서 물러남 – 악지
『정재무도홀기』[28] 외진연시무동각정재무도기(外進宴時舞童各呈才舞圖記)	청학과 황학이 춤을 춤. 음악은 〈채운선학인지곡〉을 연주.〈보허자령〉 진행은 계사년 홀기와 같음.
『정재무도홀기』 여령각정재무도홀기/신축진찬(辛丑進饌) 홀기[29]	청학과 황학이 춤을 춤. 음악은 〈채운선학인〉을 연주.〈보허자령〉 진행은 계사년 홀기와 같음.
『정재무도홀기』 여령각정재무도홀기 신축/고종신축진연의궤(高宗辛丑進宴儀軌)[30]	청학과 황학이 춤을 춤. 음악과 진행은 계사년 홀기와 같음.
『정재무도홀기』 무동각정재무도홀기/무동각(舞童各) 홀기[31]	청학과 황학이 춤을 춤. 음악과 진행은 계사년 홀기와 같음.
『정재무도홀기』 여령각정재무도홀기/여령각(女伶各) 홀기[32]	청학과 황학이 춤을 춤. 음악과 진행은 계사년 홀기와 같음.

---

28 『정재무도홀기』(1894, 갑오년)는 장악원 간행의 총 13권 필사본이다. 홀(笏) 모양의 종이를 병풍식으로 접게 되어 있다. 1894년 진연의 『외진연시무동각정재무도홀기(外進宴時舞童各呈才舞圖笏記)』로, 2월 왕세자의 망삼순(望三旬, 21세)을 축하하는 진연에 소용된 홀기로 추정된다. 현재 국립국악원, 장서각 소장.

29 『정재무도홀기』(1901, 신축년), 장악원 간행. 진찬 관련 홀기는 3건으로, 『여령각정재무도홀기(女伶各呈才舞圖笏記)』 2건과 진찬 익일회작의 『여령각정재무도홀기』가 있다. 6월 명헌태후의 망팔을 경축하는 진찬에 소용된 홀기이다. 현재 국립국악원, 장서각 소장.

30 『고종신축진연의궤』(1901, 광무 5), 장악원 간행. 고종황제의 보령 50세를 경축하기 위해 경운궁(慶運宮)에서 열린 외진연(外進宴)·내진연(內進宴)·야진연(夜進宴)·회작연(會酌宴)·야연(夜讌) 등의 진연례를 기록. 현재 서울대 규장각도서관 소장.

31 『정재무도홀기』(고종대), 장악원 간행. 공간적으로 무원의 배치를 알려주는 배열도와, 시간적으로 춤의 진행을 알려주는 춤 절차의 두 부분으로 무도홀기를 서술했다. 일종의 그림인 배열도에는 각 정재의 역할 배치와, 출연자인 무동(舞童)의 이름이 제시되었으며, 춤의 진행은 박(拍)을 기준으로 어떤 음악에 맞추어 누가 어떠한 동작을 하는가를 서술했다.

32 『정재무도홀기』(고종대), 장악원 간행. 공간적으로 무원의 배치를 알려주는 배열도와, 시간적으로

(1) 『고려사』「악지」 당악정재(唐樂呈才) '연화대'

『고려사』 가요편은 「악지」로 2권이며, 「악지」에는 '연화대'에 관한 기록이 있는데, 이 기록에서 '학춤'의 존재는 확인할 수 없다. 다만 가장 마지막 부분에 "연화대 춤은 본래 북위에서 창작된 것으로서 두 처녀에게 고운 옷을 입히고 모자를 씌우는데 모자에는 금방울을 달았으므로 춤을 출 때마다 방울소리가 난다. 그리고 춤을 추는 처녀가 나올 때에는 연꽃 속에 숨어 있다가 꽃잎이 열리면서 나타나는 것인데 모든 춤 중에서도 우아하고 절묘한 춤으로서 전해온 지 오랜 것이다."[33]라고 쓰여 있다.

이로써 '연화대무'는 중국으로부터 들어온 것이 명확하지만, 학무에 대한 기록이 없는 것으로 보아 우리 고유의 춤인 학춤이 후일 '연화대무'에 새롭게 삽입된 것이라고 추측된다.

(2) 『악학궤범』 제4권 성종조 당악정재 도의

『악학궤범』 제4권은 〈성종조 당악정재도설〉에 속하는 14편이 실려 있으며 『고려사』「악지」와 같이 '연화대'에 관한 기록만 확인할 수 있고 그 속에 학춤의 존재에 대한 언급은 없다.

춤의 진행을 알려주는 춤 절차의 두 부분으로 무도홀기를 서술했다. 일종의 그림인 배열도에는 각 정재의 역할 배치와, 출연자인 여령(女伶)의 이름이 제시되었으며, 여령의 경우에는 소속이나 출신 지역도 명시되었다. 춤의 진행은 박(拍)을 기준으로 어떤 음악에 맞추어 누가 어떠한 동작을 하는가를 서술했다.

33 정인지 외, 『고려사』, 북한사회과학원, 허성도, 1998.

(3) 『악학궤범』 제5권 성종조 향악정재 도의 '학무'

『악학궤범』 제5권은 〈성종조 향악정재도설〉에 속한 10개의 항목이 실려 있으며 독립된 '학무(鶴舞)'의 명칭이 처음으로 등장한다. '지당판'이 설치된 무대에서 학춤이 독립적으로 추어지고, 보허자령 연주에 청학, 백학이 등장하여 대무(隊舞)를 추는데 연통을 발견하고 쪼면 꽃이 열리고 두 동녀가 출현하면 두 학이 놀라서 뛰어 물러가며 처음 위치로 선다.

(4) 『악학궤범』 제5권 성종조 향악정재 도의 '학연화대처용무합설'

'학연화대처용무합설'은 독립적인 학무의 형태가 아닌 학춤 2인, 연화대 2인, 오방처용무(五方處容舞) 5인, 총 9인으로 구성되어 있다. 12월 그믐 하루 전날 오경(五更)초에 악사, 악공, 여기 등이 대궐로 들어가 나례 때 음악을 연주한다. 학춤, 연화대무, 처용무를 합하여 하나의 정재무를 형성한 것으로서 15세기 중엽에 이르러서는 대형적인 종합가무극으로 발전한 것이다.

초입배열도(初入排列圖)

```
이인장무동            백처용 흑처용 황처용 홍처용 청처용            이인장무동

정절무동            백학 │ 화   등   화 │ 청학            정절무동
                        │  연통   연통  │
                        │ 화 화 화 화 화 │

개무동              화무동 화무동 화무동 화무동              개무동

            기 기 기 기            기 기 기 기
            기 기 기 기            기 기 기 기
                      박
        아쟁 대쟁 당비파 당비파 당비파 동발   거문고 가야금 향비파 당비파 해금
        통소 당적 피리 피리 피리 장고 방향   거문고 가야금 향비파 월금 월금 해금
        당적 장고 장고 장고 교방고 대고     대금 대금 대금 대금 대고
                    (대고인이 겸한다)
```

오방 작대도(伍方作隊圖)

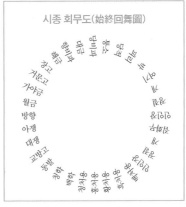

시종 회무도(始終回舞圖)

'학무'가 먼저 추어지고 연꽃을 쪼면 두 동녀가 나와 '연화대무'를 추는 춤은 종래의 형식과 크게 차이가 없으며, 처용무는 오방 처용무를 춘다. 여기에서도 '학춤'은 연통을 쪼아 '연화대무'가 연출될 수 있도록 하고 있다.

(5) 『악학궤범』 제5권 성종조 향악정재 도의 '교방가요'

'교방가요(敎坊歌謠)'의 내용은 크게 노래와 춤, 두 부분으로 구성되어 있다. 침향산과 지당 도구를 설치한다는 특징을 지니며, 제기 백 사람이 침향산 좌우로 서있다. 가요 축을 담은 함을 설치하고 임금의 대가(大駕)가 도착하면 악공은 북을 치고 여민락 영을 연주하며 제기가 노래하고 여기는 함을 받들어 올린다. 도기(都妓)가 축을 받들면 승지가 받아들고 내시가 함에 받아 임금께 바친다. 도기의 '사수무'가 추어지고 제기가 족도하면 음악이 그친다. 다음은 학무·연화대 정재도 상의와 같이 실행된다. 전후부 고취하고 환궁악이 연주되면 제기가 '금척무'를 춘다. 모두 끝나면 행악과 별곡을 연주한다.

'교방가요'는 독립된 정재라기보다는 임금의 대가의 행로(行路)에서 가요(歌謠)를 올릴 때 '학무'와 '연화대' 등 정재를 올리며 즐겁게 진행한다.[34]

초입배열도

전악여기 악사

화전벽

봉위의여기 봉위의여기

박都도妓

기 기 기 기 기 기 기 기 기 기 　기 기 기 기 기 기 기 기 기
기 기 기 기 기 기 기 기 기 기 백침청 기 기 기 기 기 기 기 기 기
기 기 기 기 기 기 기 기 기 기 학향학 기 기 기 기 기 기 기 기 기
기 기 기 기 기 기 기 기 기 기 　산 기 기 기 기 기 기 기 기 기
기 기 기 기 기 기 기 기 기 기 　 기 기 기 기 기 기 기 기

악공25 전부악공분립　　악공25 전부악공분립

(6) 『용재총화』 제1권 처용희(處容戲)

『용재총화(慵齋叢話)』는 성현(成俔)이 조선 중기에 지은 필기잡록류(筆記雜錄類)에 속하는 책으로 매년 제야의 전날 밤 사귀를 물리치기 위해 처용유희를

---

34 전경욱, 『한국의 전통연희』, 학고재, 2004, p.251.

하였으며, 새벽이 될 때까지 음악을 연주하였다. 흑포사모(黑布紗帽) 차림의 처용 독무가 있었으며 세조가 그 제도를 확대하여 교향악으로 합주하였다. 쌍학인과 오처용의 탈을 쓴 열 사람이 세 번 노래하고 연화대무가 시작된다. 보허자령이 연주되면 쌍학의 춤이 추어지고 쌍학이 연꽃봉오리를 쪼면 어린 기녀가 출현한다. 만기곡이 연주되면 쌍학인은 물러나고 처용의 춤이 이어지며, 기녀「나무아미타불」과 관음찬을 3번 창한다.[35]

(7)『화성일기』'학연화대무'

『화성일기』는 1795년에 이희평에 의해 기록된 일기체 기행록이다. 학춤에 이어 연화대무가 추어진다. 학이 연통을 쪼기 하면 연잎을 쓰고 안개 옷을 입은 두 동기가 꽃 속에서 나와 생황을 불며 춤을 춘다. 연화대무의 두 동녀가 악기 생황을 연주하는 변화를 가져왔다.

(8)『원행을묘정리의궤』'학무'

정조 을묘년(1795)에 기록된『원행을묘정리의궤(園幸乙卯整理儀軌)』는 현릉원에 행차해 혜경궁 홍씨(惠慶宮洪氏) 회갑연의 내용을 정리한 의궤로, '학무'는 권5 중 권1에 기록되어 있다. '학무'의 기록을 살펴보면 좌무 청학 1명, 우무 백학 1명으로 구성되어 두 마리의 학이 돌아날며 춤추고 연꽃통을 쪼아서 열고 물러나면 '연화대무'가 추어져 연행되었음을 알 수 있다.

(9) 정현석의『교방가요』'학무'

임신년(1872, 고종 9)에 정현석이 쓴『교방가요』앞부분에는 가곡(歌曲)과 잡가(雜歌)라고 하는 가사(歌詞), 그리고 시조(時調)를 기록하였고, 부수적으로 악기나 가곡 실연(實演) 등에 관한 내용을 수록하였다. 뒷부분에는 육화대(六花隊), 연화대(蓮花臺), 헌선도(獻仙桃) 등 14종 정재무곡(呈才舞曲)에 대한 대강의 절차와 색도(色圖)를 수록하였다. 〈무곡(舞曲)〉으로는 헌선도, 수연장(壽延長),

---

35 성현,『용재총화』, 민족문화추진회, 1997, pp.26~28 참조.

오양선(五羊仙), 포구락(抛毬樂), 연화대, 수보록(受寶籙), 근천정(覲天庭), 수명명
(受明命), 하황은(荷皇恩), 성택(聖澤), 하성명(賀聖明), 육화대, 곡파(曲破), 보태
평(保太平), 정대업(定大業), 봉래의(鳳來儀), 아박(牙拍), 향발(響鈸), 무고(舞鼓),
학무(鶴舞), 황창무(黃昌舞), 처용가무(處容歌舞), 교방가요(敎坊歌謠) 총 23종의
정재곡목이 실려 있다. 이렇듯 〈무곡〉의 목록에는 '학무'가 기록되어 있으나
춤의 구체적인 기록은 없으며 '연화대무'의 그림에는 '학무'가 등장하고 선동
이 학을 타고 춤을 추는 장면이 있어 매우 이채롭다. 이는 진주로 내려간 '학
무'와 '연화대무'가 전 과정이 끝난 후 서민들과 함께 민속적인 흥과 신명을
담은 춤으로 변모되면서 선동이 학을 타고 춤추는 장면이 첨가되었음을 추측
할 수 있다. 이는 '진주교방학춤' 부분에서 다시 자세히 다루어질 것이다.

(10) 『고종정해진찬의궤』 '학무'

고종 정해년(1887, 고종 24)은 대왕대비인 신정왕후(神貞王后)가 팔순이 된 해
이다. 『고종정해진찬의궤(高宗丁亥進饌儀軌)』는 1887년 정월에 대왕대비의 팔순
을 경축하여 올린 진찬에 대한 기록이다. 『고종정해진찬의궤』의 내용을 살펴
보면 두 무동이 대나무로 만든 학 안에 숨어 빙빙 날아다니는 춤을 추고 연통
을 쪼아, 열리면 물러나며 '연화대무'가 시작된다.

(11) 『정재무도홀기』 계사

고종 계사년(1893, 고종 30) 『정재무도홀기(呈才舞圖笏記)』에서 3월에 거행된
양로연(養老宴)에 쓰였던 홀기이며 학의 색이 청학(靑鶴)과 황학(黃鶴)으로 바
뀌며 두 마리 학이 날개를 펴고 뛰며 나아가 지당 앞에서 동서로 나뉘어 북향
하고 서서 춤을 춘다. 마지막에 두 학이 연통을 쪼아 열면 두 동녀가 이에 나와
두 마리 학은 깜짝 놀라 뛰며 물러나고 음악이 그친다.

(12) 『정재무도홀기』 외진연시무동각정재무도기

조선 초기 『정재무도홀기』(1894, 고종 31, 甲午)에서 2월 왕세자(王世子)의 망
삼순(望三旬, 21세)을 축하하는 진연에 쓰였던 홀기이며 지당판이 설치되고

'채운선학인지곡'이 연주되면 청학과 황학이 고상도진하여 북향을 보고 선 다음 청학과 황학의 대무(隊舞)가 『악학궤범』과 같은 내용으로 춤을 춘다. 연통을 쪼고 연통이 열리면 두 동녀가 출현한다. 학은 놀라서 물러나고 음악이 그친다.

(13) 『정재무도홀기』 여령각정재무도홀기/신축진찬 홀기

『정재무도홀기』 여령각정재무도홀기/신축진찬(辛丑進饌) 홀기는 1901년(광무 5) 6월 명헌태후(明憲太后)의 망팔(望八; 71세)을 경축하는 진찬에 쓰여진 홀기이며 청학과 황학이 날개를 펴고 뛰며 나아가 지당 앞에서 동서로 나뉘어 북향하고 선 다음 청학과 황학의 대무(隊舞)가 『악학궤범』과 같은 내용으로 춤을 춘다. 연통을 쪼고 연통이 열리면 두 동녀가 출현한다. 학은 놀라서 물러나고 음악이 그친다.

(14) 『정재무도홀기』 여령각정재무도홀기 신축/고종신축진연 의궤

1901년(광무 5) 7월 고종황제의 50세 탄신을 축하하는 진연(進宴)의 내진연(內進宴)에 소용된 한문본 홀기이며 청학과 황학이 날개를 펴고 뛰며 나아가 지당 앞에서 동서로 나뉘어 북향하고 선 다음 청학과 황학의 대무(隊舞)가 『악학궤범』과 같은 내용으로 춤을 춘다. 연통을 쪼고 연통이 열리면 두 동녀가 출현한다. 학은 놀라서 물러나고 음악이 그친다.

(15) 『정재무도홀기』 무동각정재무도홀기/무동각(舞童各) 홀기

'향령무(響鈴舞)'의 창사(唱詞)에 보이는 '유원종금왕모수(惟願從今王母壽)'라는 내용에 근거하여 자전(慈殿)과 관련된 홀기임을 알 수 있으며, 1901년 이전에 쓰였던 것으로 추정된다. 무동각정재무도홀기(舞童各呈才舞圖笏記)에는 음악으로 '채운선학인지곡'이 연주되며 청학과 황학이 날개를 펴고 뛰며 나아가 지당 앞에서 동서로 나뉘어 북향하고 서고, 마지막에는 연통을 쪼아 열면 두 동자가 출현하니 두 마리 학은 깜짝 놀라 뛰면서 물러나고 음악이 그친다.

(16) 『정재무도홀기』 여령각정재무도홀기/여령각(女伶各) 홀기

어느 연향(讌饗)에 쓰였던 것인지 고증할 수 없어 연도를 정확히 밝힐 수 없으며, 다만 1893년의 『정재무도홀기』에 보이는 여령(女伶)이 많이 등장하는 것을 알 수 있다. 여령각정재무도홀기(女伶各呈才舞圖笏記)에는 청학(青鶴)과 황학(黃鶴)이 날개를 펴고 뛰며 나아가 지당 앞에서 동서로 나뉘어 북향하고 선 후, 연통을 쪼아 열면 두 동녀가 나타나고 두 마리 학은 깜짝 놀라 뛰면서 물러나고 음악이 그친다.

(17) 〈평안감사향연도〉의 '학무'

김홍도가 그린 〈평안감사향연도〉에 두 마리로 꾸민 학춤이 묘사되어 있다. 임진왜란 이전부터 관기들은 궁중행사에 선상(選上)되었다가 귀향했는데, 위에 인용한 기록을 통해 궁중에서 정재를 연행했던 관기들의 귀향과 함께 궁중 정재가 평양까지 전파되었음을 알 수 있다. 평양 감영의 화려한 정재는 단원 김홍도의 〈평안감사향연도〉 중 부벽루연희도(浮碧樓宴會圖), 연광정연회도(練光亭宴會圖)에 잘 묘사되어 있다. 〈부벽루연회도〉에는 평양 감영의 관기들이 벌이는 오방처용무, 포구락, 헌선도와 두 명이 추는 쌍검무, 그리고 무고가 그려져 있다. 쌍검무를 제외하면 모두 궁중에서 연행했던 정재들이다. 〈연광정연회도〉에는 연광정 위와 아래에 모두 두 마리의 사자가 보이고, 그 아래 다시 청학

김홍도, 〈평안감사향연도〉 중 '부벽루연회도(좌)'와 '연광정연회도(우)'

(靑鶴)과 황학(黃鶴)이 나란히 서 있으며, 작은 채선(彩船)과 두 송이 연꽃이 보인다. 그러므로 연광정에서는 학무, 연화대, 사자무, 선유락이 연행되었음을 알 수 있다.[36]

(18) 『성소부부고』 조관기행의 '상학학춤'

신축년(1061, 선조 34)에 허성(許筬, 허균(許筠)의 큰형)이 전라도 관찰사가 되어 9월 7일 허균이 큰형의 가족들과 함께 전주로 내려갈 때 자신들을 맞이하는 놀이패들의 연희를 보고 『성소부부고(惺所覆瓿藁)』 제18권 문부 15 조관기행(漕官紀行)에 기록을 남겼다.

"삼례에서 점심을 먹고 전주로 들어가는데, 판관이 기악과 잡희로 반 마장이나 나와 맞이를 하였다. 북소리와 피리 소리로 천지가 시끄럽고, 천오(天吳, 바다귀신춤), 상학(翔鶴, 학춤), 쌍간(雙竿, 줄타기 또는 솟대타기), 희환(戲丸, 방울받기), 대면(大面, 가면희), 귀검(鬼瞼, 귀신가면) 등 온갖 춤으로 길을 메우니, 구경하는 사람들이 성곽(城郭)에 넘쳤다."[37]

(19) 『평양속지(平壤續誌)』의 '학무'

경술년(1730, 영조 6) 윤유(尹游)가 편찬하고 간행한 『평양부 읍지』[38]이다. 제1권에 있는 평양교방(平壤敎坊)에 의하면 공연된 정재종목은 포구락, 무고, 처용, 향발, 발도가, 아박, 무동, 연화대, 학무 이렇게 아홉 종목이며 평양교방 소속 영기(營妓)와 부기(府妓)가 '학무'를 공연하였다.

'학춤'은 고려 때 시작되었다고 전하였으나 이를 명확하게 뒷받침할 수 있는 근거의 자료는 거의 보이지 않는다. 다만 이 춤이 거론되는 문헌들을 찾아 학춤의 존재를 알 수 있는 것이다. 이 춤은 연례적으로 실행하는 궁중나례에서 출현한 사실을 참작한다면 궁중에서 성행하다가 1493년 성종 때 『악학궤범』에

---

36 전경욱, 『한국의 전통연희』, 학고재, 2004 참조.

37 전경욱, 위의 책.

38 조선시대 지방 각 읍의 지지(地誌)인 동시에 지방사(地方史)이자 정책 자료로서의 비중이 큰 행정 사례집(行政事例集).

〈표 2-3〉 조선시대 의궤별 학춤 공연 횟수[39]

의궤명	정재명 공연일시	고려 당악정재 연화대무	조선 전기 향악정재 학무	순조대 향악정재 연화무
인조 경오년 풍정도감의궤(豊呈都監儀軌)	1630. 03. 22	1		
영조 갑자년 진연의궤(進宴儀軌)	1744. 10. 04. 묘시	1		
정조 을묘년 정리의궤(整理儀軌)	1795. 윤 02. 13	1	1	
순조 무자년 진작의궤(進爵儀軌)	1828. 06. 01. 진시			1
순조 기축년 진찬의궤(進饌儀軌)	1829. 02. 01. 진시	1		
	1829. 02. 13. 진시	1		
고종 정축년 진찬의궤(進饌儀軌)	1877. 12. 06. 진시	1		
	1877. 12. 06. 이경	1		
	1877. 12. 10. 이경		1	
고종 정해년 진찬의궤(進饌儀軌)	1887. 01. 28. 이경	1	1	
고종 임진년 진찬의궤(進饌儀軌)	1892. 09. 25. 이경	1	1	
고종 신축년 진찬의궤(進饌儀軌)	1901. 05. 13. 해시	1	1	
	1901. 05. 16. 해시	1		
고종 신축년 진연의궤(進宴儀軌)	1901. 07. 27. 해시	1	1	
고종 임인년 4월 진연의궤(進宴儀軌)	1902. 04. 24. 진시	2	2	
	1902. 04. 24. 해시	1	1	
고종 임인년 11월 진연의궤(進宴儀軌)	1902. 11. 08. 손시	1	1	
	1902. 11. 08. 해시	1	1	
총합계	29회	17회	11회	1회

기술되었고 더욱 발전된 것으로 생각해 볼 수 있다. 학춤은 위의 〈표 2-3〉 조선시대 의궤별 학춤공연 횟수의 분석과 같이 1630년부터 연화대와 함께 공연된 기록부터 1902년 고종 임인년(壬寅年) 11월 진연의궤(進宴儀軌)에 나타난 '학

---

39 조경아, 「조선후기 의궤(儀軌)를 통해 본 정재(呈才)연구」, 한국학중앙연구원 한국학대학원 박사학위논문, 2008 참조.

무'까지 총 29회나 추어진 기록을 볼 수 있다. 궁궐뿐만 아니라 민간에서 출연한 기록으로는 1872년(고종 2) 정현석의 『교방가요』에서 신명과 흥이 느껴지는 민속화된 '학무'가 있으며 그 후 역대 궁중에서 사용한 『정재무도홀기』를 참조해보면 고종 정해(1887)와 1901년(광무 5) 고종황제(高宗皇帝)의 탄신 50주년기념 만수성절(萬壽聖節)의 진연 때 '학무'[40] 1902년 고종황제 어극 40년을 축하하는 창경식에 출연된 '학무'는 궁중무용이 민속화의 접목의 기초가 되었고 후일 '한성준학춤'이 33년의 단절을 딛고 새롭게 재현될 수 있는 계기가 된 것으로 유추해 볼 수 있다.

4) 궁중학무의 특징

고려 때부터 시작되어 조선 성종(成宗) 때에 이르러 완성된 '학무'가 전해 내려오는 동안 특이점은 학탈의 색상의 변화이다. 성종 때는 청(靑)·백(白)색으로, 조선 말기 고종(高宗) 때에는 청(靑)·황(黃)색으로 그리고 같은 무렵의 '교방가요(敎坊歌謠)'에는 백(白)색 두 마리로 되어 있다. 학의 탈을 쓰고 추는 '학무'는 우리나라에서 전통성을 가지고 전래한 많은 춤 중에서 조류 모방의 춤으로는 유일한 춤으로 많은 문헌 속에서 향악정재로 존재하였고 '학연화대무'와 '학연화대처용합설무'로 화려하게 변신한 후 더욱 활발하게 연희되었다. 궁중정재의 우아하고 정제된 대무 형식의 연례무(宴禮舞)로 학의 움직임을 사실적으로 묘사하면서도 동양적 우주운행의 원리를 내포하고 있으며 무원 2인이 학탈을 쓰고 학의 모습과 행동을 춤동작으로 표현하는 것이 특징이다. '학무'의 특징을 정리하면 다음과 같다.

첫째, 학무는 사자무와 더불어 동물의 탈을 쓰고 추는 우리나라 대표적인 춤이다. 사자춤이 매우 효용(驍勇)하고 씩씩한 건무(健舞)라면 학무는 고귀하고 아름답고 청아하며 부드럽고 운치있는 연무(軟舞)이다.

둘째, 학무는 고려시대 궁중에서 전승되었다고 보고 있으나 그 내용이나 형

---

40 송방송, 『한겨레음악대사전』, 보고사, 2012.

식이 훨씬 그 이전부터 있었다고 유
추할 수 있는 역사성과 전통성을 지
니고 있다.

셋째, 조류의 춤으로 두루미(鶴)의 생태(生
態)와 동작을 사실적으로 표현하여
독자적 예술성을 보여준다.

넷째, '학연화대무'와 '학연화대처용무합설
(鶴蓮花臺處容舞合設)'은 한국 무용사
적인 측면에서 중요한 위치를 차지하
고 궁중정재에서도 매우 중요한 영역이다.

학연화대처용합설무

다섯째, 음양오행 등 동양철학 사상에 기초하여 엄격한 격식과 질서를 바탕
으로 이루어진 궁중무용의 형식을 담고 있어 감정을 억제하고 공간
구성이 거의 대칭의 움직임이며 정적(靜的)이다.

여섯째, 학탈은 세계에서 보기 힘든 온몸에 쓰는 탈로 그 제작법이 독특하다.

5) 춤사위 및 무보

(1) 춤사위

고상(翺翔) : 날개를 위 아래로 흔드는 동작으로 처음 등장할 때의 팔사위.

도진(蹈進) : 걸어나가는 동작으로 학이 처음 등장할 때 고상의 날갯짓과 도
진의 발걸음으로 춤.

진신(振身) : 몸을 흔드는 동작으로 고상·도진으로 등장하여 제자리에 서서
날개를 접고 몸을 좌우로 흔듦.

고취(鼓觜) : 학이 부리(주둥이)를 치는 동작으로 진신 동작 후에 부리를 침.

진이보(進二步) : 두 걸음 앞으로 나감.

내선(內旋) : 안으로 도는 동작.

면(俛) : 고개를 숙이는 동작.

탁(啄) : 먹이를 먹는(쪼는) 동작.

거수(擧首) : 머리를 드는 동작.

취식지(觜拭地) : 부리로 땅을 문지르는 동작.

내고(內顧) : 안을 보는 동작.

외고(外顧) : 고개를 들어 밖을 향하여 보는 동작.

향지당(向池塘) : 지당판(池塘板)으로 몸을 향하는 동작.

거내족(擧內足) : 안쪽의 발을 드는 동작.

거외족(擧外足) : 바깥쪽으로 발을 드는 동작.

견연통(見蓮筒) : 연통(蓮筒)을 바라보는 동작.

약이퇴(躍而退) : 뛰어 나가는 동작으로 연통을 보고 부리로 연통을 쪼면 동
녀(童女)가 나온다. 그것을 보고 학이 놀라 날아서 퇴장한다.

(2) 무보

학무의 무보는 『악학궤범』의 무보와 『정재무도홀기』 그리고 현행 '학연화
대합설무' 세 가지로 정리하여 살펴보기로 한다.

『악학궤범』 권5에 수록된 학무 홀기

鶴舞

蓮筒　青鶴

池塘板

蓮筒　黃鶴

樂奏彩雲仙鶴引步虛子令○拍青鶴黃鶴翱翔蹈進池塘前

分東西北向而立○拍振身鼓觜○拍足蹈進二步進步時皆足蹈先進後倣此

内顧○拍進二步外顧○拍進二步内顧○拍進二步外顧○拍内旋向池塘進二步内顧○拍進二步外顧○拍内旋向池塘進二步内顧○拍舉内足

池塘進二步内顧○拍進二步外顧○拍進一步倪而啄舉首鼓觜拭地

舉首鼓觜○拍進二步内顧○拍進二步外顧○拍進二步内顧○拍進

二步外顧○拍進二步内顧○拍内旋向池塘進二步内顧○拍進

進二步外顧○拍内旋向池塘進二步内顧○拍舉内足而蹈之見蓮筒内面舉外足而蹈之見蓮筒外面舉内足而蹈之俯見蓮筒南

而蹈之見蓮筒内面舉外足而蹈之見蓮筒外面舉内足而蹈之俯見蓮筒南

面拍啄開蓮筒兩童女乃出兩鶴驚躍而退樂止

〈표 2-4〉『악학궤범』 학무의 무보

『고전 국역총서 악학궤범Ⅱ』

- 樂奏步虛子令. 諸妓唱歌. 歌見上. 음악[41]이 〈보허자령〉을 연주하고, 제기가 노래를 부른다. 노래는 위에 보인다.

- 擊拍. 青白鶴翔翔. 蹈進池塘前. 分東両. 北向而立. 박을 치면 청학·백학이 나는 듯이 밟고 지당판 앞에 나아가 동서로 나뉘어 북쪽을 향하여 선다.

- 擊拍. 振身鼓觜. 박을 치면 몸을 흔들어 떨고 부리를 마주친다.

- 擊拍. 足蹈進二步内足先進後倣此. 凡進步時皆足蹈. 内顧. 박을 치면 족도하여 2보 나아가 안쪽 다리가 먼저 나아간다. 뒤에서도 이와 같이 한다. 걸어 나아갈 때에는 다 족도한다. 안쪽으로 돌아보고,

- 擊拍. 進二步外顧. 박을 치면 2보 나아가 바깥쪽으로 돌아본다.

---

41 음악을 연주하기 전에 연통을 설치한 침향산이나 지당판을 준비한다는 글이 없는 것이 이상한 점이다.

- 擊拍. 進二步內顧. 박을 치면 2보 나아가 안쪽으로 돌아보고,

- 擊拍. 進二步外顧. 박을 치면 2보 나아가 바깥쪽으로 돌아본다.

- 擊拍. 內旋向池塘. 進二步內顧. 박을 치면 안쪽으로 돌아서(內旋) 지당을 향해서 2보 나아가 안쪽으로 돌아보고,

- 擊拍. 進二步外顧. 박을 치면 2보 나아가 바깥쪽으로 돌아본다.

- 擊拍. 進一步俛而啄. 擧首鼓觜. 以觜拭地. 擧首鼓觜. 박을 치면 1보 나아가 구부려서 쪼고, 머리를 들어 부리를 마주치고, 부리를 땅에 닦고, 머리를 들어서 부리를 마주친다.

- 擊拍. 進二步內顧. 박을 치면 2보 나아가 안쪽으로 돌아보고,

- 擊拍. 進二步外顧. 박을 치면 2보 나아가 바깥쪽으로 돌아본다.

- 擊拍. 內旋北向. 進二步內顧. 박을 치면 안쪽으로 돌아 북쪽을 향하여 2보 나아가 안쪽을 돌아보고,

- 擊拍. 進二步外顧. 박을 치면 2보 나아가 바깥쪽을 돌아보고,

- 擊拍. 進二步內顧. 박을 치면 2보 나아가 안쪽을 돌아본다.

- 擊拍. 內旋向池塘. 進二步內顧. 박을 치면 안으로 돌아 지당을 향하여 2보 나아가 안쪽을 돌아보고,

- 擊拍. 進二步外顧. 박을 치면 2보 나아가 바깥쪽을 돌아본다.

- 擊拍. 擧內足而蹈之. 見蓮筒內面. 擧外足而蹈之擧外足而蹈之. 見蓮筒外面. 박을 치면 안쪽 다리를 들었다 내려밟고 연통(蓮筒)의 내면을 보고, 바깥 다리를 들었다 내려밟고 연통의 외면을 본다.

- 擊拍. 內旋北向. 進二步內顧. 박을 치면 안으로 돌아 북쪽을 향하여 2보 나아가 안쪽을 돌아보고,

- 擊拍. 進二步外顧. 박을 치면 2보 나아가 바깥쪽을 돌아본다.

- 擊拍. 內旋向池塘. 進二步內顧. 박을 치면 안쪽으로 돌아 지당을 향하여 2보 나아가 안쪽을 돌아보고,

- 擊拍. 進二步外顧. 박을 치면 2보 나아가 바깥쪽을 돌아본다.

- 擊拍. 擧內足而蹈之. 見蓮筒內面. 擧外足而蹈之. 見蓮筒外面. 擧內足而蹈之. 俯見. 蓮筒南面. 박을 치면 안쪽 다리를 들었다 내려밟고 연통의 내면을 보고, 바깥 다리를 들었다 내려밟고 연통의 외면을 보고, 안쪽 다리를 들었다 내려밟고 연통의 남면(남면은 앞면을 의미한다)을 굽어본다.

- 擊拍. 啄開蓮筒. 兩童女乃出. 兩鶴驚躍而退. 樂上. 還立於初位. 박을 치면 연통을 쪼아 열고, 그 속에서 두 동녀(童女)가 나오면, 두 학이 놀라서 뛰어 물러난다. 음악이 끝나면 돌아와 처음 위치에 선다.[42]

〈표 2-5〉『정재무도홀기(呈才舞圖忽記)』학무의 무보

『정재무도홀기』 계사(癸巳), 1893

- 무대 뒤쪽에 설치한 지당판(池塘板) 위에 연통을 동(東)·서(西)로 갈라놓고 그 속에 무인(舞人·童女) 두 사람이 들어가 있다.

- 拍 박을 친다. 음악은 〈채운선학지곡(彩雲仙鶴之曲)〉〈향당교주〉를 연주한다.

〈학무〉 무도

- 拍 박을 친다. 靑鶴黃鶴 翮翔蹈進 地唐前分東西 北向而立 동·서쪽에서 청학과 황학이 날개를 펴고 뛰며 날아 들어와 지당 앞에서 동·서로 나뉘어 북향하고 선다.

- 拍 박을 친다. 振身鼓觜 몸을 흔들어 떨며 부리를 마주친다.

- 拍 박을 친다. 足蹈進二步 進步時 內足先進 皆足蹈 內顧 족도하며 두 걸음을 나아가 나아갈 때 안쪽 발을 먼저 딛는다. 모두 족도하며 안쪽을 돌아보면 서로 마주 보게 된다.

- 拍 박을 친다. 進二步外顧 두 걸음을 나아가 바깥쪽을 돌아본다.

- 拍 박을 친다. 進二步內顧 두 걸음을 나아가 안쪽을 돌아본다.

- 拍 박을 친다. 進二步外顧 두 걸음을 나아가 바깥쪽을 돌아본다.

- 拍 박을 친다. 內旋向地塘 進二步內顧 안쪽으로 돌아 지당을 향해 두 걸음을 나아가 안쪽을 돌아본다.

- 拍 박을 친다. 進二步外顧 두 걸음을 나아가 바깥쪽을 돌아본다.

- 拍 박을 친다. 進一步 俛而啄 擧首鼓觜 以觜拭地 擧首鼓觜 한 걸음을 나아가 구부려 부리로 쪼고, 머리를 들어 부리를 마주치고, 부리를 땅에 좌우로 씻고, 다시 머리를 들어 부리를 마주친다.

---

42 성현 외, 고전국역총서 『악학궤범』(전2권), 민족문화추진회, 1967, pp.28~29.

- 拍 박을 친다. 進二步內顧 두 걸음을 나아가 안쪽을 돌아본다.

- 拍 박을 친다. 進二步外顧 두 걸음을 나아가 바깥쪽을 돌아본다.

- 拍 박을 친다. 內旋北向 進二步內顧 안쪽으로 돌아 북향하고 두 걸음을 나아가 안쪽을 돌아본다.

- 拍 박을 친다. 進二步外顧 두 걸음을 나아가 바깥쪽을 돌아본다.

- 拍 박을 친다. 進二步內顧 두 걸음을 나아가 안쪽을 돌아본다.

- 拍 박을 친다. 內旋向地塘 進二步內顧 안쪽으로 돌아 지당을 향해 두 걸음을 나아가 안쪽을 돌아본다.

- 拍 박을 친다. 進二步外顧 두 걸음을 나아가 바깥쪽을 돌아본다.

- 拍 박을 친다. 擧內足而蹈之 見蓮筒內面 擧外足而蹈之 見蓮筒外面 안쪽 발을 들어 뛰고 연통의 안쪽 면을 보고, 바깥쪽 발을 들어 뛰고 연통의 바깥 면을 본다.

- 拍 박을 친다. 內旋北向 進二步內顧 안쪽으로 돌아 북향하고 두 걸음을 나아가 안쪽을 본다.

- 拍 박을 친다. 進二步外顧 두 걸음을 나아가 바깥쪽을 돌아본다.

- 拍 박을 친다. 內旋向地塘 進二步內顧 안쪽으로 돌아 지당을 향해 두 걸음을 나아가 안쪽을 돌아본다.

- 拍 박을 친다. 進二步外顧 두 걸음을 나아가 바깥쪽을 돌아본다.

- 拍 박을 친다. 擧內足而蹈之 見蓮筒內面 擧外足而蹈之 見蓮筒外面 擧內足而蹈之 府見蓮筒南面 안쪽 발을 들어 뛰고 연통 안쪽 면을 보고, 바깥쪽 발을 들어 뛰고 연통 바깥 면을 본다. 안쪽 발을 들어 뛰며 연통 안쪽 면을 굽어본다. 다시 안쪽 다리를 들었다 놓고 구부려 연통의 남쪽을 본다.

- 拍 박을 친다. 啄開蓮筒 兩童女乃出 兩鶴驚躍而退 樂止 연통을 부리로 쪼아 열면 두 동녀가 이에 나온다. 두 마리 학은 놀라 뛰면서 물러난다. 음악이 그친다.

『정재무도홀기』외진연시무동각정재무도기, 1894

- 樂奏彩雲仙鶴引之曲 步虛子令 음악은 〈채운선학인지곡〉을 연주한다. 〈보허자령〉이다.

- 拍 박을 친다. 靑鶴黃鶴 翱翔蹈進 地唐前分東西 北向而立 청학과 황학이 날개를 펴며 뛰며 나아가 지당 앞에서 동서로 나뉘어 북향하고 선다.

- 拍 박을 친다. 振身鼓觜 몸을 흔들어 떨치고 부리를 마주친다.

- 拍 박을 친다. 足蹈進二步 進步時 內足先進 皆足蹈 內顧 족도하며 두 걸음을 나아가 나아갈 때 안쪽 발을 먼저 딛는다. 모두 족도이다. 안쪽을 돌아본다.

- 拍 박을 친다. 進二步外顧 두 걸음을 나아가 바깥쪽을 돌아본다.

- 拍 박을 친다. 進二步內顧 두 걸음을 나아가 안쪽을 돌아본다.

- 拍 박을 친다. 進二步外顧 두 걸음을 나아가 바깥쪽을 돌아본다.

- 拍 박을 친다. 內旋向地塘 進二步內顧 안쪽으로 돌아 지당을 향해 두 걸음을 나아가 안쪽을 돌아본다.

- 拍 박을 친다. 進二步外顧 두 걸음을 나아가 바깥쪽을 돌아본다.

- 拍 박을 친다. 進一步 俛而啄 擧首鼓觜 以觜拭地 擧首鼓觜 한 걸음을 나아가 구부려 부리로 쪼고, 머리를 들어 부리를 마주치고, 부리를 땅에다 씻고, 다시 머리를 들어 부리를 마주친다.

- 拍 박을 친다. 進二步內顧 두 걸음을 나아가 안쪽을 돌아본다.

- 拍 박을 친다. 進二步外顧 두 걸음을 나아가 바깥쪽을 돌아본다.

- 拍 박을 친다. 內旋北向 進二步內顧 안쪽으로 돌아 북향하고 두 걸음을 나아가 안쪽을 돌아본다.

- 拍 박을 친다. 進二步外顧 두 걸음을 나아가 바깥쪽을 돌아본다.

- 拍 박을 친다. 進二步內顧 두 걸음을 나아가 안쪽을 돌아본다.

- 拍 박을 친다. 內旋向地塘 進二步內顧 안쪽으로 돌아 지당을 향해 두 걸음을 나아가 안쪽을 돌아본다.

- 拍 박을 친다. 進二步外顧 두 걸음을 나아가 바깥쪽을 돌아본다.

- 拍 박을 친다. 擧內足而蹈之 見蓮筒內面 擧外足而蹈之 見蓮筒外面 안쪽 발을 들어 뛰고 연통의 안쪽 면을 보고, 바깥쪽 발을 들어 뛰고 연통의 바깥 면을 본다.

- 拍 박을 친다. 內旋北向 進二步內顧 안쪽으로 돌아 북향하고 두 걸음을 나아가 안쪽을 본다.

- 拍 박을 친다. 進二步外顧 두 걸음을 나아가 바깥쪽을 돌아본다.

- 拍 박을 친다. 內旋向地塘 進二步內顧 안쪽으로 돌아 지당을 향해 두 걸음을 나

〈학무〉 무도

아가 안쪽을 돌아본다.

- 拍 박을 친다. 進二步外顧 두 걸음을 나아가 바깥쪽을 돌아본다.

- 拍 박을 친다. 舉內足而蹈之 見蓮筒內面 舉外足而蹈之 見蓮筒外面 舉內足而蹈之 府見蓮筒南面 안쪽 발을 들어 뛰고 연통 안쪽 면을 보고, 바깥쪽 발을 들어 뛰고 연통 바깥 면을 본다. 안쪽 발을 들어 뛰며 연통 안쪽 면을 굽어본다.

- 拍 박을 친다. 啄開蓮筒 兩童女乃出 兩鶴驚躍而退 樂止 연통을 쪼아 열면 두 동녀가 이에 나온다. 두 마리 학은 깜짝 놀라 뛰면서 물러난다. 음악이 그친다.

『정재무도홀기』 여령각정재무도홀기/신축진찬(辛丑進饌) 홀기, 1901

- 樂奏彩雲仙鶴引 步虛子令 음악은 〈채운선학인〉을 연주한다. 〈보허자령〉이다.

- 拍 박을 친다. 靑鶴黃鶴 翶翔蹈進 地唐前分東西 北向而立 청학과 황학이 날개를 펴고 뛰며 나아가 지당 앞에서 동서로 나뉘어 북향하고 선다.

- 拍 박을 친다. 振身鼓觜 몸을 흔들어 떨치고 부리를 마주친다.

- 拍 박을 친다. 足蹈進二步 進步時 內足先進 皆足蹈 內顧 족도하며 두 걸음을 나아가 나아갈 때 안쪽 발을 먼저 딛는다. 모두 족도이다. 안쪽을 돌아본다.

〈학무〉 무도

- 拍 박을 친다. 進二步外顧 두 걸음을 나아가 바깥쪽을 돌아본다.

- 拍 박을 친다. 進二步內顧 두 걸음을 나아가 안쪽을 돌아본다.

- 拍 박을 친다. 進二步外顧 두 걸음을 나아가 바깥쪽을 돌아본다.

- 拍 박을 친다. 內旋向地塘 進二步內顧 안쪽으로 돌아 지당을 향해 두 걸음을 나아가 안쪽을 돌아본다.

- 拍 박을 친다. 進二步外顧 두 걸음을 나아가 바깥쪽을 돌아본다.

- 拍 박을 친다. 進一步 俛而啄 舉首鼓觜 以觜拭地 舉首鼓觜 한 걸음을 나아가 구부려 부리로 쪼고, 머리를 들어 부리를 마주치고, 부리를 땅에다 씻고, 다시 머리를 들어 부리를 마주친다.

- 拍 박을 친다. 進二步內顧 두 걸음을 나아가 안쪽을 돌아본다.

- 拍 박을 친다. 進二步外顧 두 걸음을 나아가 바깥쪽을 돌아본다.

- 拍 박을 친다. 內旋北向 進二步內顧 안쪽으로 돌아 북향하고 두 걸음을 나아가 안쪽을 돌아본다.

- 拍 박을 친다. 進二步外顧 두 걸음을 나아가 바깥쪽을 돌아본다.

- 拍 박을 친다. 進二步內顧 두 걸음을 나아가 안쪽을 돌아본다.

- 拍 박을 친다. 內旋向地塘 進二步內顧 안쪽으로 돌아 지당을 향해 두 걸음을 나아가 안쪽을 돌아본다.

- 拍 박을 친다. 進二步外顧 두 걸음을 나아가 바깥쪽을 돌아본다.

- 拍 박을 친다. 擧內足而蹈之 見蓮筒內面 擧外足而蹈之 見蓮筒外面 안쪽 발을 들어 뛰고 연통의 안쪽 면을 보고, 바깥쪽 발을 들어 뛰고 연통의 바깥 면을 본다.

- 拍 박을 친다. 內旋北向 進二步內顧 안쪽으로 돌아 북향하고 두 걸음을 나아가 안쪽을 본다.

- 拍 박을 친다. 進二步外顧 두 걸음을 나아가 바깥쪽을 돌아본다.

- 拍 박을 친다. 內旋向地塘 進二步內顧 안쪽으로 돌아 지당을 향해 두 걸음을 나아가 안쪽을 돌아본다.

- 拍 박을 친다. 進二步外顧 두 걸음을 나아가 바깥쪽을 돌아본다.

- 拍 박을 친다. 擧內足而蹈之 見蓮筒內面 擧外足而蹈之 見蓮筒外面 擧內足而蹈之 府見蓮筒南面 안쪽 발을 들어 뛰고 연통 안쪽 면을 보고, 바깥쪽 발을 들어 뛰고 연통 바깥 면을 본다. 안쪽 발을 들어 뛰며 연통의 남면을 굽어 본다.

- 拍 박을 친다. 啄開蓮筒 兩童女乃出 兩鶴驚躍而退 樂止 연통을 쪼아 열면 두 동녀가 이에 나온다. 두 마리 학은 깜짝 놀라 뛰면서 물러난다. 음악이 그친다.

『정재무도홀기』 여령각정재무도홀기 고종신축진연 의궤, 1901

- 樂奏彩雲仙鶴引之曲 步虛子令 음악은 〈채운선학인지곡〉을 연주한다. 〈보허자령〉이다.

- 拍 박을 친다. 靑鶴黃鶴 翶翔蹈進 地唐前分東西 北向而立 청학과 황학이 날개를 펴고 뛰며 나아가 지당 앞에서 동서로 나뉘어 북향하고 선다.

- 拍 박을 친다. 振身鼓觜 몸을 흔들어 떨치고 부리를 마주친다.

- 拍 박을 친다. 足蹈進二步 進步時 內足先進 皆足蹈 內顧 족도하며 두 걸음을 나아가 나아갈 때 안쪽 발을 먼저 딛는다. 모두 족도이다. 안쪽을 돌아본다.

- 拍 박을 친다. 進二步外顧 두 걸음을 나아가 바깥쪽을 돌아 본다.
- 拍 박을 친다. 進二步內顧 두 걸음을 나아가 안쪽을 돌아본다.
- 拍 박을 친다. 進二步外顧 두 걸음을 나아가 바깥쪽을 돌아 본다.
- 拍 박을 친다. 內旋向地塘 進二步內顧 안쪽으로 돌아 지당을 향해 두 걸음을 나아가 안쪽을 돌아본다.
- 拍 박을 친다. 進二步外顧 두 걸음을 나아가 바깥쪽을 돌아 본다.

〈학무〉 무도

- 拍 박을 친다. 進一步 俛而啄 擧首鼓觜 以觜拭地 擧首鼓觜

  한 걸음을 나아가 구부려 부리로 쪼고, 머리를 들어 부리를 마주치고, 부리를 땅 에다 씻고, 다시 머리를 들어 부리를 마주친다.
- 拍 박을 친다. 進二步內顧 두 걸음을 나아가 안쪽을 돌아본다.
- 拍 박을 친다. 進二步外顧 두 걸음을 나아가 바깥쪽을 돌아본다.
- 拍 박을 친다. 內旋北向 進二步內顧 안쪽으로 돌아 북향하고 두 걸음을 나아가 안쪽을 돌아본다.
- 拍 박을 친다. 進二步外顧 두 걸음을 나아가 바깥쪽을 돌아본다.
- 拍 박을 친다. 進二步內顧 두 걸음을 나아가 안쪽을 돌아본다.
- 拍 박을 친다. 內旋向地塘 進二步內顧 안쪽으로 돌아 지당을 향해 두 걸음을 나 아가 안쪽을 돌아본다.
- 拍 박을 친다. 進二步外顧 두 걸음을 나아가 바깥쪽을 돌아본다.
- 拍 박을 친다. 擧內足而蹈之 見蓮筒內面 擧外足而蹈之 見蓮筒外面 안쪽 발을 들 어 뛰고 연통의 안쪽 면을 보고, 바깥쪽 발을 들어 뛰고 연통의 바깥 면을 본다.
- 拍 박을 친다. 內旋北向 進二步內顧 안쪽으로 돌아 북향하고 두 걸음을 나아가 안쪽을 본다.
- 拍 박을 친다. 進二步外顧 두 걸음을 나아가 바깥쪽을 돌아본다.
- 拍 박을 친다. 內旋向地塘 進二步內顧 안쪽으로 돌아 지당을 향해 두 걸음을 나 아가 안쪽을 돌아본다.
- 拍 박을 친다. 進二步外顧 두 걸음을 나아가 바깥쪽을 돌아본다.
- 拍 박을 친다. 擧內足而蹈之 見蓮筒內面 擧外足而蹈之 見蓮筒外面 擧內足而蹈之

府見蓮筒南面 안쪽 발을 들어 뛰고 연통 안쪽 면을 보고, 바깥쪽 발을 들어 뛰고 연통 바깥 면을 본다. 안쪽 발을 들어 뛰며 연통 남면을 굽어본다.

- 拍 박을 친다. 啄開蓮筒 兩童女乃出 兩鶴驚躍而退 樂止 연통을 쪼아 열면 두 동녀가 이에 나온다. 두 마리 학은 깜짝 놀라 뛰면서 물러난다. 음악이 그친다.

『정재무도홀기』 무동각정재무도홀기/무동각 홀기, 연도미상

- 樂秦彩雲仙鶴引之曲 步虛子令 음악은 〈채운선학인지곡〉을 연주한다. 〈보허자령〉이다.

- 拍 박을 친다. 靑鶴黃鶴 翔翔蹈進 地唐前分東西 北向而立 청학과 황학이 날개를 펴고 뛰며 나아가 지당 앞에서 동서로 나뉘어 북향하고 선다.

〈학무〉 무도

- 拍 박을 친다. 振身鼓觜 몸을 흔들어 떨치고 부리를 마주친다.

- 拍 박을 친다. 足蹈進二步 進步時 內足先進 皆足蹈 內顧 족도하며 두 걸음을 나아가 나아갈 때 안쪽 발을 먼저 딛는다. 모두 족도이다. 안쪽을 돌아본다.

- 拍 박을 친다. 進二步外顧 두 걸음을 나아가 바깥쪽을 돌아본다.

- 拍 박을 친다. 進二步內顧 두 걸음을 나아가 안쪽을 돌아본다.

- 拍 박을 친다. 進二步外顧 두 걸음을 나아가 바깥쪽을 돌아본다.

- 拍 박을 친다. 內旋向地塘 進二步內顧 안쪽으로 돌아 지당을 향해 두 걸음을 나아가 안쪽을 돌아본다.

- 拍 박을 친다. 進二步外顧 두 걸음을 나아가 바깥쪽을 돌아본다.

- 拍 박을 친다. 進一步 俛而啄 擧首鼓觜 以觜拭地 擧首鼓觜 한 걸음을 나아가 구부려 부리로 쪼고, 머리를 들어 부리를 마주치고, 부리를 땅에다 씻고, 다시 머리를 들어 부리를 마주친다.

- 拍 박을 친다. 進二步內顧 두 걸음을 나아가 안쪽을 돌아본다.

- 拍 박을 친다. 進二步外顧 두 걸음을 나아가 바깥쪽을 돌아본다.

- 拍 박을 친다. 內旋北向 進二步內顧 안쪽으로 돌아 북향하고 두 걸음을 나아가 안쪽을 돌아본다.

- 拍 박을 친다. 進二步外顧 두 걸음을 나아가 바깥쪽을 돌아본다.

- 拍 박을 친다. 進二步內顧 두 걸음을 나아가 안쪽을 돌아본다.

- 拍 박을 친다. 內旋向地塘 進二步內顧 안쪽으로 돌아 지당을 향해 두 걸음을 나아가 안쪽을 돌아본다.

- 拍 박을 친다. 進二步外顧 두 걸음을 나아가 바깥쪽을 돌아본다.

- 拍 박을 친다. 舉內足而蹈之 見蓮筒內面 舉外足而蹈之 見蓮筒外面 안쪽 발을 들어 뛰고 연통의 안쪽 면을 보고, 바깥쪽 발을 들어 뛰고 연통의 바깥 면을 본다.

- 拍 박을 친다. 內旋北向 進二步內顧 안쪽으로 돌아 북향하고 두 걸음을 나아가 안쪽을 본다.

- 拍 박을 친다. 進二步外顧 두 걸음을 나아가 바깥쪽을 돌아본다.

- 拍 박을 친다. 內旋向地塘 進二步內顧 안쪽으로 돌아 지당을 향해 두 걸음을 나아가 안쪽을 돌아본다.

- 拍 박을 친다. 進二步外顧 두 걸음을 나아가 바깥쪽을 돌아본다.

- 拍 박을 친다. 舉內足而蹈之 見蓮筒內面 舉外足而蹈之 見蓮筒外面 舉內足而蹈之 府見蓮筒南面 안쪽 발을 들어 뛰고 연통 안쪽 면을 보고, 바깥쪽 발을 들어 뛰고 연통 바깥 면을 본다. 안쪽 발을 들어 뛰며 연통 앞쪽 남면을 굽어본다.

- 拍 박을 친다. 啄開蓮筒 兩童子乃出 兩鶴驚躍而退 樂止 연통을 쪼아 열면 두 동자가 이에 나온다. 두 마리 학은 깜짝 놀라 뛰면서 물러난다. 음악이 그친다.

『정재무도홀기』 여령각정재무도홀기/여령각(女伶各) 홀기, 연도미상

- 樂奏彩雲仙鶴引之曲 步虛子令 음악은 〈채운선학인지곡〉을 연주한다. 〈보허자령〉이다.

- 拍 박을 친다. 青鶴黃鶴 翔翔蹈進 地唐前分東西 北向而立 청학과 황학이 날개를 펴고 뛰며 나아가 지당 앞에서 동서로 나뉘어 북향하고 선다.

- 拍 박을 친다. 振身鼓觜 몸을 떨치고 부리를 두드린다.

- 拍 박을 친다. 足蹈進二步 進步時 內足先進 皆足蹈 內顧 족도하며 두 걸음을 나아가 나아갈 때 안쪽 발을 먼저 딛는다. 모두 족도이다. 안쪽을 돌아본다.

池塘板
蓮筒　蓮筒

黃鶴　青鶴

〈학무〉 무도

- 拍 박을 친다. 進二步外顧 두 걸음을 나아가 바깥쪽을 돌아본다.

- 拍 박을 친다. 進二步內顧 두 걸음을 나아가 안쪽을 돌아본다.

- 拍 박을 친다. 進二步外顧 두 걸음을 나아가 바깥쪽을 돌아본다.

- 拍 박을 친다. 內旋向地塘 進二步內顧 안쪽으로 돌아 지당을 향해 두 걸음을 나아가 안쪽을 놀아본다.

- 拍 박을 친다. 進二步外顧 두 걸음을 나아가 바깥쪽을 돌아본다.

- 拍 박을 친다. 進一步 俛而啄 擧首鼓觜 以觜拭地 擧首鼓觜 한 걸음을 나아가 구부려 부리로 쪼고, 머리를 들어 부리를 마주치고, 부리를 땅에다 씻고, 다시 머리를 들어 부리를 마주친다.

- 拍 박을 친다. 進二步內顧 두 걸음을 나아가 안쪽을 돌아본다.

- 拍 박을 친다. 進二步外顧 두 걸음을 나아가 바깥쪽을 돌아본다.

- 拍 박을 친다. 內旋北向 進二步內顧 안쪽으로 돌아 북향하고 두 걸음을 나아가 안쪽을 돌아본다.

- 拍 박을 친다. 進二步外顧 두 걸음을 나아가 바깥쪽을 돌아본다.

- 拍 박을 친다. 進二步內顧 두 걸음을 나아가 안쪽을 돌아본다.

- 拍 박을 친다. 內旋向地塘 進二步內顧 안쪽으로 돌아 지당을 향해 두 걸음을 나아가 안쪽을 돌아본다.

- 拍 박을 친다. 進二步外顧 두 걸음을 나아가 바깥쪽을 돌아본다.

- 拍 박을 친다. 擧內足而蹈之 見蓮筒內面 擧外足而蹈之 見蓮筒外面 안쪽 발을 들어 뛰고 연통의 안쪽 면을 보고, 바깥쪽 발을 들어 뛰고 연통의 바깥 면을 본다.

- 拍 박을 친다. 內旋北向 進二步內顧 안쪽으로 돌아 북향하고 두 걸음을 나아가 안쪽을 본다.

- 拍 박을 친다. 進二步外顧 두 걸음을 나아가 바깥쪽을 돌아본다.

- 拍 박을 친다. 內旋向地塘 進二步內顧 안쪽으로 돌아 지당을 향해 두 걸음을 나아가 안쪽을 돌아본다.

- 拍 박을 친다. 進二步外顧 두 걸음을 나아가 바깥쪽을 돌아본다.

- 拍 박을 친다. 擧內足而蹈之 見蓮筒內面 擧外足而蹈之 見蓮筒外面 擧內足而蹈之 府見蓮筒南面 안쪽 발을 들어 뛰고 연통 안쪽 면을 보고, 바깥쪽 발을 들어 뛰고 연통 바깥 면을 본다. 안쪽 발을 들어 뛰며 연통 앞쪽 남면을 굽어본다.

- 拍 박을 친다. 啄開蓮筒 兩童女乃出 兩鶴驚躍而退 樂止 연통을 쪼아 열면 두 동녀가 이에 나온다. 두 마리 학은 깜짝 놀라 뛰면서 물러난다. 음악이 그친다.

〈표 2-6〉 현행 '학연화대합설' 무보[43]

현행 '학연화대합설' 무보

- 음악 : 세령산 10박
- 백학 한 쌍이 양 날개를 접고 상·하수에서 등장하며 걷는다.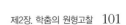
- 상·하수에서 출발하여 날개를 펴고 접으며 뛰어 날아 들어와 지당판 앞으로 간다.
- 날개를 접고 두 마리가 안쪽으로 360° 돌아 북향한다.
- 음악 : 삼현도드리 6박
- 날개를 접은 채, 내족을 안쪽으로 내딛고 구부려 모이를 쪼고 머리를 들어 끄덕인다.
- 날개를 접고 두 발 걷는다.
- 날개를 펴서 몸을 돌려 안쪽을 보고 북향한 후 날개를 접는다.
- 날개를 접고 두 발 걷는다.
- 날개를 펴서 몸을 돌려 밖을 보고 북향한 후 날개를 접는다.
- 날개를 접고 두 발 걷는다.
- 날개를 펴서 몸을 돌려 안쪽을 보고 북향한 후 날개를 접는다.
- 날개를 접고 두 발 걷는다.
- 날개를 펴서 몸을 돌려 밖을 보고 북향한 후 날개를 접는다.
- 날개를 접고 두 발 걷는다.
- 날개를 펴서 몸을 돌려 안쪽을 보고 북향한 후 날개를 접는다.

---

43 이흥구, 『학연화대합설무』, 국립중앙도서관, 피아, 2006 참조 정리.

- 날개를 접고 두 발 걷는다.
- 날개를 펴서 몸을 돌려 밖을 보고 북향한 후 날개를 접는다.
- 날개를 펴서 안쪽으로 360° 돈다.
- 날개를 펴고 지당을 향하여 전진한다.
- 날개를 접으며 안쪽을 보고 남쪽(지당판)을 향한다.
- 날개를 펴고 지당판을 향하여 전진한다.
- 날개를 접으며 밖을 보고 남쪽(지당판)을 향한다.
- 날개를 접고 밖으로 머리를 숙여 땅에 부리를 씻고 머리를 끄덕인다.
- 날개를 접고 안으로 머리를 숙여 땅에 부리를 씻고 머리를 끄덕인다.
- 날개를 펴고 지당을 향하여 전진한다.
- 날개를 접으며 안쪽을 보고 남쪽(지당판)을 향한다.
- 날개를 펴고 지당을 향하여 전진한다.
- 날개를 접으며 밖을 보고 남쪽(지당판)을 향한다.
- 날개를 접고 안쪽으로 360° 돌아 사선 쪽을 향한다.
- 날개를 접고 두 발 걷는다.
- 날개를 접고 안쪽을 보며 측면으로 북향한다.
- 날개를 펴고 두 발 앞으로 걷는다.
- 날개를 편 채, 밖을 보고 북향한다.
- 날개를 펴고 두 발 앞으로 걷는다.
- 날개를 펴고 안쪽으로 돌아 지당판을 향한 후 날개를 접는다.
- 날개를 두 번 펴고 접으며 지당판을 향하여 두 발 앞으로 걷는다.
- 날개를 접고 안쪽을 보며 지당판 쪽으로 걷는다.
- 날개를 두 번 펴고 접으며 지당판을 향하여 두 발 앞으로 걷는다.
- 날개를 접고 밖을 보며 지당판 쪽으로 걷는다.
- 날개를 접고 내족과 외족을 차례로 들었다가 딛는다.
- 안쪽 날개는 아래, 바깥쪽 날개는 높이 들어 서로 날개를 끼고 돈다.
- 바깥쪽 날개는 아래, 안쪽 날개는 위로 높이 들어 서로 날개를 끼고 돈다.
- 날개를 접고 두 발 걷는다.
- 날개를 접고 걷다가 날개를 펴고 접으며 반원을 그리며 뒤를 향해 주르르 나간다.

- 날개를 펴고 서로 마주 보고 서서 몸을 좌우로 어른다.

- 날개를 접고 서로 엇갈려 나간다.

- 한 발을 딛으며 날개를 펴면서 몸을 돌려 마주 본 후 날개를 접는다.

- 날개를 펴고 접으며 뛰어날기를 네 번 한다.

- 음악: 타령

- 오른발을 들어 뒤쪽으로 뻗으며 날개를 펴고 어깨춤을 춘 후 날개를 접는다.

- 왼발을 들어 뒤쪽으로 뻗으며 날개를 펴고 어깨춤을 춘 후 날개를 접는다.

- 두 마리가 마주본 채, 날개를 접고 한 발을 딛으며 날개를 펴 종종 나간 후 날개를 접는 동작을 다시 반복하며 가까이 다가간다.

- A학은 오른발을 들어 뒤로 뻗쳐 들며 날개를 펴고, B학은 날개를 펴고 접으며 뛰어 날아 A학을 돈다.

- A학은 날개를 펴고 접으며 뛰어 날아 B학을 돌고 B학은 날개를 펴고 어깨춤을 추다가 접는다.

- 두 학이 나란히 서서 날개를 접고 어깨춤을 춘다.

- 두 마리의 학이 날개를 펴고 접으며 여덟 번 난다.

- 날개를 펴서 서로 어깨동무하고 북향을 향해 두 걸음 전진한다.

- 날개를 펴서 서로 어깨동무하고 북향을 향해 네 걸음 전진한다.

- 날개를 펴고 접으며 네 번 뛰어 난다.

- A학은 날개를 펴고 접으며 뛰어 날며 B학 주위를 돌고 B학은 날개를 접고 제자리에서 돈다.

- A학은 날개를 접고 제자리에서 돌고 B학은 날개를 펴고 접으며 뛰어 날며 A학 주위를 돈다.

- 두 마리의 학이 날개를 접고 나란히 서서 어깨춤을 춘다.

- 두 마리의 학이 날개를 펴고 접으며 네 번 뛰어 난다.

- 두 마리의 학이 날개를 펴고 지당판을 향하여 전진한다.

- 날개를 펴고 접으며 지당판을 향하여 네 걸음 전진한다.

- 날개를 접은 채, 연통 앞에서 내족을 들었다가 딛고 연통 안쪽을 본다.

- 날개를 접은 채, 연통 앞에서 외족을 들었다가 딛고 연통 바깥쪽을 본다.

- 날개를 펴고 접으며 네 걸음 걷고 안쪽으로 돌아 북향한다.

- 날개를 펴고 접으며 북향으로 두 걸음 전진한다.
- 날개를 접고 몸을 안쪽으로 돌려 내고하고 북향한다.
- 날개를 접은 채, 두 걸음 북향하여 전진한다.
- 날개를 펴면서 외고하고 날개를 접으며 북향한다.
- 날개를 접고 안쪽으로 돌아 지당판을 향해 네 걸음 걷는다.
- 날개를 펴고 접으며 두 걸음 전진한다.
- 날개를 펴고 몸을 안쪽으로 돌려 내고하였다가 날개를 접으며 남향한다.
- 날개를 펴고 접으며 지당판을 향하여 두 걸음 전진한다.
- 날개를 접고 몸을 밖으로 돌려 외고 하였다가 남향한다.
- 날개를 접고 지당판 뒤쪽으로 네 걸음 걷는다.
- 날개를 접고 안쪽 발을 들어 제 자리에 딛으며 연통 안쪽을 본다.
- 날개를 접고 바깥쪽 발을 들어 제자리에 딛으며 연통 바깥쪽을 본다.
- 날개를 접은 채, 연통을 쪼은 후 놀라 날개를 펴며 뛰어 날고 접는다.
- 날개를 접고 퇴장하며 걷는다.

현행의 '학연화대합설무'는 '연화대'와 '학무'가 합쳐진 것으로 백학이 두 마리가 등장하며, 소품에는 연꽃두개가 무대 중앙 뒤편 양쪽으로 놓여 있고 그 뒤에는 악사들이 앉아있다. 의상은 학의 탈을 착복하고 줄무늬 스타킹을 신고 있다. 박을 쳐서 춤이 시작되는데 '학연화대합설무'의 특징적 동작은 다음과 같다.

첫째, 학의 색깔의 변화에서 『악학궤범』은 백학, 청학 한 쌍이 등장하지만 『정재무도홀기』에서는 청학, 황학이 등장하고 현행의 '학연화대합설무'는 백학 두마리의 춤이다.

둘째, 현행 '학연화대합설무'의 학무는 백학 한쌍이 음양설에 기초하여 태극 모양으로 서로 동서로 나누어 등장하며 북향을 향해 서는 것은 같다.

셋째, 『악학궤범』은 춤동작마다 들어가는 박을 치는 표현을 이중이나 연이 어 치는 격박으로 표시하였으나 『정재무도홀기』에서는 그냥 박으로 표시하고 있으며 현행에서는 세령산, 삼현도드리, 타령으로 음악이 바뀔 때만 박을 쳐서 신호한다.

넷째, 『악학궤범』이나 『정재무도홀기』처럼 전체적 동선은 크지 않고 날개 짓이나 발동작도 단조로우며 서로 마주보거나 반대로 보는 동작들이 주를 이루는 것을 알 수 있다.

다섯째, 섬세하게 움직이기보다는 단조롭고 동서남북 바라보는 방향이 정확하며 몸의 움직임이 규격화되고 절제되어 정형화되어 있다.

여섯째, 한 쌍이 서로 안쪽 날개는 아래, 바깥쪽 날개는 높이 들어 서로 날개를 끼고 도는 동작과 한 마리는 날개를 접고 제자리에서 도는 사이에 다른 한마리는 날개를 펴고 접으며 뛰면서 서있는 학 주위를 도는 점 등은 『악학궤범』이나 『정재무도홀기』에서 볼 수 없는 현행의 '학연화대무' 춤 구성의 차이점이다.

이는 보유자 이흥구 선생이 한성준의 학춤을 이은 김천흥, 한영숙 선생에게 사사한 영향으로 풀이된다.

『고려사』「악지」, 『악학궤범』, 『정재무도홀기』의 기록을 비교해 보면 다음과 같은 점들이 다소 변화되었음을 알 수 있다. 『고려사』「악지」와 『악학궤범』에는 무원의 수가 죽간자, 동녀 두 명씩이었던 것이 『정재무도홀기』의 기록에는 대무를 포함하여 서른두 명이 되기도 하였다. 그러나 죽간자 두 명, 동녀 두 명, 협무 두 명만이 춤을 추고 나머지는 대를 이루어 서 있다가 창사(唱詞)를 부를 때만 참여한 것으로 추측된다. 구호와 치어, 창사에 대한 것은 세 문헌의 기록이 동일하며 춤의 진퇴 과정에서는 대형의 변화가 없었으나, 춤의 진행 과정에서는 『악학궤범』이후로 박이 새롭게 들어감에 따라 대형이 세분화된 인상을 주고 있다. 의물과 복식에 있어서도 처음에는 합립을 쓰던 것이 뒤에 연화관으로 바뀐 것 외에 큰 변화가 없다. 이는 조선왕조의 모든 무악이 『악학궤범』의 형식을 따르려고 했던 결과일 것이다. 다만 춤이 끝나 음악이 그치면 『악학궤범』에서는 두 마리 학이 처음 위치로 돌아가 선다고 되었는데 『정재무도홀기』에는 뛰어 퇴장한다고 되어 있다.

6) 음악 및 의상

(1) 학연화대합설무 반주음악

현재 국립국악원에 보존되어 있는 무용 종류와 창작연대를 기록한 자료를 통해서 보면 학무의 발생언대는 고려 때이고 반주음악은 '일승월항지곡(一昇月恒之曲)' 외 1곡이라 기록되어 있으나 이를 뒷받침할 다른 자료는 거의 보이지 않는다. 조선왕조 세조(世祖) 대(代)에는 '보허자(步虛子)'를 연주했다고 『용재총화(慵齋叢話)』에 기록되어 있다.(樂奏步虛子, 雙鶴隨曲節翶翔而舞)

『악학궤범(樂學軌範)』에는 악곡 '보허자령(步虛子令)'을 연주하면 여러 기녀들이 노래를 부른다(樂奏步虛子令諸妓唱歌)고 했고 격박에 맞추어 청학과 백학이 들어오며 여기에 악기는 박, 아쟁, 대쟁, 당비파, 동발, 거문고, 가야금, 향비파, 당비파, 해금, 풍소, 단적, 피리, 장고, 월금, 교방고, 대고, 대금으로 편성하였다. 조선 말기 『정재무도홀기(呈才舞圖笏記)』에는 '채운선학지곡(彩雲仙鶴之曲)'으로 되어 있으나 실제로 연주한 곡은 '향당교주(鄉唐交奏)'로 현행의 삼현 '영산회상'일 것으로 추정한다. '보허자령'은 당악계의 음악으로, 조선 말기에 이르면 '학무' 외의 다른 궁중무의 반주음악으로도 가장 많이 사용되었고 '행악(行樂)'에도 쓰이는 등 광범위하게 연주되어 현재까지 전승하는 귀중한 음악 중의 하나이다. 그리고 고종 9년(1872) 정현석 편 『교방가요(教坊歌謠)』무곡(舞曲) 편을 보면 학무는 '보허자'를 연주한다고 기술하고 있다.(鶴舞奏步虛子) 또 조선 말엽 고종 때에 쓰여진 정재홀기(呈才笏記)에는 '채운선학지곡'으로 되어 있고, '보허자령'을(樂奏彩雲仙鶴之曲 步虛子令) 연주했다고 했다.

그리고 1969년 '학무'를 중요무형문화재로 지정하기 위한 조사보고서에 의하면 반주악은 염불도드리와 굿거리로 되어 있다. 따라서 전통적인 정재의 학무는 아니라 하여 그 후로 전통적인 정재의 활발한 재현 작업이 행해져 세령산(細靈山) 10박, 삼현도드리(三絃還入) 6박과 타령(打令) 4박으로 정리되었다. 반주 악기는 삼현육각(피리 2·대금 1·해금 1·장구 1·북 1)의 편성으로 하고, 양금(洋琴)과 단소(短簫)를 사용하기도 한다. 1987년에 국립국악원에서 발간한 제2집 학무 무보에서는 정재홀기의 음악을 수용하여 반주 음악으로 관악 영산회상(管樂 靈山會相) 중의 상령산, 삼현도드리, 타령 3곡을 사용했다.

(2) 학탈과 의상

『악학궤범』권8의 향악정재 악기도설(鄕樂呈才 樂器圖說)은 학무의 소품과 무복에 대해서 자세하게 기술되어 있다. 다른 악기나 의복은 그림으로 그리고 여기에다 치수를 기입하였다. 그러나 학춤에 쓰이는 학과, 영가(迎駕) 때의 교방가요에 쓰이는 침향산(沈香山) 그리고 일반 진연에 쓰이는 지당판(池塘板)의 경우에는 그 전체의 그림만을 그리고 여기에다 치수를 적지 않은 것이 유감이나, 그에 쓰이는 재료를 자세히 적어서 실제 그 제작을 가능케 한다. 조선 말의 학탈 제작 방법에 대해서는 대(竹)로 만들고 겉에는 털을 붙이고 색깔은 청(靑), 백(白)색이라고 진찬의궤(進饌儀軌 辛丑年) 권1에도 간단하게 수록되어 있다.

이흥구는 스승인 한영숙 선생에게 꾸지람을 들어가며 학옷의 바지를 『악학궤범』의 그림대로 줄무늬 얼룩다리로 만들었다고 한다. "정재의 학옷은 종이로 만들었고 날개보다는 부리의 움직임이 특이했죠. '한성준학춤' 옷은 검은 양말에 날개가 자유롭고 화려했구요. 옷도 학털을 모아 만들었다는 거예요. 그동안 닭 털로도 실험을 해봤으나 보관이나 손질이 어렵더군요. 지금은 인조 밍크 옷감을 쓰고 있죠. 지금 새의 깃털을 구해놓고 한번 이걸로 만들어 보려고 합니다." 한영숙 선생이 살아계실 때 이흥구 선생은 학춤을 정재쪽으로 가져가려 한다고 걱정을 많이 들었다.[44]

학탈의 제작방법은 제5장에서 자세히 기술하므로 여기에서는 간략히 한다.

7) 전승 현황

궁중학춤은 음양오행 등 동양철학 사상에 기초하여 엄격한 격식과 질서를 바탕으로 이루어져 있다. 고려시대부터 제석 하루 전날 밤 궁중에서 나래가 있은 뒤 내정(內庭)에서 매우 장대한 대합악(大合樂)으로 연행되는 벽사진경의 의

---

44 『일간스포츠』, 구희서, 1990년 10월 6일.

식 중의 하나로 행해졌다.

고려조에서는 당악정재 및 속악정재의 영향과 조선조에서는 당악정재, 향악정재 그리고 지방에서 궁중에 들어온 잡극 등의 영향을 받아 다양한 종류의 춤들이 궁중으로 유입되어 연희될 때 '학춤'도 함께 들어와 연희되었다고 보여진다.

'학춤'의 역사적 유래는 현재 국립국악원에 전해지고 있는 기록물에서 고려 때 시작되었다고 전하였으나 이를 명확하게 뒷받침할 수 있는 다른 근거 자료는 거의 보이지 않는다. 다만 이 춤이 거론되는 문헌들을 찾아 학춤의 존재를 알 수 있다. 학춤이 연례적으로 실행되는 궁중나례에서 출현한 사실을 참작한다면 궁중에서 성행하다가 1493년 성종 때 『악학궤범』에 기술되었고 더욱 발전된 것으로 생각해 볼 수 있다. 궁궐뿐만 아니라 민간에서 출연한 기록으로는 경술년(1730, 영조 6) 윤유(尹游)가 편찬하고 간행한 『평양부 읍지』 제1권에 있는 평양교방(平壤敎坊)에 의하면 공연된 정재종목은 학무를 포함한 아홉 종목이며 평양교방 소속 영기(營妓)와 부기(府妓)가 '학무'를 공연하였다. 그 외에도 『성천지(成川誌)』, 『속성천지』, 「선루별곡」과 1872년(고종 2) 정현석의 『교방가요』에 '학무'가 있으며, 그 후 역대 궁중에서 사용한 『정재무도홀기』를 참조해보면 고종 정해(1887)와 1901년(광무 5) 고종황제의 탄신50주년기념 만수성절(萬壽聖節)의 진연 때 '학무'[45], 1902년 고종황제 어극40년을 축하하는 창경식에 출연된 '학무'가 있다. '학무'는 1900년대 초반 일제침략에 의해 전승이 단절되었다가 전통의 춤맥을 이어간 한성준에 의해 새롭게 재현되었다. '한성준 학춤'은 33년간의 단절을 딛고 1935년 한성준의 창작무용발표회에서 창작무로 선보인 이후, 현재 궁중학무로 이왕직아악부 아악부양성소에서 궁중 악무(樂舞)를 배워 오늘날까지 그 맥을 잇고 있는 조선의 마지막 무동 김천흥에 의해 문화재로 지정되어 전승되었다.

조선 후기 궁중예술의 쇠퇴는 상류계층이 신문화에 영향으로 인하여 위기의 상황에 처하였다. 이 시기 이왕직 아악부 소속이었던 김천흥은 1938년경 한

---

45 송방송, 『한겨레음악대사전』, 보고사, 2012.

성준을 만난다. 이 시절 궁중과 민속의 두 거장의 교류는 우리 춤 문화사에 중요한 의미를 지니며 이에 대해 김천흥은 궁중악과 궁중무를 하는 내가 민속무용 분야와도 관련을 갖게 된 것을 다행스럽게 생각한다[46]고 말한다. 김천흥은 1969년 당시 무형문화재 조사보고서 제64호 학무의 무용도해를 『악학궤범』과 일치한 궁중정재홀기(宮中呈才笏記)에 바탕을 두고 한성준의 학춤 형식과 동작을 삽입해 무보화(舞譜化)하였다. 궁중무(宮中舞)형의 전통성과 민속무(民俗舞)의 형식과 방법이 고루 융합되어 형성 정리된 무용으로 두 분야의 전통성이 들어 있는 작품으로 완성되어 1971년 중요무형문화재 제40호로 지정된 것이다.

김천흥의 문헌자료를 통한 자료현황 조사·보고는 아래와 같은 이유를 들어 학무의 중요무형문화재 지정을 요청하였다.

(1) 이 춤은 오랜 역사를 지니고 있는 유물인 동시에 독특한 예술성을 가지고 있을 뿐만 아니라 조류의 탈춤으로는 우리나라에서는 오직 이 춤 하나뿐인 것.

(2) 새의 탈을 쓰고 추는 춤이기 때문에 새의 행동에 부합하는 동작과 가락 등을 표현하는 독자성을 띠고 있는 것.

(3) 문헌상의 기록이 정확하여 이것에 의거한 것이어서 춤의 형태와 가락 등이 신빙성이 있고, 계통이 확연하며 또한 무용사적인 면에 있어서도 중요한 자료가 되고 궁중무 중에서도 한 영역을 차지하고 있는 것.

(4) 원형이 없어질 우려가 짙어가고 있는 것 등이다.

그러나 중요무형문화재로 지정된 '학무'는 문헌의 자료와 보고서의 '학무'를 비교하여, 무보, 음악, 탈과 의상, 춤사위 등이 문헌상의 고증과 다르다는 이유로 전통적인 '학무'가 아닌 한성준의 춤사위를 도입하여 김천흥이 창작 정리한 것[47]에 지나지 않는다 하여 정통성과 문화재로서의 가치에 대한 논란의 대상이 되었다. 이 보고서를 작성한 김천흥은 『악학궤범』이나 『정재무도홀기』의

---

46 김천흥, 『심소 김천흥의 우리춤 이야기』, 민속원, 2005, p.55.
47 정청자, 「무형문화재 제40호 학무의 문화재적 가치」, 『강원대학교 부설체육과학연구소논문집』 제4집, 1979, p.45.

문헌자료에 입각해서 작성하였고, 부득이한 경우 작자 자신이 익힌 감각과 현대 무대 감각으로 처리하였을 뿐이며, 그 밖의 어떠한 영향도 개재하지 않았음을 강조하였다.[48]

당시 문화재위원이었던 정병호 선생이 개명·재조사의 이유를 '무형문화재 조사보고서' 제208호에 서술하였는데 그 이유를 보면 다음과 같다. 1971년도에 중요무형문화재 제40호로 지정한 학무에 대하여 예술성이 약하고 춤이 단조롭다는 문화재위원들의 지적이 있었다. 또한 문헌을 통하여 보면 '학무'와 '연화대무'가 서로 연결하여 추게 되어 있는 춤인 것을 '학무'만 지정한 관계로 이번에 이를 보완하여 '학연화대합설무'로 개명하기 위한 재조사를 하게 된 것이다. 재조사 결과 궁중정재로서의 '학연화대합설무'가 과거의 학무에 비해 그 내용과 형식이 풍부할 뿐만 아니라 예술적으로도 한층 우수하므로 차제에 중요무형문화재 제40호 학무를 '학연화대합설무'로 개명하여 보존하고 전승함이 타당하다는 결론을 얻게 된 것이다. 1971년 학무의 기능 보유자로 한성준에게 전승받은 한영숙이 선정되었으나 1993년 12월 '학연화대합설무'로 그 내용과 명칭이 변경되어 전수 보유자에 이흥구[49]가 지정되었다. '학연화대합설무'의 전승은 조선 말 이왕직 아악부에서 함화진, 이수경 등이 전승해 오다가 그 후 이왕직 아악부 제2기생인 이병호, 김천흥, 제3기생인 김강본, 김보남으로 계승되었다. 그리고 해방 후에는 구 「이왕직아악부」로 이어져 오다가 1951년 국립국악원이 성립되었고 1955년부터는 김보남, 김천흥으로부터 국악사 양성소인 이흥구로 계승되어 현재는 이흥구가 승계하고 있다.

'학춤'에서 '학연화대합설무'로 지정이 변경되면서 내용적인 면에서도 지당판없이 백학 한 쌍이 서로 대무하는 형식으로 민속적 춤사위를 묘사하며 추는 춤이었던 것이 '학연화대합설무'에서는 무대 뒤편에 지당판을 설치해놓고

---

48 정청자, 무형문화재 제40호 학무의 문화사적 가치, 「무용한국」, 1980.

49 이흥구(1940~)는 1956년부터 김보남에게 한국무용을 사사하여 1961년 국립국악원 부설 국악사 양성소 제1회 졸업생이다. 1963년부터 김천흥무용학원 조교를 지냈으며, 1975년부터 고(故)한영숙의 학춤전수생으로 들어가 1980년도에 이수하였고 1993년 '학연화대합설무' 보유자가 되었다. 궁중무용의 무보를 많이 남겨 그 전승에 심혈을 기울였으며 궁중학무의 계승발전에 앞장서고 있다.

앞쪽 좌우에서 큰 연꽃을 만들어 동녀를 숨겨놓은 다음 한 쌍의 학이 춤을 추는 것으로 바뀌었고, 연꽃을 쪼면 연꽃이 벌어지면서 그 속에 숨어 있던 동녀가 나오고 두 학은 이를 보고 놀라 퇴장하는 장면이 추가되었으며, 두 명의 동녀가 연꽃에서 나와 지당판을 내려올 때 협무 2인과 죽간자 2인이 나와 동서로 분립하여 서면 음악이 멈추고 죽간자가 구호를 창하는 등 '학춤' 다음에 '연화대무'가 추어지게 되었다.

'학연화대합설무'의 전수 교육을 보조할 전수 교육 조교는 1996년 손경순이 전수 교육 조교로 선정되었고, 그 후 홍웅기가 전수 교육 조교에 추가 선정되었다.

〈표 2-7〉 궁중학무의 전승계보

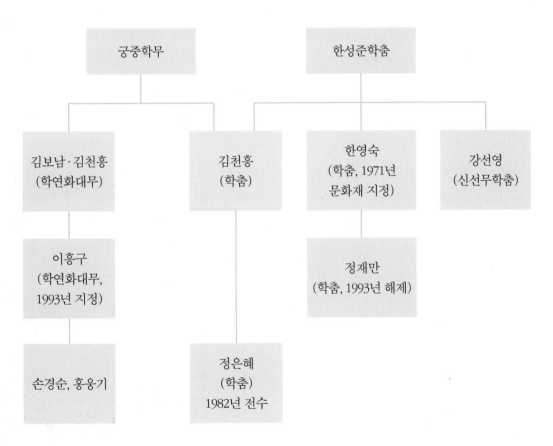

② 한성준의 학춤

1) 한성준 춤의 생성과정과 춤 인식

한성준(韓成俊), 그는 장단의 명고수로 한국의 전통춤을 문화예술의 보물로 만들어낸 천재였다. 시대를 앞서가며 태평무, 승무, 살풀이, 학춤 등을 무대화하였고 전통춤의 영역을 창의적으로 확장시키고 체계화하여 한국의 민족적 문화를 빛나게 한 한국 춤의 대부였다. 한국의 근대 춤은 1910년 경술국치 후 일본의 민족문화말살정책으로 우리 민족정신이 훼손되는 상황이었으며 전통춤의 전승도 그 맥이 단절될 위기에 놓여있었다. 일본의 우리문화말살정책은 전통춤이 근대춤으로 이어지는 과정에서 고유한 미적 가치를 폄하시켜 발전의 가능성을 제한시켰다. 게다가 궁중여악의 해체로 궁중춤이 일반에게 공개되는 계기가 되었으며 동시에 서양의 문물을 접한 새로운 수요층의 영향으로 궁중춤은 변화되고 속화되기 시작하였다. 또한 20세기 초의 대표적인 무용가 최승희와 조택원의 신무용 공연은 서양의 무대양식을 유입하면서 국민들의 감성을 자극하여 한국 근대 춤의 전형으로 폭발적인 인기를 누렸다. 신무용이 유행하면서 전통춤은 더욱 낡은 것으로 인식되는 어려운 시기에 한성준은 태평무, 승무, 살풀이, 학춤 등을 무대화하여 전통춤을 새로운 지평에 올려놓는 남다른 노력을 하였다. 장단의 고수였던 한성준은 궁중과 권번, 그리고 민간에서 행해지던 모든 춤을 창의적으로 재구성하고 무대화하여 민족적 전통문화를 살려내었다. 이러한 의식 있는 활동은 근대시대에 소멸의 위기에 처한 한국 전통춤의 맥을 이어갈 수 있게 하였다. 그런 점에서 우리는 한성준을 '한국 전통춤의 아버지'라고 부른다. 이렇듯 우리 춤을 새로운 예술의 경지로 올려놓은 예인(藝人) 한성준은 근대 공연예술사에서 새로운 지평을 연 독보적인 존재이다. 한성준

한성준

은 일생을 통해 춤의 생성과 발전에 헌신하였다. 그럼 한성준 일생의 발자취를 따라가 보기로 한다.

한성준은 대한제국 조선왕조 말기의 판소리 고수이자 무용가이다. 1874년 6월 12일 충남 홍성군 홍주골(고도면, 남하도리-갈미도리)에서 6남매 중 맏아들로 태어나 1942년 69세를 일기로 생을 마감했다. 죽음에 이르러 수의를 '태평무' 의상으로 할 만큼 춤 사랑이 깊었으며 일제강점기에 사라져 가는 한국 전통춤을 집대성하여 계승 발전시킨 공적이 높이 평가되고 있다. 그는 조부모와 부모가 세 칸 방에 같이 거처하며 농사로 겨우 연명하는 형편으로 공부를 하지 못하였다. 그 당시 장안에서 민속무용과 줄타기로 유명했던 외조부 백운채(白雲彩)[50]에게 6, 7세부터 춤추기와 북치기를 배운 그는 곧잘 춤을 추어 보였다. 그의 춤에 대한 재능은 탁월하여 일찍부터 인정받았는데 당시 어느 신문기사를 보면 "…(前略) 어느 오막살이에서 고수의 소리를 배운 후 일곱 살 때 '승무'를 공부하였고 시작한 지 일 년 만인 여덟 살에 남의 집 회갑 등 경사로운 일에 돌아다니며, 간드러지게 '승무'를 추어 당번객으로 하여금 천재라는 칭찬을 들었다…" 춤이 별로 없었던 때에 7, 8세 되는 어린 남아가 북치고 춤추는 것을 신기하게 여긴 양반들은 그를 자주 불러들이게 되었고 이로 인해 그는 양반가에 자주 출입하게 되었다. 비록 그가 '어릿광대'라는 미천한 신분이었지만 양반댁의 자손들과 거의 함께 지내다시피 하여 양반 예법의 모든 범절을 익힐 수 있었다고 한다.[51]

그 후 한성준은 덕숭산(德崇山) 수덕사(修德寺)[52]에서 20세가 넘도록 춤과 장단을 공부하면서 예술에 눈뜨며 장단이 춤과 밀접한 관계가 있으며 모든 춤은 장단 속에서 나온다는 것을 깨닫게 된다. 장단에 파묻혀 청년시절을 보낸 한성준은 굿중패 남사당의 놀이패 당굿 등에 끼어 전국을 다녔으나 생활이 어려워

---

50 외조부의 한자 이름은 약간의 차이가 있어 문제가 제기되고 있다. (김경주, 〈사료로 다시보는 한성준〉(1996. 4.), 한국미래춤학회 자료 참조.)

51 조원경, 「무용예술」, 해문사, 1967, p.194.

52 백제로부터 전해 내려오는 유서깊은 고찰(古刹)로 고려 충렬왕 34년 창건된 대웅전이 국보 제49호로 지정되었다.

지자 고수와 춤까지 섭렵하며 생계의 수단을 이어갔다. 한성준은 서구적인 극장 무대가 없던 구한말에 태어나 당굿에서 춤추며 성장하였고 후에는 원각사, 부민관, 히비야 공회당 등 서구식 무대를 만나는 생의 여정 속에서 모든 춤을 극장무대에 맞게 만들어 낸 인물이었다.

　　한성준은 1908년 서울의 원각사 무대에 출연하기 시작하여 서울에 정착하였는데 한성준의 이름이 처음 거명된 것은 1930년 창립된 조선음률협회에서이다. 조선음률협회는 1927년 설립된 판소리 명창 중심의 조선음악협회에서 탈퇴한 판소리 명창들에 의해 설립된 것으로 1930년 11월 17일에 보도된 내용에 실린 창립의 목적은 조선악의 향상과 진흥을 위한 목적 아래 가풍(家風)을 개선하고 정화(淨化)하는 것이었다. 1930년 제1회 공연에 한성준이 출연하였고 1931년 3월 30~31일 단성사에서 개최된 제2회 공연과 1932년 6월 22일 경성 공회당에서 열린 제3회 공연에는 북반주를 한성준이 맡았다는 기록이 남아있다.[53] 그 후 조선음률협회가 해체되며 1934년 4월 24일 조선성악연구회가 창립되었고 판소리, 잡가, 창극, 산조, 병창, 무용 등 한국 전통공연예술 전반을 아우르며 1940년대까지 존속한 단체 조선성악연구회는 한성준을 비롯해 이동백, 강태홍, 김용승, 김종기, 김창룡, 김채련, 박녹주, 심상건, 정정렬, 김동강, 오태석, 송만갑 등 14명의 발기로 출범하였다. 조선성악연구회는 김창룡, 이동백, 한성준이 차례로 이사장을 역임하고 산하에 성악연구부, 기악연주부, 교습부, 흥행부, 외교부 등의 하부조직을 두고 있었다. 조선성악연구회의 창립 초기 공연활동은 크게 두 갈래로 구분한다. 첫째는 전통의 판소리와 새로운 소재를 창극화하고 무대화시키는 작업이었고, 둘째는 전국 대도시에서 판소리 명창대회를 개최하는 것이었다. 1934년 가극(歌劇) 〈춘향전〉과 〈흥보전〉을 시작으로 1936년 〈창극 배비장전〉, 부민관과 광무극장에서 공연된 연쇄창극 〈유충렬전〉, 동양극장에서 공연된 〈춘향전〉, 〈흥보전〉, 〈심청전〉 등은 선풍적인 인기를 끌었다. 그중 1935년 처음으로 정정렬이 작창과 연출을 맡아 동양극장에서 공연된 창극 〈춘향전〉은 백포장을 친 가설무대에서 분창(分唱)이라는 형식만 겨우

53　송방송, 『한겨레음악대사전』, 보고사, 2012, pp.1685~1686.

갖추어 공연하던 과거의 창극에서 탈피해 서양 연극식으로 사실적인 무대를 꾸미고 각종 장치를 활용하는 한편, 본격적인 음악극 형식을 도입한 것이 성공의 요인이었다. 1936년 2월 8일, 1940년 2월 20일자 「조선일보」에 보도된 기사에는 동양극장에서 공연된 배비장전 출연진에 관현악 반주자로 한성준의 이름이 있다. 조선성악연구회의 결성 및 활동이 지니는 가장 큰 의의는 대중적인 창극 문화를 주도함으로써 쇠잔해 가던 판소리 연행문화를 다시 대중문화의 주류로 편입시키고, 창극사적으로 새로운 전환점을 마련했다는 데에서 찾을 수 있다. 한성준은 이러한 활동 속에서 원형적 전통을 무대화하는 방법을 모색하고 무대에 대한 감각과 현장감을 익혔을 것이다. 또한 그는 음악이 극화되는 속에서 춤이 무대를 통해 재탄생될 수 있는 영감을 무수히 받았으며 그것을 통해 근대의 우리 춤을 집대성하고 무대 양식화한 것으로 보인다. 한성준은 전통적 ㄷ자 놀이마당과 대청에서 행해지며 사방각도에서 보던 전통예술을 사각의 무대로 옮겨 정면에서 감상할 수 있도록 춤을 시각화한 인물이었다.

한성준은 1934년 무용을 전문으로 가르치는 조선교육무용연구소를 개소하여 1935년 부민관에서 첫 발표회를 열었다. 첫 작품발표회에서 승무·태평무·학무·한량무·신선무·살풀이춤·검무·훈련무·오방신장무·사공무 등의 작품이 공연되었다.[54] 부민관에서의 첫 공연은 전통춤만으로 전체구성을 하여 한성준 자신의 이름을 내건 '전통무용가 최초의 공연'이었으며 전통춤을 재구성하고 양식화하여 독자적인 무대양식으로 격상시킨 의미 있는 공연으로 평가되고 있다.

1937년 조선음악무용연구회는 한성준이 경기도와 충청도 출신 무용가와 음악가들을 규합하여 만든 무용 전문단체로서 조선무용을 발전시키고 서울에서 활동하고 있는 경기, 충청 지역 출신의 음악가들의 연합체를 만들기 위해서 결성되었다. 김석구, 김덕진, 김선, 장홍심 등이 참여하였으며 1938년에는 조선음악무용연구회의 남녀 회원이 30명에 달했다. 이는 오늘날 경기·충청류로 대변되는 전통춤의 맥을 이어가게 하는데 중요한 역할을 하였다. 이곳에서 한영

---

54 민족문화대백과사전(http://encykorea.aks.ac.kr/) 참조.

숙, 강선영, 김천흥, 이동안, 김소희, 이강선, 장홍심 등 일일이 헤아릴 수 없이 많은 무용가를 배출하였다.[55]

그가 조선음악무용연구회에서 민속무용을 처음 전수할 때는 기생들에게 전수하였고 후에는 배한라, 최승희, 조택원, 강선영과 그의 손녀 한영숙에 이르기까지 전수교육은 지속되었다.

한성준은 전통무용이 방향을 잡지 못하고 사라져가는 시대에 태어났지만 팔도강산을 두루 돌아다니며 각 지역에 산재해 있는 음악과 춤의 특성을 폭넓게 이해하여 민속무용의 원리와 체계를 정립하였다. 그는 그의 몸속에 체화된 장단 속에서 자연스럽게 우러나오는 순수한 우리 춤의 욕구로 춤을 창작하였고 이를 통해 전통 예술의 미를 바로 세우고 전통무용의 맥을 유지시켜 발전을 이룩하게 하였다.

한성준이 전통춤을 집대성하여 창의적인 계승과 발전에 전념했음을 알 수 있는 공연의 일지는 아래와 같다.

〈표 2-8〉 한성준 공연일지

년도	날짜	공연목록	공연장
1930년		조선음률협회 창립 제1회 공연 – 한성준 출연	조선음률협회
1931년	3월 30~31일	조선음률협회 제2회 공연 – 한성준 출연	단성사
1932년	6월 22일	조선음률협회 제3회 공연 – 한성준 북 반주	경성공회당
1934년	4월 24일	가극(歌劇) 〈춘향전〉과 〈흥보전〉 출연, 조선성악연구회를 창립, 김창룡, 이동백, 한성준이 차례로 이사장을 역임, 산하에 성악연구부, 기악연주부, 교습부, 흥행부, 외교부 등의 하부조직	조선성악연구회
1935년	여름	승무, 태평무, 학무, 한량무, 신선무, 살풀이춤, 검무, 훈련무, 오방신장무, 사공무 등	부민관
		〈춘향전〉 – 정정렬이 창작과 연출	조선성악연구회

55 민족문화대백과사전(http://encykorea.aks.ac.kr/) 참조.

1936년	2월 8일	조선성악연구회 〈배비장전〉 출연진에 관련 반주자로 한성준 출연(1940년 2월 20일자 조선일보 보도기사)	동양극장
		창극 〈배비장전〉, 부민관과 광무극장 연쇄창극 〈유충렬전〉, 동양극장 조선성악연구회의 〈춘향전〉, 〈흥보전〉, 〈심청전〉 등은 선풍적인 인기를 끌었다.	광무극장, 동양극장
1938년	5월 2일	승무, 단가무, 검무, 한량무, 신선음악, 상좌무, 살풀이춤, 사자무, 태평무, 학무, 급제무, 사호락무 등	향토연예대회
1938년	6월 23일	바라무(승무), 한량무, 검무, 단가무, 신선악, 상좌무, 살풀이춤, 학무, 태평무, 급제무, 농악, 소경춤, 군노사령무 등	고전무용대회
1939년	2~3월	검무, 한량무, 시선음악, 살풀이춤, 급제무, 태평무, 신장무, 동자무, 노승무, 농악무, 나도무, 학무, 단가무, 애국행진곡, 군노사령무 등	남선순업공연
1940년	2월 27일	애국행진곡, 동자무, 검무, 단가무, 한량무, 고무(鼓舞), 살풀이춤, 태평무, 사정무, 아리랑무, 도라지 타령무, 바라무, 학무, 신선무, 급제무, 농악무 등	도동기념공연
1940년	4월	왕의춤, 영의정춤, 좌의정춤, 급제춤 등 40여 종	일본 도쿄(東京) 히비야(日比谷) 공회당
1941년	11월		만주·북지 등의 순회공연
1941년	5월	예술상수상	모던일본사

위의 공연 내용을 보았을 때 '학춤'은 1935년 이전 창작되었으며 매 공연마다 빠지지 않고 공연된 것을 알 수 있다. 한성준의 춤의 특징은 사방무대가 아니라 극장무대에 맞게 무대화한 점이 특성으로 1938년 동아일보에서는 한성준이 새롭게 창작한 춤 중에서 37가지 춤의 종목을 소개하였다.

조선 고대춤으로는 제래 조선의 궁중에서 췄던 춤과 민간에서 췄던 춤만으로도 사십여 종인 바 새로 한성준이 창작한 춤이 지금까지 백여 종이라고 한다. 이제 제래에 전해온 춤의 종류만을 들어 보면 왕의춤, 영의정춤, 좌의정춤, 급재춤, 도승지춤, 진사춤, 금의 화동춤, 노장승춤, 승전무, 상자무베따락이춤, 남무사고춤, 학춤, 토끼춤, 배사공춤, 서울무당춤, 영남무당춤, 전라도무당춤, 충청도무당춤, 샌님춤, 하인춤, 영남덕백이춤, 캐지랑칭칭춤, 서울딱딱이춤, 취바리춤, 노색시춤, 대전별감춤, 금부나장이춤, 흥패사령춤, 화장아춤, 도련님춤,

한량춤, 도사령춤, 군보사령춤, 팔대장삼춤, 바라춤…[56]이 기록되어 있으며 여기에 없는 종목을 공연일지를 참조하여 정리하면 승무, 태평무, 신선무, 살풀이춤, 검무, 훈련무, 오방신장무, 사공무, 단가무, 신선음악, 상좌무, 사자무, 사호락무, 농악, 소경춤, 신장무, 동자무, 승무, 나도무, 애국행진곡, 군노사령무, 동자무, 고무(鼓舞), 사정무, 아리랑무, 도라지 타령무 등 27가지의 춤이 있다. 한성준이 창작한 춤은 이렇게 기록에 남아 있는 것을 정리한 64가지를 포함하여 궁중무용과 민속무용 기방무용 등을 근간으로 새롭게 창안한 작품이 100여 가지에 이른다고 한다. 이 모든 춤이 순간예술이고 현장에서만 존재했던 까닭에 후대에 계승되지 못한 점이 안타깝고 현재까지 남아 있는 몇 가지의 춤만이라도 그 가치와 의미를 따져 잘 보존되고 전수되도록 해야 할 것이다.

근대의 춤은 신무용이 가장 선호되었던 시절이다. 신무용은 새로운 예술이었고 우리 전통춤은 옛것, 낡은 것으로 인식되던 그 시대적 상황에서 한성준의 춤은 조선의 춤이었으며 그의 춤 예술은 우리 민족의 전통의 핵심이 되었다. 그의 작품들은 민족의 정체성을 잃지 않은 전통에 근거한 한국 춤의 미학으로 무대에 올라 주옥처럼 빛났다. 그는 1940년 4월 일본 도쿄(東京) 히비야(日比谷) 공회당에서 성공적인 공연을 마친 후, 1941년 1월 만주·북지 등의 순회공연을 하였다. 그리고 1941년 5월 일본 '모던 니혼사'가 제정한 '조선예술상' 중 무용 부분을 수상하였는데 그 시절 지식인들에 의해 그 가치를 인정받았기에 이 상은 상당한 의미를 지닌다. 그는 1942년 타계하였다.

2) 한성준 춤의 종류와 특징

한성준은 1934년 조선음악무용연구소를 설립하여 전통춤의 창작 및 재구성과 극장 무대화에 힘썼다. 그의 대표적인 작품으로 꼽히는 〈춤의 사군자〉[57]는 태평무, 승무, 살풀이, 학춤이며 그중 '학춤'은 뒤에 자세히 다루어지므로 여

---

56 「동아일보」, 1938년 1월 19일.

57 구히서, 『한국의 명무』, 한국일보사, 1985, p.151.

기에서는 '학춤'을 제외하고 세 가지 춤만을 살펴보기로 한다. 이 춤들은 한성준이 기존에 내려오는 민속무용을 재구성하였거나 전통무용을 재창조하여 무대화하면서 창의적으로 창출해 낸 춤들이다.

(1) 태평무

한성준은 1934년경 조선무용연구소를 창설하여 제자를 양성하였다. '태평무'는 음악에 재주가 있고 박자에 능한 한성준이 20세기 초 경기도 무악장단과 춤사위를 바탕으로 안무하고 무대화한 춤이며 '왕꺼리'라고 하기도 했다. 초연으로 1935년 제1회 한성준 무용발표회에서 처음 추었으며 작품내용으로는 음악에 맞추어 태평성대를 기원하고 평화를 노래하는 춤이라고 하였다.

한성준의 '태평무'는 1940년경 강선영과 한영숙이 추었는데, 처음에 왕과 왕비 역의 2인무로 추어졌으나 후에 왕 또는 왕비가 추는 1인무로 변모되었다. '태평무'는 경쾌한 춤사위와 정중동(靜中動)의 미가 현란하게 나타나 있다. 춤의 형식에 따라 도입춤, 한삼춤, 발짓춤, 도살풀이춤, 끝맺음 춤으로 구분하기도 한다.[58]

한성준은 '태평무'에 대해 "왕의 춤은 왕을 위해서 추는 춤이라고 하지만, 사실은 조선의 임금이 추었다고 해서 생긴 춤입니다 …(중략)… 나는 이것을 '태평무'라 하여 제자들에게 가르치고 있습니다."[59]라고 이야기하고 있다.

'태평무'는 경기 무속장단인 진쇠장단을 바탕으로 궁중무용에 맞게 창작되었는데 진쇠장단은 대동굿의 군웅굿에서 춤장단으로 꽹과리, 징, 장고로 연주되며, 매우 빠른 3박과 2박이 복잡하게 변화를 일으키기도 한다. '태평무'의 반주음악은 징, 장고, 바라, 대금, 해금, 피리로 연주한다. 장단은 낙궁, 터벌림, 올림채, 도살풀이 등으로 구성되어 있으며 3박, 4박, 6박, 10박, 12박 등이 뒤섞인 구조로 되어 있다.[60]

---

58 임학선, 「명무 한성준의 춤 구조 연구」, 한양대학교 박사학위논문, 1983, p.36.

59 조선춤 이야기, 「조선일보」, 1939년 11월 8일.

60 국립문화재연구소, 『태평무』, 국립문화재연구소, 1997, p.35.

'태평무'의 진쇠장단으로 춤을 만든 것은 드문 일로 음악, 무용에 대한 완벽한 통찰이 없이는 불가능한 일이었다. 하지만, 한성준은 완벽한 장단의 통찰을 바탕으로 어려운 진쇠장단을 기본 장단으로 하여 '태평무'를 완성한다. '태평무'의 가장 큰 특색은 발놀림과 빠른 장단을 따라 민첩하게 움직이는 것이 특색이라고 할 수 있으며 발놀림은 깨끗하고 단아하며 가볍고 절도가 있다.

한성준류 '태평무'는 그의 예술적 기량이 유감없이 발휘되는 춤으로 무속 장단을 바탕으로 하였고 궁중춤의 요소가 결합된 귀족적인 멋과 품위 있는 자태를 지닌 춤으로 한국의 대표적인 전통춤이다.

(2) 살풀이

우리 민족의 감성을 예술적으로 표현한 춤의 백미는 '살풀이'이다. '살풀이'는 한성준의 빠지지 않는 레퍼토리로 '승무', '태평무'와 함께 한성준의 대표적인 춤으로 알려져 있다. '살풀이'의 뜻은 타고난 흉살을 예방하는 굿 혹은 음악 장단(長短)의 한 가지이다. '살풀이'라는 명칭은 1935년 부민관에서 공연된 '제1회 한성준 무용발표회'에서 처음 사용되었다. 그러나 '살풀이'는 '태평무'처럼 완전히 한성준에 의해 새롭게 정립된 춤이라기보다는 즉흥성을 띤 춤이었던 즉흥무 형태의 춤을 한성준이 그만의 방식에 의해 정리된 것이라고 볼 수 있다.

한영숙은 '살풀이'에 대한 기억을 회상하며 "할아버지께서는 '승무'를 다 가르친 다음 손수 장고를 치시면서 우리에게 즉흥적으로 춤을 추게 하셨어. 흥이나 신나게 한바탕 추고 나면 아쉬운 생각이 들자 우리가 춤추는 것을 지켜보시면서 거기서 나온 좋은 춤사위를 집성하여 살풀이춤을 만드신 거야."[61]라고 말하였다.

강선영과의 인터뷰에서도 "한성준 선생님께서는 '살풀이'를 따로 가르치지 않으셨어요. 그리고 우리가 배울 땐 '살풀이'라는 말을 쓰지 않고 '즉흥무'라고 해서 배웠고 해방 후쯤 '살풀이'라는 얘기가 있었는데 여기서 '살풀이'라는 말은 내가 알기로 무속에서 처음 나온 얘기고 살풀이라는 것은 잡귀를 물리칠 때

---

61 정혜란, 「한성준에 관한 연구」, 이화여자대학교 석사학위논문, 1986, p.59.

창호지 들고 문 앞에서 추는 춤으로 알고 있어요…. 그러나 아까도 말한 것처럼 우리 선생님께서 제자들을 가르칠 땐 자기의 몸에서 나오는 자기 흥으로 춤을 만들어서 추는 것으로 '즉흥무'라고 했지 '살풀이'라고 해서 따로 가르치진 않았어요. …(중략)… '살풀이춤'은 '승무'가 원줄기예요. '승무'에서는 별 가락이 다 있잖아요. 그렇게 '승무'가 수십 가락이니까 거기서 좋은 가락을 빼서 추는 거지. 저는 그렇게 배웠어요…. 내가 돌아가실 때까지 한 선생님 곁에 있었는데 '살풀이'라는 얘기는 잘 안 하셨어요. 다만, 악사들이 와서 연습이든 공연이든 할 적에 '살풀이' 장단이라고 하셨지."[62]

'살풀이'는 이처럼 한성준에 의해 새롭게 정리된 춤이라기보다는 조선시대 전 지역에서 추어지던 '즉흥무' 형식의 춤을 한성준이 나름의 방식으로 정리하여 구체화시킨 것이라고 할 수 있다.

'살풀이춤'은 당시 널리 추어지던 입춤, 즉흥무 등을 정리, 체계화하면서 '살풀이춤'이라는 명칭을 붙여 손녀 한영숙이 즉흥무 형식으로 수건을 들고 추게 하였다. '살풀이'는 살을 맺는다는 수동적 의미와 그 맺은 살을 적극적으로 풀고 나간다는 능동적 의미의 양면성을 갖고 있으며 그 속성 또한 '한'과 '흥'의 두 가지 측면을 동시에 나타낸다. '살풀이춤'은 우리 춤의 특징인 즉흥성을 가장 많이 살려낼 수 있는 춤이며 우리 춤 가운데서도 '승무'와 더불어 춤의 기본이 되는 춤이라고 하였다.[63]

현재의 '살풀이춤'은 이름 또는 춤사위에서 나타나는 무속의 의미와는 달리 예술성이 높은 춤으로 살풀이장단에서는 한을 풀어내는 듯 춤의 멋과 태가 강조되며 자진모리로 들어가면 흥을 어르고 맺으며 한을 승화시켜 영원으로 가는 듯한 고조감을 보인 후 다시 푸는 동작으로 잦아들며 맺는다. 이 춤은 서민들의 한을 한으로 끝내지 않고 환희로 승화시키는 점이 돋보이며 흥과 한이 교묘하게 조화를 이루는 겹춤으로 전통춤 중 가장 많이 알려지고 사랑받는 춤

---

62 '태평무' 전수관에서 '강선영 선생님과의 인터뷰' 내용 中(2005. 11. 19.).

63 이애주, 「한성준 춤의 가치와 정신」, 『한성준 춤의 문화유산적 가치와 현대적 계승 방안 세미나 발표집』, 2012, p.73.

이 되었다.

'살풀이' 수건은 평소에 기생들이 소매 끝에 지니던 짧은 수건을 꺼내 춤을 출 때 사용하였던 것을 한성준이 무대화하면서 긴 명주 수건으로 바꾸어 사용하였다. 한성준은 평생 축적한 그의 예술적 감각을 살풀이춤이라는 무대예술로 승화시켜 전통춤의 꽃으로 피어나게 하였다.

(3) 승무

'승무'는 처음에는 산만하게 일정한 체계를 갖추지 못한 채 전승되어오다가, 한성준에 의해 정리된 작품이다. '승무'가 언제부터 추어졌는지, 어떻게 만들어졌는지에 대한 기록은 정확하게 남아 있지 않지만 한성준은 이미 7, 8세 때에 '승무'를 추어 천재라는 말을 들었다.[64]

조선음악무용연구소 개설 이후에 한성준의 '승무'는 본격적으로 체계화, 무대화되었다고 할 수 있다. 한성준은 그 시절 '승무'를 각별하게 지도했다고 전한다. 그는 '승무'에 담겨있는 춤의 원리를 제자들에게 완벽하게 지도해야 다른 춤들도 자연스럽게 할 수 있다고 생각하여 '승무'를 집중적으로 연마하고 지도하였다. '승무'는 정확한 발생과 변천을 알 수 없지만 아주 오래전부터 대중들이 몸소 실연해 온 민속춤 중의 하나로 아주 뛰어난 작품이다. 이러한 '승무'는 조선 후기에 들어서자 유랑패들에 의해 발전되어 오면서 여러 가지 기원설을 갖게 되었다. 한성준의 손녀이자 제자인 한영숙은 '승무'의 기원설에 대해 "1912년 불교종단에서 본말시법(本末侍法)을 금지하기까지 절간에서는 법고무(法鼓舞)라는 의식이 있었다는 것이에요. 할아버지께서는 그 의식을 따라 '승무'를 지으신 거죠."[65]라고 언급했다.

그러나 '승무'가 오로지 불교의식에서 비롯되었다는 것은 아니며, 놀이판을 토대로 전해지는 '승무'와 불교의식이 합하여 새로 정립되어지고 창작된 민속무용이다. 한성준의 '승무'가 중요무형문화재로 남아 있을 수 있었던 것은 이

---

64 묵은 조선의 새 향기, 「조선일보」(1938. 1. 6.).
65 구희서·정범태, 『한국의 명무』, 한국일보사, p.24.

춤이 그때까지 불교의식이나 무속 장단에 남아 있던 무용과 음악의 기본을 한데 모아 하나의 체계를 이루어 완성하였기 때문이다.

한성준의 '승무'는 아주 느린 장단에서 빠른 장단까지 다양한 장단으로 구성되어 있다. 춤 장단 중에서 가장 느린 박자의 염불로 시작하여 잦은염불·타령·잦은타령·굿거리·잦은굿거리·법고·당악·굿거리로 마무리하는 순환적 구조로 짜여 있다. 춤 또한 다양한 장단변화에 맞추어 고요한 움직임에서 역동적 움직임까지 매우 변화무쌍하게 구성되어 있다.

복식은 치마저고리 또는 바지저고리 위에 소매가 긴 장삼을 입고 붉은 가사를 메고 고깔을 쓰고 춘다. 긴 장삼 안에 북가락을 넣어 들고 북가락과 몸이 하나가 되어 추는 어려운 춤이다.

한성준은 '승무'에 특별한 애착을 가지고 있었으며 '승무'의 예술적 가치를 인식하였는데 '승무'에 관한 한성준의 언급을 살펴보면 다음과 같다.

"이 '승무'는 혹 어떤 기록에 이런 말이 있다는데 자세히는 모르겠습니다. 개성에 이정승, 황정승 양댁에 있는데 이정승 댁 아들이 죽었을 때 상여가 황정승 댁 앞에서 발이 떨어지지 않아서 황정승 댁 처녀가 머리 꼭지를 푸러 던지니까 떠러져 가기 때문에 그때부터 그 따님이 생각한 것이 있어서 기생이 되어 황진이라고 일홈짓고 가무와 시문을 잘하였는데 그때에 유도처사가 적되는 불교도승 「만석중」의 도를 깨틀면 천추에 일홈을 남기리라 하야 권하는 말을 듣고 따러 다니며 도를 깨틀여고 하야 안되었든 것이 '승무'를 추어서 되었다고 하는 말이 있으나 이것은 속설이고 과연 그런 기록이 있는 지는 의문이지요. 그렇게 무슨 음탕한 것은 아닌줄 압니다. 그런데 재작년 내가 부민관서 한번 공연한 댐부터는 승려들이 항의를 하야 이제부터는 당국서도 '승무'는 공연을 허가해 주지 않는데 예술로서 귀한 이 춤을 이해하지 못하는 승려들의 심리를 알 수 없습니다."[66]

또한 한성준이 1936년 7월 11일 부민관에서 정통 조선무용을 3일간 공연한다는 「매일신보」 기사 이후에 불교계가 '승무'에 대하여 이의를 제기하여 금지

66 한성준, 고수 오십년, 『조광』 4월호 통권 제3권 제4호., 1937, p.154.

를 진정하였다는 기사가 있었는데[67] 승려들이 '승무'에 대하여 항의하자 한성준은 「고수 오십년」에서 "이 장단은 본시 춤가락에서 나오는 것임으로 모든 것의 시초가 춤이지요. 이 춤이라는 것은 대개 고대에 중국서 드러온 것 혹은 불교에서 혹 신라시대같은 예술이 발달할 때 된 것들이 많은데 그 기원은 자세치 않습니다."[68]라고 이야기한 바 있다.

'승무'는 예술성이 인정되어 1969년에 중요무형문화재 제27호로 혼자 추는 춤으로는 가장 먼저 지정이 되었다. 손녀 한영숙(1928~1989)이 보유자가 되었고, 제자 이애주[69]에 의해 계승되고 있다.

3) 학춤의 발생

궁중학무의 춤사위를 바탕으로 1900년대 창작한 한성준의 '학춤'은 학의 생태를 관찰하고 이를 창조적으로 구체화한 작품이다. 기본적인 동작은 거의 비슷하면서도 '학춤'은 날갯짓이 화려하고 학의 노니는 모습에 표현적인 요소가 강하며 다양하다.

한성준의 '학춤'은 고구려 유래설과 봉산탈춤 영감설 그리고 궁중정재유래설 세 가지로 정리할 수 있다.

첫째의 고구려 유래설은 다음과 같이 기록에서 확인할 수 있다.

1935년 「조선일보」에 게재되어 있는 '학춤'의 창작배경으로 한성준은 당시 인터뷰에서 "고구려 평원왕 시대에 정승 왕산악이 진나라의 칠현금을 보고 거문고를 만들어서 백여곡을 제작하였는데, 그 곡조가 매우 유랑청아하여 탈 때마다 학이 그 곡조소리를 듣고 날아와서 너울너울 춘 사실이 있으므로 이것을 바탕으로 하여 '학춤'을 만들었다."고 말하였다.

67 김종욱 편저, 『한국근대춤자료사』(1899~1950), 아라, 2014, p.60.

68 한성준, 고수 오십년, 『조광』 4월호 통권 제3권 제4호, 1937, pp.153~154.

69 이애주(1947~) 서울대학교 교수, 1996년 중요무형문화재 제27호 승무 예능보유자로 지정. 초등학교 시절 김보남에게 춤을 시작하였고 서울대학교 재학 중 국립무용단 단원으로 활동하였다. 1974년 첫 개인발표회 〈이애주 춤판〉, 1984년 '춤패 신' 창단, 1987년 6월 항쟁 때는 〈바람맞이〉 공연으로 민주화와 인간화에 대한 의지를 춤으로 내보인 대한민국의 대표적인 무용가이다.

둘째는 봉산탈춤에서 사자무를 보고 이에 영감을 얻어 '학춤'을 창작했다는 설이다. 민속악의 선배 심재덕(古人, 한성준 문화생, 충남승무보유자 심화영의 오빠)에게 이야기를 들은 것이라고 민속예술 연구가 유기룡은 '학춤'의 창작과정에 대해 설명하였는데 봉산탈춤의 사자무를 보고 이에 영감을 얻어 '학춤'을 창작했다는 것이다.[70]

셋째는 한성준이 궁중무용을 접하면서 '학춤'을 만드는데 영향을 받았다고 하는 설이다. 그 근거는 이흥구가 쓴 중요무형문화재『학연화대합설무』에는 궁중 '학춤'과 한성준의 '학춤'을 '홀기'를 통해 아래와 같이 비교하였다. "도판 1, 2, 3, 4는「악학궤범」,「정재무도홀기」(계사년)와 한성준의 '학춤'이 같고, 도판 5, 6은 진행방향만 다를 뿐 내용은「악학궤범」,「정재무도홀기」(계사년)와 같다. 도판 6 이후 현행 '학춤' 무보「도판 9-23」은 홀기와는 전혀 다른 한성준의 '학춤'이며 도판 23 이후부터는 한성준의 '학춤'과 홀기(계사년)가 같다. 이로 보아 한성준은 궁중학무를 중심으로 복원하면서 새롭게 표현력을 증대시킨 '학춤'을 새로 넣어서 완성했음이 분명하다."[71] 이렇듯 한성준은『악학궤범』이나『정재무도홀기』의 서적에서 학의 춤을 연구를 한 것으로 보인다. 한성준의 '학춤'은 이러한 연고로 1971년 문화재로 지정되었다가 1993년 '학연화대합설무'로 변경 지정되면서 궁중무용의 격식에 맞게 의식적이고 형식적인 미를 보존하는 정재의 춤으로 정리가 되었다.

한성준의 학의 연구에 대한 열정은 대단하였다. 그 시대에는 지금과 달리 학이 많이 주변에 서식하고 있었기 때문에 고향인 홍성 땅 친지들에게 부탁하여 학 한 마리를 산 채로 잡아다 줄 것을 부탁하였고 투망으로 손쉽게 생포하여 서울로 보내왔다.

한성준은 종로 경운동에 넓은 자택이 있었으므로 학을 곳간에 가두어 놓고 사육하며 움직임을 연구하려 하였으나 학은 언제나 찬물 구덩이 속에 발을 담그고 서서 움직이지 않았다. 학이 움직여야 움직임을 연구할 수 있는데 가만히

70 유기룡,「여성동아」, 1973. 10, pp.99~100.

71 이흥구,『학연화대합설무』, 국립문화재연구소, 2006, p.45.

있으니 움직이는 방법을 찾다가 학이 발이 찬 것을 좋아하는 근성(根性)을 파악한 한성준은 처음 넓은 장판방에 뜨겁게 군불을 때고 학을 몰아넣었다. 뜨거운 방바닥에 놀란 학은 혼비백산 날며 뛰며 수라무(修羅舞)를 연출하였다. 이때 밖에서 길고 굵은 홍두깨 하나를 방으로 넣어주니 홍두깨를 본 학은 그 위에 올라서려 하였으나 건드리기만 하면 홍두깨는 저절로 구르기 때문에 날갯짓을 하며 홍두깨에 올라서려는 모습 속에서 움직임의 특성을 연구하였다. 다음 작업으로 홍두깨를 손으로 슬슬 굴려 돌리니 학은 움직이는 홍두깨 위에서 떨어지지 않으려고 발과 날개로 균형을 조정하며 뜨거운 방바닥으로는 절대로 떨어지지 않는 여유를 가지게 된다.

그러자 방 안에 장구를 들여놓고 굿거리와 같은 장단을 쳐준다. 장구 소리에 놀란 학은 구석구석으로 도망치다가 워낙 방이 뜨거운 바람에 무의식중에 다시 홍두깨 위로 올라서고 만다. 홍두깨는 천천히 움직이고 장구 소리는 요란하니 실로 사면초가이다. 결국 긴장과 피로에 지쳐버린 학은 오히려 협조적인 태도로 어느새 장단가락을 이해한 듯 장단에 맞추어 너울너울 일찍이 볼 수 없었던 놀라운 움직임을 여기에서 볼 수 있었고 한성준도 학과 하나가 되어 춤을 추었다. 이와 같은 작업을 매일 하루에 두 시간씩 되풀이하기를 3개월이나 했다는 것이다. 이후 한성준은 길일을 택하여 손수 학을 데리고 홍성으로 가서 많은 친지들이 지켜보는 가운데 푸른 하늘에 학을 날려 보냈다. '잘 가라'고 큰 소리로 외치며 몇 번이고 허리를 굽신거리며 눈물까지 흘렸다고 한다.[72]

다음은 한성준의 제자 강선영이 주장하는 '학춤' 창작과 관련된 일화이다.

'학춤'을 창작하기 위해 창경원(창경궁)의 동물원에 출입하며 학의 생태와 동작 및 습성들을 찬찬히 관찰한 다음 춤으로 형상화했다는 것이다. 학춤을 창작하기 위해 그는 학의 모습을 다양한 각도에서 면밀히 관찰한 후 이를 그림으로 무보화하였고, 여기서 얻어진 자료를 토대로 춤동작을 형상화하였다.[73]

한성준이 학을 잡아서 연구했다는 현실성에 대한 의문은 고문헌에 유사한

---

72 유기룡, 「여성동아」, 1973. 10, pp.99~100.
73 성기숙, 『한국 전통춤 연구』, 현대미학사, 1999 참조.

기록이 있어 실어 본다. 우선 학을 잡는 방법이다. 18세기 실학서에는 야생의 학을 잡아서 길들이는 방법과 학이 춤을 추도록 훈련시키는 방법이 상세하게 기록되어 있다. 서유구의 『금화경독기』[74]에서 '양생학'을 잡는 법을 다음과 같이 설명하고 있다.

"매년 가을이나 겨울에는 들판에 나락이 떨어져 있을 때가 되면 학이 밭에 많이 모여든다. …(중략)… 비단 실을 고아서 올가미를 만들고 말뚝에 이를 매고는 학이 이르는 곳에 헤아려 말뚝을 묻는데 십여 걸음을 잇대어 놓는다. …(중략)… 학이 내려앉기를 기다렸다가 한 사람이 털정거지를 쓰고 소매를 넓은 옷을 입고는 취한 사람이 비틀대는 듯한 걸음걸이로 천천히 접근한다. 그러면 학 또한 천천히 걸어서 피하는데, 올가미 안에 발이 들어가는 것을 보면 마침내 급히 덮치며 이를 쫓는다. 학은 놀라 날다가 발이 올가미에 걸리고 만다. 급히 이를 덮치는데, 솜을 넣은 두꺼운 옷소매로 부리를 빨리 뒤집어씌운다. 그렇지 않으면 사람을 쪼기 때문이다. 잡아 와서는 날개깃의 깃촉을 잘라 날아가지 못하게 하고 뜰 가운데 며칠 두었다가 주리고 지치기를 기다려 조금씩 익은 음식을 준다. 이렇게 몇 달을 먹이면 마침내 길들여 기를 수 있다."[75]

이덕무의 이목구심에서는 가택 내에 기를 수 있게 된 학에게 조건반사를 이용한 춤 훈련법을 소개하고 있다. 방 안에 가둔 학에게 훈련을 통하여 선비가 거문고를 연주하면 학이 춤을 추도록 하여 감상의 역할을 하였다는 조선시대 선비들의 독특한 훈련 방법이 존재한다. "깨끗하게 청소한 평평하고 미끄러운 방에다가 …(중략)… 둥글게 잘 구르는 나무 한 개만을 놓아두고 학을 방에 가둔다. 불을 때어 온돌방을 뜨겁게 달구면 …(중략)… 학은 반드시 구르는 둥근 나무 위에 올라섰다가는 넘어지니, 두 날개를 오므렸다 폈다 하기를 쉴 새 없이 하고, 굽어보고 올려보기를 끊임없이 한다. 그때 창밖에서 피리를 불고 거문고를 연주하여 …(중략)… 학이 자빠지고 넘어지는 것과 서로 박자를 맞추

74　조선 후기의 문신·학자인 서유규가 엮은 농정서(農政書)로 농정을 비롯하여 사회 전반에 걸친 문제들을 서술하였다. 산실(散失)되어 현재는 전해지지 않는다.

75　서유구 저, 정민 역, 『금화경독기』, 2003, p.78. 재인용.

듯이 하면 마음은 열 때문에 번잡하고, 귀는 소리 때문에 시끄럽다가도 이따금 기뻐하며 수고로움을 잊는다. 한참 지난 후에야 놓아준다. 그 뒤 여러 날이 지나 또 피리를 불고 거문고를 연주하면 학이 갑자기 기쁜 듯이 날개를 치고 목을 빼어들며 박자에 맞추어 날개를 퍼덕인다."[76]

이렇듯 학은 왕산악의 설화에 연유하여 음악을 들을 수 있는 존재로 여겨졌으며 선비가 거문고를 배우는 것은 사람의 마음을 배우는 것으로 생각하였다. 이러한 이유로 선비는 야생의 학을 거문고 소리에 맞추어 춤을 추도록 훈련하였던 이러한 기록은 한성준의 학의 사육과 학의 움직임에 대한 연구가 충분히 현실성이 있음을 알 수 있다.

4) 한성준 학춤의 특징

1935년 그의 첫 작품발표회에서 첫선을 보인 한성준의 '학춤'은 도식화되어 있는 궁중무의 형식을 벗어나 자유로운 날갯짓과 아름다운 모습의 창작을 통해 조선의 평화스런 모습을 그린 창작 민속무인 것이다. 궁중학무의 춤사위를 한편 차용하면서 스스로 창작성을 과시하며 학의 철저한 현장관찰과 탐구를 통해 만들어진 한성준의 '학춤'은 창조성 넘치는 과정 속에 고유한 춤의 특성이 명확하고 구체적으로 나타나 있다.

한성준은 실제로 학을 관찰하여 '학춤'을 연구하고 만들었다는 점이 돋보인다. 또한 이흥구의 중요무형문화재 『학연화대합설무』 서적에서 궁중학무와 한성준의 '학춤'을 비교하여 증거한 것[77]처럼 한성준은 『악학궤범』이나 『정재홀기』의 '학춤'을 보고 연구하여 민속무적인 특성과 궁중무용의 특성을 조화롭게 잘 살려내어 만든 춤이라 할 수 있다. 즉, 한성준의 '학춤'은 복식과 춤사위의 기본이 궁중무에 바탕을 두었으나 학의 생태와 동작연구를 통한 독특한 창의력에 의해 창작된 작품으로 극장무대에 맞도록 구성하여 완성한 춤이다.

민속 장단을 사용하는 한성준의 '학춤'은 감정과 표현을 절제하지 않고 인

---

76 이덕무 저, 민족문화추진회 역, 『청장관전서』, 1967, p.125. 재인용.
77 각주 70 참조.

간의 감정을 담고 있으며 신비함과 더불어 활달한 움직임이 살아있음을 알 수 있다. 한성준은 1930년대 후반 '학무'에서 숫학으로 출연하였다.

　1976년 김을한은 『춤』지에 다음과 같은 글을 실었다. "한성준 일행의 고전무용공연은 연 3일간 계속되었는데 일본 관중들의 반응을 보면 자기네들것보다 훨씬 우월한 조선무용에 모두들 감탄한 모양이었으며 매일 밤 가 보았는데 여러 가지 레파토리 가운데에서도 '학춤'이 가장 재미있었다. '학춤'은 조선의 대표적인 고전무용으로서 삼신산을 배경으로 두 마리의 학이 우아한 음악 속에 서로 어울려서 신선(神仙)한 老를 중심으로 덩실덩실 추는 장면은 평화스럽고도 아름다운 조선의 고유한 풍물을 그대로 보는 듯 사뭇 흥취가 있었다."[78]고 쓰고 있어 한성준의 춤은 분명히 두 마리의 춤이었다는 것을 증명한다. 1938년에서 1940년까지 한성준의 춤 공연을 다룬 신문기사에 의하면 '학춤'은 한성준, 조효금, 한입분 등 3인무로 추어졌다는 것과 강선영의 증언으로 보아 창작 당시의 학무는 두 마리의 춤이었으나 후일 아비학, 어미학, 새끼학의 세 마리의 춤으로 확대하여 추어진 적이 있었으며 한영숙은 홀학춤으로 춘 적이 많다.

　한성준의 '학춤'의 구성은 궁중정재의 규격화된 형식을 벗어나 숫학의 웅장한 홀무와 암학의 소붓한 홀무가 이어지고 두 마리가 만나면서 쌍무가 추어진다. 훌쩍 뛰어 날아들며 어울리고, 서로 어깨를 끼고 돌며, 나란히 어깨춤을 추며 걷는 중에 대칭과 대조의 미를 보이며 서로 헤어져 상배하며 추다가 서로 마주하며 다가와 상대를 한다. 한 마리가 앞으로 밀면 다른 한 마리는 뒤로 물러나며 주고받는 대무 형식의 움직임의 상관관계가 재미있고, 날개를 뒤로 들어 올려 양 날개를 뻗치며 들어주는 화려한 날갯짓과 외발사위로 우아하고 섬세한 날개의 떨림은 매우 인상적이다. 고개놀음과 꼬리 부분을 흔드는 꾸밈사위와 사선으로 날개를 펴며 돌아가는 동작 등은 개성적이며 한 마리는 높게 날갯짓을 하고 다른 한 마리는 몸을 낮춰 주변을 도는 등 음양의 조화를 이룬 두 마리 학의 구성이 매우 다양하다. 그리고 외발의 학다리짓과 발짓의 움직임은 흥이 있고 공간이동의 폭을 크게 구사하기도 하고 잔걸음으로 움직이는 동작

---

78 김을환, 명고수 한성준, 「춤」, 1976. 3, p.48.

의 동선이 무대화되어 있다.

현행 '궁중학무'는 쌍학무이고 '한성준학춤'의 무원의 수는 한 마리 홀학춤과 두 마리의 쌍학춤으로 추어지며 의상은 거의 비슷한 학의 탈인 것처럼 보이나 날개깃 끝을 백색으로 한 점과 학 다리의 색상과 무늬가 다르다.

춤사위에서도 '궁중학무'는 예악사상이 배어져 있으며 창사가 없이 전체적으로 춤을 형식화시키고 있으나 '한성준학춤'은 초반에 여유롭게 시작하는 날개깃의 펼침과 오므림이 세상사를 초월한 신비감으로 다가오며 후반에서는 학다리짓이나 날개짓이 활달하면서도 여백과 정중동, 긴장과 이완의 모습이 다르다. 반주음악에서 아악인 세령산, 삼현도드리와 타령을 사용하는 '궁중학무'는 인간이 접할 수 없는 도도한 기상인 천상의 새로 학(鶴)을 표현하고 있으며 '한성준학춤'은 처음 전반부는 민속음악의 단소와 대금의 즉흥독주로 시작하였으나 점차 염불도드리로 바뀌어 추어졌으며 후반부는 굿거리장단의 음악을 사용하면서 의인화된 상징성으로 관객에게 감정의 이입을 유도하며 지극히 인간적인 예술성으로 자유로운 형태의 다양한 춤사위를 시도하고 있다. 이러한 음악의 특성은 학(鶴)이 가지는 성격에 부합되어 보통의 인간은 접할 수 없는 보다 높은 다른 세계의 동경과 이상의 상징에 집약된 것이며 민속적인 음악의 특성은 즉흥적이고 자유롭고 창의적인 동작으로 표출되고 있다.

'한성준학춤'은 그의 연구와 노력 속에서 체화된 민속무용적인 몸짓이 학의 동작으로 살아나 학의 날개짓과 모습을 다양하게 표현한 춤으로 발현되어 새의 행동에 어울리는 땅의 동작과 세상을 초월하며 하늘을 나는 날개짓으로 표현하는 청아하고 운치가 넘치는 춤이다. '학춤'은 사자춤과 함께 한국의 대표적인 동물의 춤이며 조류의 탈춤으로는 유일하다. '학춤'에 관한 평가는 조선일보의 "한성준 씨의 제일 능란하고도 고상한 춤입니다."[79]라는 극찬과 "한 선생이 추는 '신선무'나 '학춤' 등은 참으로 훌륭한 것으로 오직 경탄할 뿐이었습니다. 학의 역할은 굉장히 힘들었을 것이며… 아름다운 학의 무리가 생각이

---

79 「조선일보」(1934. 6. 19).

나서 실로 감개무량한 바가 있었습니다."[80]라는 글에서 확인된다.

'한성준학춤'은 현재 남아있는 원형의 형태를 통해 살펴볼 때 궁중서적을 바탕으로 한성준의 관찰을 통해 새롭게 표현력을 증대시킨 새로운 '학춤'을 넣어서 완성하였다는 것이 가장 신빙성 있어 보이며 한성준의 제자인 이강선과 그의 손녀인 한영숙, 김천흥 등에게 전수되어 추어지다가 1971년 1월 중요무형문화재 제40호로 지정되었다. 그러나 안타깝게도 한성준의 '학춤'은 1993년 12월 '학연화대합설무'로 변경지정 전승되고 있어 한성준의 작품인 '학춤'의 전승은 소중한 문화유산의 가치를 지니고 있음에도 불구하고 사실상 전승과 보존이 위기에 처해 있는 실정이다.

5) 한성준 학춤 반주음악

1969년 학무를 중요무형문화재로 지정하기 위하여 채택한 김천흥, 최현, 공동집필의 학무조사보고서에 의하면 처음 도입부에서 중반까지는 긴 염불도드리를 쓰고 중반에 춤이 흥겹게 되면 굿거리를 쓰는 것으로 되어 있다. 그러나 한영숙과 정재만이 추었던 영상자료[81]를 보면 처음 단소와 대금의 즉흥독주로 시작하고 있으며 후반부의 음악은 굿거리로 이어지고 있다. 무형문화재 조사보고에서는 궁중정재에 대한 의미를 부여하기 위해 염불도드리 후 굿거리나 타령으로 두 가지 악곡을 병용하는 것으로 기록된 것으로 보인다.

6) 한성준 학춤의 무보

한성준 학춤의 발디딤은 무박즉흥음악에서는 움직임의 흐름에 따라 딛고 있으며 염불도드리장단 보법은 3박1보법, 1박1보법, 굿거리장단 보법은 4박1보법, 2박2보법, 1박4보법이 있다. 여기에서 굿거리 음악은 4박1보법을 장전(長前)으로, 2박2보법을 중전(仲前), 1박4보법을 세진(細前)으로 표기히였다.

---

80 이찌가와 엔노스케, 『학춤에 대한 평가』, 일본 동경조선 문화사, 1938.

81 국립무형유산원자료, 1972.

(1) 쌍학의 춤

① 숫학의 홀춤

음악은 단소독주의 연주음악으로 무박즉흥음악이다.

준비 자세는 상수 앞 무대에서 옆 가로선 앞을 보고 학체로 서서 제자리에 두 발을 붙여 모으고 있다.

a. 몸을 천천히 끌어올려 고개를 드는 사위로 사선 방향으로 돌아선다.

b. 두 발을 무릎굴신하며 호흡을 내리며 살짝 고개를 숙이는 사위를 한다.

c. 날개를 천천히 뒤쪽에서부터 날개 펴기를 여유 있게 하며 무릎을 편다.

d. 양 날개를 옆으로 편 채 호흡을 더욱 들어 올린 후 천천히 호흡을 내린다.

e. 다시 양 날개의 호흡을 올려 오른쪽으로 몸 방향을 틀어 좌우새를 한다.

f. 다시 호흡을 올리며 날개를 치켜 올려 사선 방향으로 돌아와 날개 접기를 하며 학체로 엎드린다.

g. 날개를 접은 채 오른발부터 학다리짓으로 세 번을 천천히 걷기 한다.

h. 네 번째에 두 발을 모으며 모둠발을 하고 양 날개를 다시 뒤로 펴 올린다.

i. 상청 음악에 양 날개 떨기를 하며 왼발을 끌어올려 학다리짓을 한다.

j. 호흡을 살짝 내렸다가 발을 사선 앞으로 한 발 꼬아 딛기 한 후 다시 호흡을 끌어올려 날개를 뒤로 젖히며 날개 접기를 한다.

k. 양 날개를 펴며 천천히 한 발 한 발 내딛으며 잔걸음으로 날아가다가 뛰어날기를 한다.

l. 무대 중앙을 크게 오른쪽으로 둥글게 돌아 달팽이형으로 무대 중앙으로 가면서 오른쪽을 보고 날개 접기를 한다.

m. 왼쪽부터 좌우로 외 날갯짓을 한다.

n. 앞 가운데를 보고 양 날개로 좌우새 한 후 하나씩 접으며 부드럽게 몸을 흔들어 학몸 털기를 한다.

o. 오른발을 들어 오른쪽으로 내딛으며 학체로 모이를 쫀다.

p. 왼발을 오른발에 모아 붙이며 모둠발을 한 후 왼발을 상수 쪽을 향해 내딛고 크게 양 날개를 펴서 걷는다.

q. 오른발을 한 번 더 내딛고 잔걸음으로 걸어가 두 발을 모아 모둠발을 하

며 양 날개 접기를 한다.

r. 오른쪽 다리를 뒤로 빼 외발 서기를 한 후 양 날개 펴기를 한다.

s. 외발 날개 떨기를 한 후 날개 접기를 하며 오른발을 들어 내려놓는다.

t. 단소상청에 날개를 펴며 상수 쪽으로 잔걸음을 한다.

u. 오른발을 밀며 딛기를 하고 왼발 모아 발 찍기를 하며 돌아 몸은 상수 쪽을 보며 마무리한다.

v. 왼발 들어 사선 날개 펴기를 하고 왼발과 오른발을 순차로 딛으며 무대 뒤편을 향해 돌아서며 날개 접기를 한다.

w. 뒤를 본채, 날개 펴기를 하면서 왼발을 들어 꼬아딛기와 양 날개 떨기를 한 후 날개 접기를 한다.

x. 양 날개 펴기를 하며 잔걸음으로 가다가 뛰어날기를 하면서 퇴장한다.

② 암학의 홀춤

음악은 대금연주음악으로 무박즉흥음악이다.

준비 자세는 상수 뒤 무대에 등장하지 않고 양 날개를 접고 학체로 서서 두 발을 붙여 모으고 있다.

a. 상수 뒤에서 무대로 등장하며 오른발부터 학다리 짓으로 3번 걷기를 한다.

b. 왼발을 들며 학다리짓으로 양 날개 펴기를 한다.

c. 외발 서기로 제자리에 서서 여유 있게 기다린 후 왼발부터 날며 걷기를 3번 한다.

d. 중앙 앞을 향해 돌아서며 왼발을 들어 외발 서기로 서서 양 날개 펴기를 하면서 기다린 후, 오른쪽으로 몸을 돌리며 양 날개 접기를 하며 왼발을 내려놓는다.

e. 상청음악에 양 날갯짓을 하는데 날기 전에 날갯짓을 준비하는 것처럼 두 번 한다.

f. 뛰어날기를 무대크기에 따라 한 후, 양 날개를 편 채 잔걸음으로 마무리하며 제자리돌기로 혼자 한 바퀴 돌아 날개를 펴고 선다.

g. 양 날개를 편 채, 오른발부터 앞쪽으로 꼬아 걷기를 2번 후, 오른발을 옆 하수 쪽으로 딛으며 날개 접기를 하며 모둠발을 한다.

h. 외발을 끌어 모으고 양 날개를 펴며 몸을 일으켰다가 굴신을 한 후 오른 발 찍기로 선 다음 양 날개 접기를 하며 학체로 굽혀 앉는다.

i. 뛰어날기를 1번 후 잔걸음으로 무대를 크게 돌아온다.

j. 오른발 외발 들기를 하며 양 날개를 펴고 멈춘 듯 기다렸다가 고개와 호흡을 들어 올린 후 몸을 숙여 고개를 숙이는 사위로 부리를 땅에 한 번 콕! 찍고 제자리에 학체로 서서 날개 접기를 한다.

k. 날개를 접은 채, 무언가를 찾는 듯 고개를 드는 사위로 오른쪽을 보고 왼쪽을 본다.

l. 양 날개 펴기를 하고 하수 쪽을 보며 누군가 오는 것을 기다리듯 사선 앞으로 오른발부터 3번 딛는다.

m. 양 날개 접기를 하며 하수 쪽으로 돌아서서 날개 펴기를 하며 오른발 왼발 딛고 오른발 찍기로 살짝 뛰기를 한 후, 양 날개를 내려 허리를 감는다.

n. 크게 원을 그리며 잔걸음으로 한 바퀴 돌아 중앙으로 온다.

o. 양 날개를 펴며 오른발을 하수 앞 사선으로 딛고 왼발을 끌어 모아 양팔을 활짝 펼친 후 수컷을 맞이하듯 뒤로 잔걸음으로 물러난다.

③ 쌍학춤의 대무
음악은 경기 굿거리장단으로 다섯마루가 연이어 합주로 연주된다.
암학은 홀춤이 끝난 후 무대 중앙에 있으면 숫학이 무대로 뛰어 날아들며 대무가 시작된다.

가. 굿거리
1장단 숫학은 앞걸음으로 뛰어 날아 등장하고 암학은 뒤로 물러나며 맞이한다. 훌쩍! 뛰어날기 후 멈춘다.

2장단 양 날개를 편 채 숫학과 암학이 마주 보기로 함께 어르는 사위를 한다.

3장단   양 날개를 편 채 중전으로 발짓을 경쾌하게 학디딤체로 내딛으며 숫학과 암학이 끼고 도는 사위를 한다.

4장단   세전 2번 후 셋, 넷에 잔걸음으로 돌아가 양 날개 접기를 한다. 시선은 오른쪽을 본다.

5장단   돌아가던 방향으로 한 발을 딛으며 사선 날기를 한다. 시선과 날개는 왼쪽을 본다.

6장단   몸을 틀어 오른쪽 옆으로 사선 날기를 하며, 숫학과 암학이 마주보고 비껴 돌아가며 날개 접기를 한다.

7장단   숫학과 암학이 비껴 사선에서 세전 3번을 학디딤체를 하며 마주보고 안으로 모이고 넷에 나란히 정면 앞을 향해 돌아선다.

8장단   날개를 접은 채, 중전걷기 2번을 학디딤체로 숫학과 암학이 정면 앞을 향해 걷는다.

9장단   앞으로 세전걷기를 학디딤체로 4번 하며 마지막 박자에 날갯짓을 작게 한다.

10장단   숫학과 암학이 약간 사선으로 갈라서기를 하며 양 날개를 펴고 좌우 어르기를 제자리에서 한다.

11장단   숫학과 암학이 함께 뒤로 세전 2번 물러난 후 잔걸음으로 물러나며 날갯짓을 하고 날개 접기를 한다.

12장단   중전으로 2번 뛰어날기를 숫학은 하수 앞으로 암학은 상수 앞으로 한다.

13장단   상·하수 각자의 자리에서 하나에 양 날개를 확! 펼쳐 멈추고 셋에 호흡을 꺾고 넷에 어르기 한다.

14장단   세전으로 돋음새 디딤 4번으로 숫학은 오른발 오른쪽으로 암학은 왼발 왼쪽으로 양 날개를 펼친 채 반 바퀴 돌아선다.

15장단   중전으로 숫학과 암학이 모두 사선 뒤를 향해 1번 뛰어날기 하고 숫학과 암학이 교차하며 1번 뛰어날기 한다.

16장단   하나에 날개를 가장 높게 올려 꼭지날기를 한 후 잔걸음으로 양 날개를 편 채 날아간다.

17장단 잔걸음으로 뒷날개를 접으며 제자리돌기를 하며 멈춘다.

18장단 숫학과 암학이 사선으로 마주 보기를 하고 숫학은 앞으로 오른발 딛으며 장전을 1번 하고 암학은 뒤로 물러나며 장전을 1번한다.

19장단 숫학은 앞으로 왼발 딛으며 장전을 1번 하고 암학은 뒤로 물러나며 장전을 1번 한다.

20장단 숫학과 암학이 마주 보고 세전 2번을 숫학은 앞으로 암학은 뒤로 한 후, 잔걸음으로 날갯짓을 하며 마무리한다.

21장단 숫학은 양 날개를 날갯짓을 하며 뒤로 3번 물러나고 암학은 양 날개를 펴고 앞으로 오른발을 들며 뛰어나는 사위를 1번은 중전으로 2번은 세전으로 하며 사선 앞으로 나아간다.

22장단 숫학과 암학이 마주 보고 숫학은 뒤로 한 발 딛으며 암학은 앞으로 한 발 딛으며 양 날개를 펼치고 어르기를 한다.

23장단 숫학은 하수로 뒷걸음으로 외날갯짓과 허리 감기를 하고 암학은 오른발을 정면 앞으로 딛으며 천천히 양 날개를 펴들며 왼발 들기를 한다.

24장단 숫학은 잔걸음으로 양 날개를 떨며 암학을 크게 돌고, 암학은 양 날개를 편 채 오른발을 축으로 흥겹게 어르기를 하며 뒤로 돌아선다.

25장단 숫학과 암학이 앞걸음으로 암학은 앞서고 숫학은 뒤따르듯 세전 2번 후 잔걸음으로 간다.

26장단 숫학과 암학이 오른발 멀리 딛고 모이 쪼으기를 한다.

27장단 숫학과 암학이 부리를 닦는 사위를 하고 머리를 들어 하늘을 보며 다리를 모은다.

28장단 숫학과 암학이 부리 치기를 4번 하며 무릎굴신을 하면서 정면으로 돌아선다.

29장단 숫학과 암학이 정면 앞을 보고 나란히 서서 외발 날개 떨기를 위해 뒷다리 펴들기를 한다.

30장단 숫학과 암학이 나란히 정면 앞을 보면서 외발 날개 떨기를 한다.

31장단 호흡을 들어 올려 날개 접기를 하며 오른발을 천천히 내려놓는다.

32장단 숫학은 발짓하기로 굴신하고 왼발을 들고 굴신하고 오른발을 들고, 암학은 한 발 뒤로 물러서며 양 날개를 펴고 제자리에서 마주 보고 어른다.

33장단 숫학은 발짓하기로 날개를 펴며 굴신하고 왼발 들고, 굴신하고 오른발 들기를 하고 허리를 감는다. 암학은 숫학 사선 앞쪽으로 날개를 접은 채 3번 학디딤체로 뒷발차기를 한 후 허리 감기를 한다.

34장단 숫학은 오른발을 들고 외발서기로 양 날개를 펴고 어르기를 하고, 암학은 양 날개를 떨며 잔걸음으로 숫학을 크게 돈다.

35장단 숫학은 발짓하기를 앞으로 양 날개를 접고 펴며 중전으로 움직이고, 암학은 뒷걸음으로 양 날개를 펴고 접으며 발짓하기를 한다.

36장단 숫학은 앞으로 암학은 뒷걸음으로 세전 2번과 중전 1번을 살짝 날갯짓을 하며 학체를 한다.

37장단 비껴 각자 1번 뛰어날기 후 잔걸음으로 숫학과 암학이 둥글게 돌아 숫학은 상수 쪽 뒤로 가고 암학은 하수쪽 앞으로 간다.

38장단 숫학은 양 날개를 펴고 휘저어 날기로 날개 떨기를 하고 정면을 보고 날개 접기를 한다. 암학은 양 날개를 접으며 왼발 딛고 오른발을 찍으며 한 바퀴 돌고, 양 날개를 펴며 잔걸음으로 하수 끝 앞으로 이동하여 허리 감기를 한다.

39장단 숫학은 약간 사선 앞으로 세전 4번을 하고 암학은 허리 감기에서 양 날개를 펴며 오른발 내딛고 두 바퀴를 돈다.

40장단 숫학은 발짓하기로 양 날개를 펴고 굴신하고 왼발 들고, 굴신하고 오른발 들기를 한다. 암학은 한 날개씩 접으며 몸을 어른다.

41장단 숫학은 세전 2번 하고 잔걸음을 한다. 암학은 학 몸 털기를 한다.

42장단 숫학과 암학이 양 날개를 접은 채 한 발을 내딛으며 고개놀음을 한다.

43장단 숫학과 암학이 양 날개를 뒤로 펴며 세전 2번 후 잔걸음으로 비껴 지나가 중앙으로 모인다.

44장단 숫학은 양 날개를 펴고 제자리돌기를 한다. 암학은 양 날개를 펴고 제자리에서 어른다.

45장단 숫학과 암학이 양 날개를 펴며 중전 2번 정면 앞으로 학디딤체를 한다.

46장단 양 날개를 편 채 숫학과 암학이 갈라서기를 하며 족적을 둥글게 세 전 4번을 학디딤체로 한다.

47장단 양 날개 접기를 하며 숫학과 암학이 각자 안쪽으로 제자리돌기를 앉으며 한다.

48장단 양 날개를 펼치며 숫학은 오른발 앞으로 암학은 왼발 앞으로 밀며 딛기를 하며 안쪽으로 돌아 짝을 보며 마주 보기로 마무리한다.

49장단 숫학과 암학이 뒤쪽으로 날갯짓을 하며 잔걸음으로 태극날기를 한다.

50장단 숫학과 암학이 뒤쪽으로 날갯짓을 하며 잔걸음으로 태극날기를 반대쪽으로 한 후 서로 반대쪽을 보며 꼬리 대기를 한다.

51장단 천천히 고개를 돌려 숫학과 암학이 마주 보고, 셋에 내족을 딛고 넷에 호흡을 치켜들며 양 날개를 펴 고개를 드는 사위로 짝을 쳐다본다.

52장단 숫학은 천천히 날개 접기를 하며 학체로 서있고, 암학은 천천히 날개 접기를 하며 시선을 짝을 바라보며 좌우새로 앉는다.

53장단 숫학은 한 날개씩 좌우 날갯짓을 중전으로 하며 날개 접기를 크게 한다. 암학은 앉아서 외날갯짓을 작게 한다.

54장단 숫학은 한 날개씩 세전으로 좌우 날갯짓을 하며 날개 접기를 한다. 암컷은 앉아서 한 날개씩 좌우 날갯짓을 하며 작게 학 몸 털기를 한다.

55장단 숫학은 양 날개를 접은 채 고갯짓을 하고, 암학은 양 날개를 사선 아래로 편 채 중전으로 좌우새를 하며 일어난다.

56장단 숫학은 서서 발짓하기를 하고 암학은 세전으로 좌우새하며 일어난다.

57장단 숫학과 암학이 비껴 교차하기를 하는데 숫학은 상수 쪽으로 암학
은 하수 쪽으로 잔걸음 후 세전 2번을 하며 어른다.

58장단 숫학과 암학이 반대쪽으로 비껴 교차하기를 한 후 마주 본다.

59장단 숫학은 양 날개를 펴고 발짓 사위를 한다. 암학은 양 날개를 펴고 2
바퀴 돌아 상수 쪽으로 이동한다.

60장단 숫학은 암학을 바라보며 제자리에서 고갯짓을 하고, 암학은 양 날
개를 펴고 세전으로 고갯짓을 한 후 숫학보다 먼저 중앙으로 이동
한다.

61장단 숫학은 발짓하기를 한 번 하고 잔걸음으로 암학을 따라가듯 중앙
으로 이동하며 오른손 앞 허리 감기를 하고, 암학은 제자리에서 고
갯짓을 한 후 잔걸음으로 돌아 왼손앞 허리 감기를 한다.

62장단 숫학과 암학이 마주본 상태에서 숫학은 왼 날개를 앞으로 암학은
오른 날개를 앞으로 중전으로 크게 양날갯짓하며 뒤로 물러나고
숫학과 암학이 날개 접기를 한다.

63장단 숫학과 암학이 정면 앞으로 중전 2번을 하며 모이를 쫀다.

64장단 숫학과 암학이 정면 앞으로 중전 1번 세전 2번을 하며 모이를 쫀다.

65장단 숫학과 암학이 고개를 드는 사위를 한 후 고개를 숙이는 사위로 인
사를 한다.

④ 쌍학춤의 맺음무

음악이 단소독주 무박즉흥음악으로 바뀐다.

a. 단소 소리에 숫학과 암학이 뒷날개를 펼쳐 떨며 천천히 바깥쪽으로 반
바퀴 돈다.

b. 굴신하며 날개를 치고 앉아 활개치기를 천천히 2번 한다.

c. 일어나며 힘차고 빠르게 활개치기를 한다.

d. 숫학은 천천히 날개를 접으며 학체로 서고, 암학은 왼발을 안쪽으로 꼬
아 딛기를 하며 양 날개를 편 후 날개를 접고 학체로 선다.

e. 숫학과 암학이 학체로 마주 본다.

(2) 홀학춤

① 단소독주 무박즉흥음악

준비 자세: 상수 앞에서 옆 가로선 앞을 보고 학체로 서서 제자리에 두 발을 붙여 모으고 있다.

a. 몸을 천천히 끌어올려 고개를 드는 사위로 사선 방향으로 돌아선다.

b. 두 발을 무릎굴신하며 호흡을 내리며 살짝 고개를 숙이는 사위를 한다.

c. 날개를 천천히 뒤쪽에서부터 날개 펴기를 여유 있게 하며 무릎을 편다.

d. 양 날개를 옆으로 편 채 호흡을 더욱 들어 올린 후 천천히 호흡을 내린다.

e. 다시 양 날개의 호흡을 올려 오른쪽으로 몸 방향을 틀어 좌우새를 한다.

f. 다시 호흡을 올려 날개를 치켜 올려 사선 방향으로 돌아와 날개 접기를 하며 학체로 엎드린다.

g. 날개를 접은 채 오른발부터 학 다리짓으로 세 번을 천천히 걷기 한다.

h. 네 번째에 두 발을 모으며 모듬발을 하고 양 날개를 다시 뒤로 펴 올린다.

i. 상청 음악에 양 날개 떨기를 하며 왼발을 끌어올려 학다리짓을 한다.

j. 호흡을 살짝 내렸다가 발을 사선 앞으로 한 발 꼬아 딛기 한 후 다시 호흡을 끌어올려 날개를 뒤로 젖히며 날개 접기를 한다.

k. 양 날개를 펴며 천천히 한 발 한 발 내딛으며 잔걸음으로 날아가다가 뛰어날기를 한다.

l. 무대 중앙을 크게 오른쪽으로 둥글게 돌아 달팽이형으로 무대 중앙으로 가면서 오른쪽을 보고 날개 접기를 한다.

m. 왼쪽부터 좌우로 외 날갯짓을 한다.

n. 앞 가운데를 보고 양 날개로 좌우새 한 후 하나씩 접으며 부드럽게 몸을 흔들어 학몸 털기를 한다.

o. 오른발을 들어 오른쪽으로 내딛으며 학체로 모이를 쫀다.

p. 왼발을 오른발에 모아 붙이며 모듬발을 한 후 왼발을 상수 쪽을 향해 내딛고 크게 양 날개를 펴서 걷는다.

q. 오른발을 한 번 더 내딛고 잔걸음으로 걸어가 두 발을 모아 모듬발을 하며 양 날개 접기를 한다.

r. 오른쪽 다리를 뒤로 빼 외발 서기를 한 후 양 날개 펴기를 한다.

s. 외발 날개 떨기를 한 후 날개 접기를 하며 오른발을 들어 내려놓는다.

t. 단소상청에 날개를 펴며 상수 쪽으로 잔걸음을 한다.

u. 오른발을 밀며 딛기를 하고 왼발 모아 발 찍기를 하며 돌아 몸은 상수 쪽을 보며 마무리한다.

v. 왼발 들어 사선 날개 펴기를 하고 왼발과 오른발을 순차로 딛으며 무대 뒤편을 향해 돌아서며 날개 접기를 한다.

w. 뒤를 본채, 날개 펴기를 하면서 왼발을 들어 꼬아딛기와 양 날개 떨기를 한 후 날개 접기를 한다.

x. 양 날개 펴기를 하며 잔걸음으로 가며 중앙으로 간다.

② 굿거리 음악

1장단   정면 앞을 보고 훌쩍! 날아 뛰어 멈추고 어르기를 한다.

2장단   양 날개를 편 채 어르는 사위를 한다.

3장단   양 날개를 편 채 중전 2번으로 발짓을 경쾌하게 학디딤체로 내딛으며 끼고 도는 사위를 한다.

4장단   세전 2번 후 셋,넷에 잔걸음으로 돌아가 양 날개 접기를 한다. 시선은 오른쪽을 본다.

5장단   돌아가던 방향으로 한 발을 딛으며 사선 날기로 시선과 날개를 왼쪽을 본다.

6장단   몸을 틀어 오른쪽 옆으로 사선 날기를 한다.

7장단   세전 3번을 학디딤체를 하며 넷은 정면 앞을 향해 돌아선다.

8장단   날개를 접은 채, 중전걷기 2번을 학디딤체로 정면 앞을 향해 걷는다.

9장단   앞으로 세전걷기를 학디딤체로 4번 하며 마지막 박자에 날갯짓을 작게 한다.

10장단   약간 사선으로 양 날개를 펴고 좌우 어르기 제자리에서 한다.

11장단   뒤로 세전 2번으로 물러난 후 잔걸음으로 물러나며 날갯짓을 하고 날개 접기를 한다.

12장단 중전으로 2번 뛰어날기를 사선 쪽 상수 앞으로 한다.

13장단 상수 자리에서 하나에 양 날개를 확! 펼쳐 멈추고 셋에 호흡을 꺾고 넷에 어르기 한다.

14장단 세전으로 돋음새 디딤 4번으로 왼발부터 왼쪽으로 양 날개를 펼친 채 반 바퀴 돌아선다.

15장단 중전으로 사선 뒤를 향해 1번 뛰어날기 하고 하수 쪽으로 1번 뛰어날기 한다.

16장단 하나에 가장 높게 꼭지날기를 한 후 잔걸음으로 양 날개를 편 채 큰 원으로 날아간다.

17장단 잔걸음으로 뒷날개를 접으며 제자리돌기를 하며 중앙에 멈춘다.

18장단 오른발로 뒤로 물러나며 장전을 1번한다.

19장단 왼발로 뒤로 물러나며 장전을 1번 한다.

20장단 세전 2번을 뒤로 한 후 잔걸음으로 날갯짓을 하며 마무리한다.

21장단 양 날개를 펴고 앞으로 오른발을 들며 뛰어나는 사위를 1번은 중전으로 2번은 세전으로 하며 사선 앞으로 나간다.

22장단 앞으로 한 발 딛으며 양 날개를 펼치고 어르기를 한다.

23장단 오른발을 정면 앞으로 딛으며 천천히 양 날개를 펴들며 왼발 들기를 한다.

24장단 양 날개를 편 채 오른발을 축으로 왼발을 들고 흥겹게 어르기를 하며 돌아선다.

25장단 앞걸음으로 세전 2번 후 잔걸음으로 마무리를 한다.

26장단 오른발을 멀리 딛고 모이 쪼으기를 한다.

27장단 부리를 닦는 사위를 하고 머리를 들어 하늘을 보며 다리를 모은다.

28장단 부리 치기를 4번 하며 무릎굴신을 하면서 정면으로 돌아선다.

29장단 날개를 접은 채 3번 학디딤체로 공격하듯이 뒷발차기를 한 후 허리 감기 하며 호흡을 들었다가 내린다.

30장단 양 날개를 사선으로 펼쳐 떨며 잔걸음으로 곡선으로 굴려 잔걸음으로 크게 돌아와 하수를 보고 선다.

31장단 뒷걸음으로 양 날개를 펴고 접으며 발짓하기를 한다.

32장단 뒷걸음으로 세전 2번과 중전 1번을 하며 살짝 날갯짓을 하며 마무리한다.

33장단 하수쪽으로 비껴 뛰어날기 후 잔걸음으로 둥근 원으로 돌아 하수쪽 앞으로 간다.

34장단 양 날개를 접으며 왼발을 딛고 오른발을 찍으며 한 바퀴 돌고 다시 양 날개를 펴며 잔걸음으로 하수 끝 앞으로 이동하며 허리 감기를 한다.

35장단 암학은 허리 감기에서 사선으로 양 날개를 펴며 오른발 내딛고 두 바퀴를 돈다.

36장단 뒤쪽으로 왼발부터 좌우 중전 날기 2번을 한다.

37장단 뒤로 양 날갯짓을 하며 날개를 접으며 꼬리를 턴다.

38장단 날개를 접어 한 발 내딛으며 고갯짓사위를 2번 한다.

39장단 양 날개를 뒤로 펴며 세전 2번 후 잔걸음으로 비껴 지나가 중앙으로 이동한다.

맺음장단 한 발을 딛으며 양 날개를 더욱 크게 폈다가 천천히 앉으며 양 날개를 접으며 마무리한다.

③ 단소독주 무박즉흥 맺음음악

a. 염불도드리 단소독주에 일어나며 양 날개를 천천히 뒤로 들어 올리고 날개를 떨며 왼쪽으로 반 바퀴 돈다.

b. 굴신하며 날개를 치고 앉아 활개치기를 천천히 두 번 한다.

c. 일어나며 힘차고 빠르게 활개치기를 한다.

d. 천천히 날개를 접었다가 다시 날개를 펴며 왼발을 안쪽으로 꼬아딛기를 하고 양 날개를 떤 후 날개를 접으며 학체로 선다.

7) 한성준의 학탈과 복식

8) 전승 현황

'학춤'은 경술년(1730, 영조 6) 윤유(尹游)가 편찬하고 간행한『평양부 읍지』에 기록되어 있으며 그 후 142년 뒤 1872년(고종 2) 정현석의『교방가요』에 백학이 학무에 등장한다고 기록됐다. 그리고 29년 뒤 1901년(광무 5) 고종황제(高宗皇帝)의 탄신50주년기념 만수성절(萬壽聖節)의 진연(進宴) 때 공연된 학무,[82] 1902년 고종황제 어극40년을 축하하는 창경식에 출연된 학무 이후 1935년 한성준의 제1회 무용발표회 부민관 공연을 계기로 근대에서 현대까지 이어졌다. 근대 춤 시대 전통춤의 맥을 이어온 한성준에 의해 복원되고 창작된 '학춤'은

---

82 송방송,『한겨레음악대사전』, 보고사, 2012.

학탈을 쓴 한영숙과 김천흥

궁중무의 품격과 민속무의 흥겨운 특징이 잘 융합되어 있는 작품으로 학의 생태에 관한 관찰과 연구에 의해 독특한 창의력이 돋보이는 작품이다. '학무는 나라의 번영과 왕실의 안녕을 기원하고 왕의 수복과 장수를 기원하면서 궁중 안의 흉한 일을 막고 역귀를 내쫓는 의식인 궁중나례 행사에서도 추어졌으며, 연화대무, 처용무와 합쳐져 발전한 춤이다'[83] 학춤이 조선 말기에서 근대를 거치며 단절되었다가 한성준에 의해 이어지게 된 것에 대해 이흥구는 "한성준 선생님이 학무를 만들지 않았더라면 지금의 학무는 없었을 거예요. 근데 한성준 선생께서 그것을 만들었기 때문에 지금은 날갯짓도 하고 다양한 형태의 학무로 변하게 되었죠. 무대화가 되었다고 보면 되겠죠."[84]라고 말한다. 이렇게 '학춤'의 생성에 막대한 공로를 세운 한성준의 '학춤'에 문화재 지정이라는 가치를 부여하게 된 데에는 김천흥의 적극적인 노력이 있었다. 그는 조선 말기부터 현대까지 정재 전통을 이으며 평생을 거쳐 궁중무를 재현하는 업적을 남겼으며 '승무'와 '학무'가 중요무형문화재로 지정되는데 큰 공로를 세웠다.

그의 노력으로 그 가치가 인정된 한성준의 '학춤'은 1971년 중요무형문화재로 지정되었으나 1993년 '학연화대합설'로 명칭이 변경되어 재지정 되어 그 전승이 매우 빈약해질 수밖에 없었다. '학연화대합설'로 재지정되는 과정에서 '학춤'의 보유자인 한영숙의 1989년 사망으로 보유자 후보였던 이흥구를 두고 보유자 후보 이흥구에 대한 심의가 이루어졌으며 1993년 7월 28일 제3차 회의

83 김천흥·최현, 『무형문화재 조사보고서』 제64호, 문화재관리국, 1969. 12, p.134.
84 TV악학궤범 '학춤' 인터뷰 교육영상 자료원.

에서 이흥구의 보유자 인정에 대한 논의가 있었다. 그리하여 1993년 12월 '학연화대합설무'로 내용과 명칭의 변경을 보아 이흥구가 보유자로 인정되었다.[85] 이렇듯 한성준의 '학춤'은 문헌상의 고증과 무보, 음악, 탈과 의상, 춤사위 등이 다르며 전통적인 궁중학무가 아닌 한성준의 독창적인 춤사위를 도입하여 창작한 것이라는 정통성과 문화재로서의 가치에 대한 논란의 대상이 되었고, 악학궤범의 춤사위만을 정리하여 연화대무와 합설 지정하는 것이 좋겠다는 의견이 받아들여져 '학연화대합설'로 명칭이 변경되어 중요무형문화재 제40호로 재지정된 것이다. 현재까지 보존되는 과정에서 드러났듯이 현 '학연화대합설'의 '학춤'과 한성준의 '학춤'은 사실상 완전히 다른 작품이며 이제는 더욱 명확히 구분되어 전승되어야 한다. 장단과 춤사위 내용에 있어 민속적 성향이 강한 한성준 '학춤'은 그 자체로서 높은 예술적 가치를 지니고 있다. 수십 년 동안 문화재에서 제외된 한성준의 '학춤'은 그 예술적 가치와 효용성이 뛰어난 춤임에도 불구하고 그 재현과 전승이 어려워 명맥만을 유지하고 있다. 이제는 이 시대의 우리 전통춤으로 재조명되어야 할 것이다.

3 교방학춤

교방정재[86]는 임진왜란 이전부터 관기들이 궁중행사에 선상(選上)되었다가 귀향하여 지방에서 추어진 춤이다. 기록을 살펴보면 궁중에서 정재를 연행했던 관기들이 귀향과 함께 궁중정재가 평양, 통영, 진주 등까지 전파되었음을 알 수 있다. 평양 감영의 화려한 정재는 단원 김홍도의 〈평안감사향연도〉 중 부벽루연회도(浮碧樓宴會圖), 연광정연회도(練光亭宴會圖)에 잘 묘사되어 있다. 통영 지방의 교방정재는 삼도수군통제영의 의식에서 추는 '승전무'인 '통영북춤'과

---

85 성경린, 한국 전통무용의 맥락(17), 「무용한국」, 1994, p.49, 57.

86 성무경이 연구와 논문을 통해 사용한 용어로 아직 학계에서 자주 사용되는 단어는 아니나, 분명 궁중 정재와 교방에서 연행된 정재에는 차이가 있으며 춤 이름만으로는 구분하기에 어려움이 있으므로 이 책에서는 이를 구분하기 위하여 교방정재라는 단어를 사용하고자 한다.

'통영검무'가 중요무형문화재로 지정되었다. 이 역시 조선시대 궁중의 '북춤'과 궁중의 '검무'가 관기들에 의해 통영으로 내려와 관아와 민간향연에서도 추어지며 통영 지방의 특색을 살리며 발전하였다. 진주 지방의 교방 활동은 정현석의 『교방가요』[87]가 편찬되어 교방문화가 꽃피었으며 진주를 예술의 고장으로 알렸다. 조선시대의 교방은 여기(女妓)들을 중심으로 악·가·무(樂歌舞)를 관장하던 기관으로, 중앙과 전국 주요 도시의 지방관아에 설립되어 여악(女樂)을 양성하고 재예를 교육·관리하던 국가기관이다. 장악원에 소속된 좌방(左坊)과 우방(右坊)을 합쳐 교방이라고 하였는데, 좌방은 아악(雅樂)을 담당하고 우방은 속악을 담당하였다. 현재 교방정재와 관련한 기록은 많이 남아 있지 않으며, 남아 있는 것도 대부분 정재의 제목만을 포함하기에 그 내용을 추측하기에는 부족함이 있다. 그럼에도 불구하고 교방 기록들을 토대로 교방정재로서 추어진 '학춤'이 '연화대' 속에서 함께 어우러지기도 하고 독립되어 연희되기도 한 기록들을 살펴보고자 한다. 그 이유는 그 춤의 형태가 지방의 특성과 함께 민속성을 습합하며 '궁중학춤'과는 다르게 변모 발전하였기 때문이다.

1) 『평양지』의 학춤

1590년 윤두수의 『평양지(平壤志)』[88]와 1730년 윤유(尹游)가 편찬하여 간행한 『평양부 읍지』 제3권에 있는 평양교방(平壤敎坊)에 의하면 공연된 정재종목

---

87 『교방가요』(1872, 고종 9), 1872년 2월에 정현석(鄭顯奭, 1817~1899)이 당시 진주 교방에서 연행되던 악가무희(樂·歌·舞·戲) 등 다양한 교방 예술 장르를 기록하여 엮은 책. 이 책의 제1~16장은 우조와 계면조의 가곡, 제17~20장은 12가사에 드는 곡과 '관동별곡'·철사금(鐵絲琴), 제21장은 무곡(舞曲) '헌선도' 이하 19가지 이름 및 헌선도·오양선·포구락·연화대·육화대의 악사(樂詞)가 소개되어 있다. 제22·23장은 가품(歌品)과 매화점장단(梅花點長短), 기(妓) 4명이 가얏고·철사금 각 1, 세피리 2, 적(笛) 1, 해금 1, 장구 1의 반주에 의해 노래하는 그림이다. 제24~39장은 육화대·연화대·학무·헌선도·고무(일명 舞鼓)·포구락·검무·선락(일명 船遊樂)·항장무·의암별제가무·아박무·향발무·황창무·처용무·승무 및 창가(倡歌, 창우의 소리)·잡요(雜謠)·단가 등의 순으로 그림과 함께 싣고 있다. 현재 국립중앙도서관 소장.

88 『평양지』 원지는 1590년(선조 23) 평안감사로 부임한 윤두수가 엮어 펴냈고, 속지는 1730년(영조 6) 그의 후손 윤유가 펴낸 것을 1837년(헌종 3) 합간한 것이다. 후속지는 1855년(철종 6) 그 지방 사람이 편집한 것을 후인이 속지에 합본한 것이다.

은 포구락, 무고, 처용, 향발, 발도가, 아박, 무동, 연화대', 학무 아홉 종목이 연주된 악곡은 '만전춘(滿殿春)', '감군은(感君恩)', '보허자(步虛子)', '서경별곡(西京別曲)' 등 여덟 곡의 악곡명과 함께 나열되어 있다. 평양교방 소속 영기(營妓)와 부기(府妓)가 학무를 공연하였다며 정재의 명칭만이 나와 있을 뿐, 각 정재의 구체적인 공연 내용은 기록되어 있지 않다. 평양교방 소속의 기생은 영기 45명과 부기 39명 총 84명이었고, 악공은 모두 12명이었다.

평양 감영의 화려한 정재는 단원 김홍도의 〈평안감사향연도〉 중 〈부벽루연회도〉에는 평양 감영의 관기들이 벌이는 '오방처용무', '포구락', '헌선도'와 두 명이 추는 '쌍검무' 그리고 '무고'가 그려져 있다. '쌍검무'를 제외하면 모두 궁중에서 연행했던 정재들이다. 〈연광정연회도〉에는 연광정 위와 아래에 모두 두 마리의 사자가 보이고, 그 아래 다시 청학(靑鶴)과 황학(黃鶴)이 나란히 서 있으며, 작은 채선(彩船)과 두 송이 연꽃이 보인다. 그러므로 연광정에서는 '학무', '연화대', '사자무', '선유락'이 연행되었음을 알 수 있다.[89]

2) 『성천지(成川誌)』, 『속성천지』, 「선루별곡」의 학춤

평안도 성천(成川) 객사였던 동명관 내 강선루에서의 유람과 유흥을 노래한 풍류적 성격의 기행가사[90]가 있다. 만옹(晩翁)[91]의 선루별곡(仙樓別曲)인데 내용

---

89 전경욱, 『한국의 전통연희』, 학고재, 2004 참조.

90 성무경, 「조선후기 呈才와 歌曲의 관계 : 19세기 현상에 주목하여」, 한국시가학회, 2003, p.174.

91 성무경, 「조선후기 '정재(呈才)'의 문화지형 스케치」, 『민족무용』 3호, 세계민족무용연구소, 2003, p.174. 성무경은 〈추선몽(秋僊夢)〉, 임형택소장본을 참고했는데, 만옹의 성명이 밝혀져 있지 않았다고 한다. 다만 소서(小序)에 "무술년 9월 상한(上澣)"이라는 글과 "이 소서로부터 아래의 가사(歌詞)까지 모두 만옹의 글과 글씨다"라는 후인의 추기(追記)가 있어 창작 시기는 1838년으로 추정된다고 했다. 그러나 서명서(徐命瑞, 1711~1795)는 조선 후기 문신으로 자는 백오(伯伍), 호는 만옹(晩翁)이라고 밝혔다. 본관은 달성(達城), 이조판서에 추증된 종준(宗峻)의 아들이다. 음보로 벼슬에 올라 1763년(영조 39) 의령현감, 1784년(정조 8) 첨지중추부사가 되었다. 여러 차례 승진하여 자헌대부에 올라 지중추부사에 도총관을 겸하였다. 저서로는 시(詩)·부(賦)·문(文) 이외에 초학도(初學圖)·학약도(學約圖) 등 학문 공부의 계제(階梯)를 나타낸 『만옹집(晩翁集)』이 있다. 만옹의 시호는 정간(貞簡)이다. 파주읍 향양리에 묘가 있다. 만옹 서명서가 선루별곡의 작자라면 무술년은 1778년 정조 2년을 뜻한다.

을 살펴보면, "어와 벗님네야 降仙樓 구경가셰 … 大風流 슈이나니 典樂이 主管이라 紗帽冠帶 樂工들이 차례로 드러오네. 아리쓰온 妓女들이 누구누구 모엿든고 … 月下仙女 노니도다. 風樂根本 右敎坊에 열두절츠 근검ㅎ다. 拍佩소래 셰번ㄴ니 凌波舞가 始作일다. 더지는니 龍의 알은 抛毬樂이 絶妙ㅎ다. 雙雙얼너 牙拍이오 錚錚소리 響拔이라. 畵龍고러 북채는 宏壯ㅎ사 북츔이며, 朱笠貝纓 好風神은 헌거ㅎ손 舞童이로다. 瑤池蟠桃 드릴젹에 仙官玉女 어엿부다 各色形容 五方츔은 處容탈이奇怪ㅎ다. 來袖戰笠 연풍대는 번개것흔 劍舞로다. 셩금셩금 鶴츔이오. 셜넝셜넝 獅子로다. 羅裙玉顔 둘너션 放砲一聲 배짜락이 半入江風 半入雲ㅎ니 天上仙樂 그지업다. 日落西山 어둔날애 壯觀일다.[92]"로 12가지 정재가 절차를 갖추어 공연된 상황 중 '학무'의 표현이 '셩금셩금 鶴츔이오'라고 잘 묘사되어 있다.

『성천지』, 『속성천지』에 기록된 교방항목의 내용은 연행양상을 구체적으로 알 수 있을 정도로 자세하지는 않지만 『성천지』, 『속성천지』, 「선루별곡」의 세 자료에 공통으로 등장하는 춤은 포구락, 향발, 아박, 무동, 처용무, 검무, 학무, 사자무 등이다.[93]

또한 성천의 우교방에서 펼치는 12가지 춤은 박패를 세 번 쳐서 '능파무'를 시작하게 했고, 포구락, 아박, 향발, 북춤, 무동, 요지반도(瑤池蟠桃)를 드리는 선관옥녀(仙官玉女, 헌선도), 처용무, 검무, 학춤, 사자, 배따라기(선유락)가 차례로 공연되었으며 서산에 해떨어져 어두워질 때까지 강선루에서 큰판 풍류(大風流)가 베풀어졌던 일을 노래했다[94]고 하며 학춤이 빠지지 않고 공연되었음을 알 수 있다.

---

92 김동욱·임기중 편저, 『169선루별곡(仙樓別曲)』, 악부(樂府) 하, 태학사, 1982, pp.115~117.

93 김은자, 「조선후기 성천 교방의 공연활동 및 공연사적 의미 -『성천지(成川誌)』를 중심으로-」, 한국예술종합학교 세계민족무용연구소, 2005.

94 이종숙, 「조선시대 지방 교방 춤 종목 연구」, 순천향대학교 인문학연구소, 2012.

3) 정현석의 『교방가요』 '진주교방학춤'

정현석[95]의 『교방가요(敎坊歌謠)』에 의하면, 19세기 중반 진주교방(晉州敎坊)에서는 가곡의 경우 초수대엽(初數大葉), 이수대엽(二數大葉), 삼수대엽(三數大葉) 등이 불렸고, 권주가(勸酒歌), 춘면곡(春眠曲), 처사가(處士歌), 상사별곡(相思別曲) 등의 가사가 연주됐다. 춘향가, 흥보가, 심청가 같은 판소리뿐만 아니라, 교방정재로는 육화대(六花隊), 연화대(蓮花臺), 헌선도(獻仙桃), 학무(鶴舞) 등의 교방정재도 공연되었다.

진주문화를 이야기하면서 교방문화와 『교방가요』를 빼놓을 수가 없는 이유는 『교방가요』를 통해서 그 오랜 전통을 잘 계승해왔기 때문이다. 사실 조선시대 교방청이 있었던 곳에는 모두 교방문화가 있었으나, 진주는 그 어느 곳보다도 민속예술의 전승을 잘해왔기에 진주의 교방문화는 그 어느 지역과도 비교의 대상이 되지 않는다. 이러한 진주 교방문화의 전통과 계승은 『교방가요』라는 책이 있었기 때문에 가능한 일이었다. 이로 인해 진주의 교방문화는 전국적인 명성을 얻었다. 그러므로 현재 대부분의 진주교방의 가무가 문화재로 지정되어 전국적으로 널리 알려진 것이다.

19세기 말 조선 후기에 진주 교방청 기녀들이 불렀던 노래와 추었던 춤을 상세히 기록하여 전해주며 진주의 교방문화를 소개하고 있는 『교방가요』는 진주목사를 지낸 정현석이 1872년 편찬하였다. 정현석은 1867년 진주목사로 부임해 1870년 김해 부사로 떠날 때까지 3년간 진주에 있으면서 『교방가요』를

---

95 정현석(1817~1899)은 1817년(순조 17) 부친 정기화(鄭琦和)와 안동 권씨 사이에서 태어났다. 본관은 초계(草溪)로 자는 보여(保汝), 호는 박원(璞園)이다. 24세 때인 1840년, 증광진사(增廣進士)에 합격하고 30세 때 음사(蔭仕)로 후릉참봉을 지냈다. 이후 내직으로 삼조(三曹)와 사부(四府)의 벼슬을 두루 거치고 외직으로 10번의 수령과 관찰사 1번을 지냈다. 1866년 삼가 현감으로 있을 때, 남명 선생이 시를 읊었던 정금당 앞 수정지에 연꽃을 심기도 했다. 51세 때인 1867년 진주목사로 부임하면서 『교방가요』 편찬을 착수하기 시작해 5년 만에 『교방가요』를 완성했다. 그는 김해부사로 있으면서 분산성 개축, 김해향교 중수 등의 일을 했으며 1873년 돈녕도정(敦寧都正)의 벼슬을 제수받아 서울로 올라갔다. 1883년 덕원부사(德源府使)로 부임해 우리나라 최초의 근대학교인 원산학사(元山學舍)를 설치했고, 78세 때인 1894년에 황해도 관찰사를 역임했으며, 82세 때 가의대부에 올랐다. 그리고 그 이듬해 83세의 나이로 세상을 떠났으며, 선대가 대대로 살아온 강원도 횡성군에 묻혔다.

만들었다. 그러나 공무를 보면서 틈틈이 『교방가요』를 편찬하기가 쉽지 않아 진주에서 완성하지 못하고 부득이 다음 임지인 김해에서 2년 동안 더 정리와 마무리를 하여 책을 출간할 수밖에 없었던 것으로 보인다. 정현석은 진주목사로 부임한 다음 해인 1868년 경상우병사와 의기사(義妓寺) 중건을 의논하고, 곧바로 「의암별제(義巖別祭)」를 만들어 진주의 기녀들로 하여금 논개의 충절을 기리도록 했다. 1867년 정현석 목사가 부임한 당시 진주는 불안한 시국 속에서 민심이 매우 어수선한 상태였다. 그는 진주 사람들에게 민족적인 정기를 진작시키기 위해 「의암별제」를 만드는 등 진주 교방의 가요를 정착시키려 했다.

『교방가요』를 최초로 학계에 소개한 서울대 정병욱 교수도 "추측건대 남한의 색향인 진주에 부임한 이 책의 편자는 음악과 무용에 상당한 식견과 취미가 있어서 교방에서 사습(肄習)하는 가무를 교정하여 풍교(風敎)를 바로잡고 아울러 가창에 부르는 시조시를 선택하여 한역함으로써 교방의 가요를 정착시키려고 한 의도가 엿보인다. 그리고 「의암별제」를 신설하여 몸소 '의암별곡'과 수장의 시조시도 창작하여 이 책을 편찬하였다고 보인다." 정현석 『교방가요』의 최고 백미는 바로 '의암가무(義巖歌舞)'라고 하는 「의암별제」 부분이라고 할 수 있다. 「의암별제」는 모두 기녀들로만 진행되었다. 초헌관을 비롯해 아헌관과 종헌관은 신망 있는 늙은 기녀 중에서 뽑고 당상과 당하의 집례는 글을 아는 기녀를 선임했다. 그 밖에도 대축전사관을 비롯해 동서찬자, 알자, 사존, 봉작, 봉향, 봉려, 가저 8인, 무인 12인과 당상악공 5명, 당하악공 6명이 제례를 집행하는 등 「의암별제」는 대규모적인 국악의 향연이었다.[96]

정현석 목사는 『교방가요』 서문에 그 지은 뜻을 밝히고 있다. "내가 진양에서 김해에 부임하고 나서 집무를 보는 중에 여가가 많아 교방을 설치해 가무를 익히게 하고 가요 가운데 채록할 만한 것을 추려 약간 수의 시구를 만들었다. 혹은 시구가 촉급(促及)하여 말이 남기도 하고 혹은 말이 짧아 글자를 부연하기도 하여, 그 본지를 잃지 않도록 유의하였으나 오음청탁(五音淸濁)에는 거리가 멀다고 하겠다. 다만 성정(性情)의 바른 것만을 가려 취하고 방탕하고 음란

---

96 강동욱, 경남문화사랑방.

한 말은 모두 버려 스스로 써야 할 것은 쓰고 지워야 할 것은 지우고 그 사이에 권선징악의 뜻을 붙인다."라고 했다.

『교방가요』는 조선 후기 지방 교방(敎坊)의 관변풍류(官邊風流)와 악(樂)·가(歌)·무(舞) 일체를 수록하였다. 목차는 총목(總目)이 네 가지로 가곡(歌曲)과 가사(歌詞), 악기 및 정재목록, 가곡 실연 등에 관한 음악적 설명들, 교방의 여러 정재들, 판소리·잡희·잡요 및 단가에 대한 기록으로 나누어져 있다. 그중 무곡(舞曲)은 헌선도(獻仙桃), 수연장(壽延長), 오양선(五羊仙), 포구락(抛毬樂), 연화대(蓮花臺), 수보록(受寶籙), 근천정(覲天庭), 수명명(受明命), 하황은(荷皇恩), 성택(聖澤), 하성명(賀聖明), 육화대(六花隊), 곡파(曲破), 보태평(保太平), 정대업(定大業), 봉래의(鳳來儀), 아박(牙拍), 향발(響鈸), 무고(舞鼓), 학무(鶴舞), 황창무(黃昌舞), 처용가무(處容歌舞), 교방가요(敎坊歌謠) 23개의 정재를 기록하고 있으며 무곡에는 있으나 기록에는 없는 작품은 수연장, 오양선, 수보록, 근천정, 수명명, 하황은, 성택, 하성명, 곡파, 보태평, 정대업, 봉래의, 학무, 교방가요 14개이며 무곡에는 없으나 기록에는 있는 작품은 선락(船樂-선유락), 항장무, 의암별제가무(義巖別祭歌舞) 3개이며 무곡에는 없으나 기록에는 있는 작품으로 민속춤인 검무(劍舞), 승무(僧舞)가 있다.

'진주교방학춤'은 '학연화대합설무'인 궁중학무가 진주 지방으로 전해져 내려가 추어진 춤인데『교방가요』기록에서 주시할 만한 새로운 점이 있어 '궁중학무'와 다르게 '진주교방학춤'이라 명명하여 기술하고자 한다. 즉, 이 춤이 특별한 것은 두 선동(仙童)이 학의 등에 올라 앉아 춤추는 모습으로 학무의 색도(色圖)에 잘 묘사되어 되어 있는 점이다. 학춤이 민간으로 내려와서 이런 형태로 변형되었음을 보여주는데 이 춤은 옛 민속화(民俗畫)에서 보이듯이 순수한 민간계통의 무용이 아니라 궁중계열의 학무가 교방을 거쳐 파생된 춤인 것이다. 그림에서 보여지듯이 연꽃이 있고 학 두마리가 있는 것은 궁정 계통의 연화대무가 협연된 점, 무원(舞員)들의 성분이 관기(官妓)와 여령(女伶)들이라는 점을 감안하여 볼 때 궁중에서 지방으로 내려가 변화된 춤인 것이다.

'진주교방학춤'은 연꽃 두 송이에 각각 한 명의 동기를 숨겨둔다. 백학 한쌍이 뜰에서 마주 보고 춤추다가 부리로 꽃을 탁탁 쪼면 꽃 속의 선동이 나와

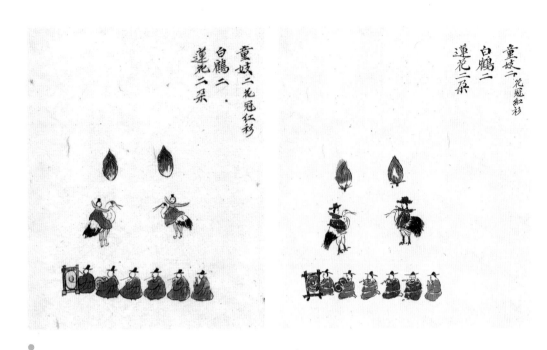

학연화대합설무

학을 타고 춤을 춘다. 이 춤은 학무에도 겸용한다. 홍련 몇 가지 물에서 탐스럽게 피어나는데 한 쌍의 백학은 으슥한 연못에서 울음 운다. 부리로 탁탁 꽃봉오리를 쪼니 꽃 속에서 산자가 나와 색동치마 입고 학 등에 올라타 추는 춤 한 없이 사뿐사뿐[97]이라고 쓰여 있다. 또한 교방가요본의 학은 선동이 갓과 비슷한 복두를 쓰고 학무를 추고 있는 모습이 다르다. 이 복두는 선대에 널리 썼던 중국 의관에 속한다[98]는 것으로 당시 지방관아의 교방에서는 학을 궁중정재처럼 완전히 입고 그 속에 몸을 감추고 춤을 추지 아니하고 머리에는 의관을 쓰고 머리 아래만 학 모양으로 장식하였음을 알 수 있게 한다. 그리고 선동으로 꾸민 사람도 정재는 반드시 무동이 하였으며 『교방가요』본에는 어린 기녀가 추었음을 알 수 있다.[99]

---

97 성무경 역, 『교방가요』, 보고사, 2002, p.179.

98 성현 외, 고전국역총서 『악학궤범』(전2권), 민족문화추진회, 1967, p.172.

99 김온경, 「정현석(鄭顯碩)의 교방가요(教坊歌謠) 연구(研究)」, 『한국무용연구』13권, 한국무용연구학회, 1995, pp.6~7.

'진주교방학춤'의 특징을 정리하면 다음과 같다. 『교방가요』에서는 '학무'가 독립적으로 기술되어 있다. 연화대 안에 '학무'가 들어 있지 않고 무곡 또한 '연화대'와 '학무'가 따로 독립되어 있어 종목이 다르게 분리되어 있다. 김온경은 '진주교방학춤'이 학탈을 궁중정재처럼 완전히 입고 그 속에 몸을 감추고 춤을 추지 아니하고 머리에는 선동의 의관을 입고 하체만 학 모양으로 장식하였다고 기술하였다. 그렇다면 처음 학무에서 학춤과 연화대가 끝난 후 학춤의 의상을 어떻게 처리 할수 있을까하는 의문이 들어 필자는 '진주교방학춤'은 '학무'를 춘 후 '연화대'가 이어지고 다시 학무와 연화대가 합설되면서 색도(色圖)에서 보는 것처럼 선동과 어린기녀가 학을 타고 있는 모습으로 선동과 학이 어우러져 춤을 춘 것이 아닌가 추측된다. 앞으로 더욱 연구하여 진주 교방학춤이 복원되는 날을 기대한다.

〈표 2-9〉 교방가요 학무의 문헌기록

정현석의 『교방가요』 연화대, 학무	학무와 연화대무가 연희된 후에 선동이 학을 타고 춤을 추는 장면이 처음으로 묘사됨. 동기 두 명이 화관(花冠)을 쓰고 적삼(紅衫)을 입음. 진행 : 연꽃 두 송이에 두 동기 숨어있음 – 백학 한 쌍이 춤을 춤 – 부리로 연꽃을 쪼음 – 꽃 속에 꽃이 열리면 선동이 나와 학을 타고 춤을 춤.

4 동양의 학춤

1) 중국의 학춤

중국의 '학춤'의 역사는 오래되었다고 거론되나 '날자지(堀枝)', 운남지시(雲藍紙詩) '자지(柘枝)'는 '연화대무' 원형의 기록일 뿐 학춤의 기록이 없다.

중국의 문헌 『단연여록』의 기록을 자세히 살펴보면 "우조(羽調)에는 자지곡(柘枝曲)이 있고 상조(商調)에는 굴자지곡(掘柘枝曲)이 있는데 이것은 춤의 곡조를 따라 이름 지은 것이다. 그 춤은 두명의 여동(女童)을 쓴다. 모자에는 금방울을 달아서 손뼉을 치고 굴리면 소리가 나며, 그들이 오는 것은 두 연꽃 속에 감춰졌다가 그 연꽃이 갈라진 뒤에야 보이는데 마주 보고 춤추며 서로 경하드리는 품이 실로 무용 중에서도 우아하고 묘한 것이다.(丹鉛餘錄(楊愼撰) 樂花云 羽調 有柘曲 商調 有掘柘枝 此舞 因曲爲名 用二女童 帽施金鈴 抃轉有聲 其來也 於二蓮花中藏之 花折而後見 對舞相呈 實舞中雅妙者也)" 하였다.[100]

'자지'는 당·송 대에 걸쳐 추어진 춤으로 곡의 편수도 많다. '자지무'는 서역의 한 나라인 석국에서 전래한 것이라고 단언하기도 하며, 심숙경은 그의 논문에서 석국 기원설, 척발위 기원설, 남만(南蠻) 기원설로 '자지무'는 석국 기원설이 가장 과학적이고 타당성있는 견해로 보여진다[101]고 하였다. 당대에 원래 독무였던 '자지무'는 쌍자지로 변화하기도 하였는데 '두 동녀가 연꽃에서 나오는 아묘한 쌍인무'가 바로 '굴자지'라고 중국의 무용사학자 왕극분(王克芬)은 추단(推斷)하였다. 고려를 왔다간 중국의 송나라 사신 서긍(徐兢)이 기록한 『선화봉사고려도경(善和奉使高麗圖經)』[102] 권40 악률조에 의하면, 고려 예종 직후인 인종 1년(1123)에 '자지무'와 '포구락'이 있었으며 그 무원의 수가 수백 명으로 '연화대'는 '굴자지'가 아닌 '자지무'라고 표현하였다.(有柘枝 抛球樂之艺. 其百戱 數百人.) 이렇듯 고려시기 한국에 유입된 '연화대'와 그 역사적 맥락을 같이하는 '굴자지'와 '자지무'는 중원 전입 이후, 교방에서 군영(軍營), 사대부가의 가기(家伎)까지, 수도장안에서 섬서성, 절강성, 호남성, 사천까지 널리 장시간 성행하면서 여자독무인 '자지무'에서 2인이 추는 '쌍자지(双柘枝)' 그리고 '굴자지(屈柘枝)', '오천자지(五天柘枝)' 등으로 점차 중원의 한족악무와 융합하여 변화, 발전하였다.

화봉무(火鳳舞)·급화봉(急火鳳)·무학염(舞鶴鹽)·학무(鶴舞)는 북위(北魏) 고양왕(高陽王)의 미희인 염자(艶姿)가 정통한 유명한 춤이라[103]고 전해졌으나 당

---

100 양신찬(楊愼撰), 『단연여록(丹鉛餘錄)』, 악원(樂苑).

101 심숙경, 「당악정재 연화대와 중국 자지무(柘枝舞)의 관계」, 대한무용학회, 2012, pp.155~172 참조.

102 서긍(1123)이 고려 개경에 한 달간 다녀온 경과와 견문을 그림과 곁들여 써낸 여행보고서.

103 〈洛陽伽藍記〉 卷3 城南 高陽王寺 條. "고양왕에게는 두 명의 미희가 있었습니다. 한 명은 수용(修容)이고, 한 명은 염자(艶姿)입니다. 모두 초승달 모양의 눈썹과 하얀 치아의 깨끗한 모습을 한 경

인 이백약(李伯藥)의 '화봉'의 음악과 무의 자태가 약간 언급되어 있는 내용은 "노래 소리 부채 속에서 나오고, 단장한 그림자 부채 속에 들었네. … 양미간을 좁히는 것을 볼 수 없고 머금은 표정이 사람인가 의심케 하네.", "아름다운 여인이 밤 화장 곱게 하고, 맑은 노래 부르니 난방에 울려 퍼지네. 그림자진 부채는 바람을 머금고, 소리내며 날아오르니 해가 대들보를 비추고 있네. 찡그린 눈썹 가운데로 모은 모습 어여쁘고, 아름다운 음성은 입 속의 향기라네."처럼 무자는 손에 부채를 들고 훌륭한 노래 소리에 추는 춤으로 새의 동작을 부채로 날개처럼 흉내 낸 것이 아닌가 한다. 이 춤은 '급화봉'과 함께 '무학염'으로 개명되었다. 천보 13년(754), 태악서에서 곡명을 대거 고칠 때, '급화봉'은 '무학염'으로 개칭하였다. '학무'는 고대부터 지금까지 줄곧 유전되어 온 춤이다. 무인은 부채를 들고 노래를 부르며 춤을 추었다고 하며 운남 합니족(哈尼族) 민간무 중에 '백학무(白鶴舞)'라는 춤 또한 무인은 양손에 큰 깃털 부채를 쥐고 새의 날개와 같이 부채를 움직이며 나는 춤으로 새가 높이 날아서 내려앉는 모습을 흉내 낸 무용이다.[104] 난약공덕송(蘭若公德頌)[105] 가운데 학무의 기록이 있다.[106] "청풍이 풍경을 울리는 듯한 소리, 백학이 이슬에 털을 씻는 듯한 춤. 앵두 같은 입술에 오묘한 미소를 띄우고, 꽃 무대에서 꽃 같은 자태를 연출하네. 즉 청풍이 처마 끝에 달려있는 금방울을 흔드니 맑고 시원한 소리가 울려 퍼진다.(清風鳴金鐸之聲, 白鶴沐玉毫之舞. 菓脣笑, 演花句于花臺.)"고 하였다. 백학의 표정과 자태를 모방한 학무가 나타났고, 화무(花舞)를 공연 하는 여러 무기(舞妓)들이 등장하였음을 말해주고 있다.

이들은 모두 '학무'의 기록이지만 우리의 학춤과는 관련이 없어 보인다. 즉, '연화대무'의 원형인 '날자지', '굴자지', '자지'에는 학의 기록이 없으며 화봉무·급화봉·무학염·학무와 같은 중국의 춤은 새의 모습을 모방한 춤이기는 하

국지색입니다. 수용은 〈녹수가(綠水歌)〉에 능하고 염자는 〈화봉무(火鳳舞)〉를 잘하여 여러 애첩 가운데 고양왕의 사랑을 독차지하였습니다."

104 차순자 역, 『중국무용사』, 동남기획, 2002, pp.111~112.

105 사탄인(斯坦因), 3,929호 책 속에 동보덕(董保德) 등이 쓴 〈난약공덕송(蘭若公德頌)〉이 있다.

106 차순자 역, 『중국무용사』, 동남기획, 2002, p.244, 饒宗頤 〈敦煌曲〉 논문에서 재인용.

나 부채를 사용하여 춤을 만들어 어여쁜 여인의 모습을 강조한 춤인 것이다. 이렇듯 20세기 중엽 이후 중국에 전래된 '학춤'은 민간 예술인들의 가공을 거쳐 눈에 띄는 변화를 거쳤고 한반도의 '학춤'과도 많은 차이를 갖게 되었다. 중국의 '학춤'은 형태와 형식, 이미지, 내용, 의복 등이 우리의 '학춤'과는 다른 모습을 보인다. 우리의 '학춤'은 온몸에 학탈을 쓰고 학의 생태적 특성을 표현한 모의무로 향악정재로 분류되어 있어 중국 학무의 영향을 전혀 받지 않고 독창적인 우리 춤으로 발전되어 온 것이다. 앞으로 좀 더 확실한 연구의 필요성을 남기는 부분이다.

2) 조선족의 학춤

'학춤'은 조선족이 이주하는 과정에서 중국에 편입되었다. 1997년 '학춤'은 국가 문화부에서 편집한『중국 조선족 무용 집성』에 수록되었으며 2007년 6월에 길림성성부와 길림성문화청으로부터 성급비물질유산으로 명명되었고, 중화인민공화국 국무원과 중화인민공화국 문화부로부터 국가급비물질문화유산으로 명명되었다. 또한 2008년에 국가급 무형문화유산 대표 종목으로 지정되었다. 1952년 연변지방의 길림성 안도현에서는 만보향의 농민업여 '아마추어 문예 공연' 때『학춤』의 제1대 전승자인 김재산이 '학춤'을 연기하였다. 이후 1980년대에 문예 종사자들의 발굴과 정리를 통하여 '학춤'이 계속 전해질 수 있었다.[107]

자료에 의하면 김재산은 1890년 조선강원도 금화군에서 출생하여 민간에서 무예를 닦고 1914년 길림성 안도현으로 이주해 '학춤'을 전파했다고 전하므로 '학춤'이 중국에 전해진 것은 백여 년 전 일이다. 조선족의 '학춤'은 민간에서 전해 내려오는 가운데 많은 사람의 사랑을 받아왔다. '학춤'은 중국 해방 초기 길림성 연변 각 지역에 보급되어있고 현재는 연변 안도현에서 제일 많이 보급되어 있다. 안도현 문학관 강덕수(55세) 관장은『악학궤범』권5의 무보

---

107 인터넷 료녕신문 참조.

를 보면 연못을 상징하는 네모진 널빤지를 놓고 그 주위에 연꽃, 칠보등롱, 연통을 놓는다. 그 연꽃 모양의 두 연통에는 동녀(童女)를 숨어 있게 하고 청학과 백학이 나와 연통을 중심으로 춤을 추다가 연통을 쪼면 그 속에 숨어 있던 두 동녀가 나오고 두 학은 이를 보고 놀라 뛰어나가는 내용으로 되어 있으나 강덕수가 발굴해낸 '학춤'은 조류인 학을 의인화하면서 학의 청초함과 우아한 몸짓 등을 소박한 민속의 율동에 용해시킨다고 한다. 그리고 동녀가 학을 타고 피리를 불며 환상의 세계로 가는 것으로 특징지어진다. 음악으로는 꽹과리, 징, 장구, 북 등 타악기가 중심이 되고 굿거리장단으로 반주한다. 이렇듯 중국 조선족의 '학춤'은 보법과 동작을 발전시켜 학의 형상을 빌어 그들의 향토애를 표현하였는데 구체적으로 말하면 아래와 같은 순서로 전반 춤사위가 엮어졌다.

첫째, 미인송 아래에 잠든 학과 초병인 양 그 뒤에서 한 다리를 들고 선 학.

둘째, 새 아침 공기를 마음껏 마시며 고향산천에서 나래치며 한 포기의 풀, 한 그루의 나무도 애무하는 학.

셋째, "껑충걸음"을 하며 부리로 땅을 쫓기도 하고 부리를 땅에다 이리저리 닦는 학.

넷째, 천지의 맑은 물에 깨끗한 제 모습에 때가 묻지 않았나 비쳐 보는 학.

다섯째, 애무하거나 듯 위로하는 듯 목과 목을 교차하고 흔들다가도 마주 섰다 물러서서 부리로 깃을 다듬는 학.

여섯째, 학이 물고기를 낚자 고기를 가지고 재롱부리는 학.

예전의 학춤 반주로는 통소에 홍성백, 새장구에 홍수천, 북에 리진수가 맡아하였으나 애석하게도 세 분 모두 타계하여 음악을 고증할 바가 없다[108]고 한다.

현행 연변 조선민족무용의 전반적인 특성을 최해리는 다음과 같이 정리하였다.

첫째, 연변의 조선민족무용에는 한국, 중국, 북한 춤 문화의 성격이 복합적

---

108 래원, 중앙 인민 방송국(2012. 10. 24.).

으로 나타난다. 민간에서 추어지던 민속무용은 민족적 특성을 표현하고 노동, 생활, 풍속을 소박하게 반영하는 소품 위주의 무대예술로 발전했으며, 개혁개방 이전에는 중국과의 사상적 친밀성과 유대관계 및 동일 민족성에 의해 북한으로부터 창작 민속무용 종목을 대거 유입하기도 했다.

둘째, 중국의 문예정책에 의하면 연변 조선민족무용의 목적은 대중을 우위에 두고 대중들을 위한 공연으로 오락성을 지닌 집체무용과 광장 무용이 많이 발달해 있으며 전문 무용가나 일반 민간인 모두가 참여하는 형태의 무용을 우선시한다.

셋째, 연변 조선민족무용의 움직임 특성은 외향적 형식미를 추구한다. 연변 조선민족무용은 한국 전통춤에서 볼 수 있는 내재적이며 함축된 미보다는 외적인 형식미를 추구한다. 이는 전통춤의 뿌리가 깊지 못했을 뿐만 아니라 중국 문예방침에 의해 연변 조선민족무용의 존재 목적이 내면적 표현의 추구보다는 대중들을 위한 볼거리에 있었기 때문이다. 외향적 형식미를 추구했기 때문에 연변 조선민족무용에서는 척추를 꼿꼿이 세우면서 위로 들린 상체와 일직선으로 뻗은 팔선, 상체위주 동작(팔동작과 얼굴표정)들이 많이 발견된다. 그리고 발동작은 광장 혹은 대형무대에서 원거리 이동이 가능하도록 잔발, 뛰기, 투스텝, 제자리돌기가 많이 사용된다. 또한 민족적인 흥취와 멋을 돋우기 위해 장단에 맞추어 어깨를 좌우로 어르는 동작과 손목 꺾기를 장식 동작으로 많이 사용한다.[109]

이상의 내용을 종합하여보면 중국 조선민족의 '학춤'은 백두산 천지라는 지리환경을 배경으로 학의 율동을 무용적으로 전개하며 미적 이상을 체현시킨[110] 민속무이지만 조선족이 추는 '학춤'은 두 송이 연꽃을 에워싸고 추는 모습이 우리나라의 '학연화대무(鶴蓮蓮花臺舞)'의 연희 형식과 매우 유사하여『악

---

109 최해리, 「개혁개방 이후 연변 조선민족무용의 종류와 특징」, 한국무용기록학회, 2004.

110 정영주, 「중국 조선민족 무용 연구」, 중앙대학교 석사학위논문, 2004, p.37.

학궤범』의 '연화대무'가 조선족에게 건너가 발전한 것으로 보이고 후에는 진주교방학무의 성격도 지닌 춤으로 변모되어갔음을 알 수 있다.

3) 일본의 학춤

일본에는 '학춤'에 관한 문헌사적인 자료는 없으나, 일본의 '학춤'은 센소지(淺草寺) 백로의 춤, 야마구치 기온(山口祇園) 백로의 춤, 야사카 신사(八坂神社) 백로의 춤 등이 3대 학무로 일컬어지고 있어 북해도 아이누족의 학춤, 교토의 학춤과 함께 5개의 춤을 중심으로 살펴본다.

(1) 일본 교토 로무

일본 교토 로무의 연원은 야사카 신사의 기온에서 봉납된 것으로 중국의 칠석 전설에 뿌리를 두고 있다고 전한다. 교토 쓰와노의 야마구치 기온위원회에서 전승되어 1542년 전염병의 퇴치를 기원했던 어령회(御靈會)가 그 기원이며 1645년 이후 오랜 세월 동안 매년 기온제 때 봉납되었다. 교토 로무(京都鷺舞)는 1994년 일본 국가중요무형민속문화재로 지정되었으며 입을 다물고 있는 수컷과 입을 열고 있는 암컷이 두 명의 봉견과 함께 북의 주의를 돌면서 막대기를 휘두르는 춤을 춘다. 막대기에는 오색의 술(삭모)이 붙어있고 막대로 찌르거나 맞부딪치며 악마를 퇴치하는 종교적인 의미를 간직하며 신에게 바치는 춤으로 행복과 행운을 기원하고, 수명장수를 비는 토템 신앙에서 출발한 종교적 의미구조를 지닌다. 노래를 하면서 춤이 시작되며, 춤사위는 전체적으로 행진하듯 무릎을 높이 올리며 직선적 동작이 주를 이룬다. 동작이 매우 단조롭고 움직임이 규격화되거나 정형화된 동작이며 동서남북 바라보는 방향이 정확하다. 그도 그럴 것이 얇은 막대모양을 이어 펼치는 날개는 부드럽고 섬세한 춤 형태를 만들어 낼 수 없는 것이다. 항상 마주 보거나 대칭을 이루고 무용이 아니라 체조 같은 느낌으로 펼치는 날개는 좌우나 상하, 원을 만드는 동작만 존재한다. 몸을 굽히지 못하고 서서 날개를 폈다 접는 것이 상체동작의 대부분을 차지하고, 하체동작도 굴신이 없고 군대의 제식훈련처럼 무릎을 높이 들어 걷고, 방향을 바꾼다. 대체적으로 4보 단위로 움직이며, 또한 반복적으로 같은 동작을 진행하고 있다. 로무의 구성은 백로가 암수 2인봉을 들고 춤을 추는 봉진 2인, 갈고 2인으로 구성되고 북 2인, 갈고 2인, 피리 2인, 종 2인, 노래 6인으로 구성된다. 로무는 한곳에서만 춤을 추는 것이 아니라 긴 행렬을 따라 이동하면서 잠깐잠깐 거리에서 춤을 춘다. 공연이나 춤이 아니라 신에게 바치는 경건한 행위로 보인다. 일본 교토 로무는 학이 두 마리라는 것만이 우리와 유사하고 다른 모든 것이 매우 상이하다. 학탈의 모양도 망토처럼 머리에서부터 등 뒤로 뒤덮는 형식이다. 반주음악은 노래로 반주를 하고 있으며 단선율 피리가 있지만, 선율 악기의 역할이 아니고 비어있는 시간만 메꾸고 있다.

(2) 센소지 백로의 춤

1968년(쇼와 43)에서 아사쿠사 관광 연맹이 도쿄 100년 기념행사로 창시 한 것이지만, 센소지의 로무(鷺舞)는 1652년 센소지 경안 재수 두루마리에 원인이 되며, 역사적으로 관계가 있다. 또한, 이 백로의 춤은 매년 11월 봉납된 다른 로무와 그 시기가 다르다. 막대모양을 이어 펼치는 날개는 직선적 동작으로 매우 단조로운 움직임이며 마주 보거나 대칭을 이루고 있다. 엎드리는 동작이 없고 서서 날개를 폈다 접는 동작을 반복적으로 한다. 로무의 구성은 백로가 2인 혹은 4인으로 짝수이다. 학탈의 모양이 망토처럼 머리에서부터 등 뒤로 뒤덮는 형식으로 몸통은 민속적인 의복을 입고 머리와 날개만이 강조된 의상이다.

(3) 야마구치 기온 백로의 춤

야무구치 기온의 춤은 무로마치시대부터 시작되었다고 되어 있으며, 야마구치 시내의 야 사카 신사 기온에 봉납된다. 교토 문화에 조예가 깊었던 홍세(弘世)가 교토에서 야 사카 신사를 권청했을 때, 동시에 전습된 것으로, 여름 전염병 제외를 기원하며 시작되었다. 암수 한 쌍의 백로가 춤을 봉납한다. 현재 일본의 무형문화재로 지정되어 있다. 이 야마구치의 로무(鷺舞)는 쓰와노에 전해지고 있지만, 막대처럼 이어진 날개를 펴고 접는 동작이 단조롭고 화려한 예능적 기능은 찾아볼 수 없다. 학탈의 모양이 망토처럼 머리에서부터 등 뒤로 뒤덮는 형식으로 하의는 빨간색 바지를 입는다.

(4) 야사카 신사 로무

야사카 신사의 기온에서 행하는 로무(鷺舞)이다. 에도시대 중기에 폐기하고, 1956년(쇼와 31), 기무라 마사오 의해 재건된 것이다. 야마보코 순행, 신행 축제 화산(化傘) 순행, 커억 축제 야사카 신사 경내에 봉납되고 있다. 그러나 호화찬란한 야마 보코 순행과 화산의 그늘에 가려 있으며 2006년 이후 로무 보존회와 신사, 다 미코 조직의 갈등이 깊어진 이후 행하여지지 않는 등 그 전승 여부가 불투명하다.[111] 펼치는 날개가 다른 일본의 학춤에 비해 섬세한 모습이다. 그러나 몸을 굽히지 못하고 곧게 서서 날개를 폈다 접는 것이 동작의 대부분을 차지하고, 다리를 높이 들며 무릎굴신은 없다. 로무의 구성은 학이 두 마리이며 학탈의 모양이 망토처럼 머리에서부터 등 뒤로 뒤덮는 형식인 것은 모든 일본학춤의 공통점으로 보인다. 바지와 학 날개가 모두 백색, 다리는 검정으로 학과 가장 유사하다.

(5) 북해도 아이누족의 학춤

일본의 북해도(北海道)에는 광활한 구시로 습지가 있다. 이곳에 사는 아이누족[112]은 곰과 늑대와 같은 동물을 숭배하며 아이누족 '학춤'이 존재한다. 특히 두루미의 이야기를 전통 옷을 입고 검은 보자기로 머리를 덮고서 조상의 상징인 두루미, 즉 학춤으로 부족의 전설을 노래하고 춤을 추면서 잃어버린 역사를 후손에게 말해주고 있다. 아이누의 전통적인 노래와 춤은 부족들의 일상생활 속에서 전해내려 왔다. 의식 때 불려진 것이나 일할 때 불려진 것, 오락으로

---

111 유미자, 「한국과 일본의 학춤 비교」, 중앙대학교 석사학위논문, 2016.

112 지금까지 혈통을 이어 오는 아이누족은 겨우 15,000여 명. 혈통 단절의 위기에까지 처해 일본 정부가 특별히 보호하고 있지만, 대부분 관광객을 상대로 한 민속 공연, 공예품 판매, 농사 등으로 생계를 근근이 이어 가고 있다. 1차 세계대전 이전에 남태평양 및 남천도(南千島) 색단도(色丹島)에도 거주하였다고 하는데, 전쟁이 끝난 후 모두 북해도에 이주하였다. 아이누는 주변 민족과는 다른 형질이나 언어를 가졌고, 특수한 문화를 발달시켰다는 점에서 역사학자, 인류학자, 민속학자, 고고학자는 물론 세계 각국 학자의 주목 및 연구대상이 된 민족이다.

써 불려지거나 춤추던 것 등 종류는 다양하지만, 모두 전문적인 작곡가나 무용가에 의해서 만들어진 것은 아니다. 북해도 아이누족의 '학춤'은 일본 전통복식에 "삐약삐약"이라고 소리를 내면서 추어지는데 한국적 '학춤'과는 무척 상이점(相異占)을 발견할 수 있으며, 그들은 '곰춤'과 더불어 학춤을 상징적으로 추고 있다.[113] 학 이외에도 물제비 등의 새나 여우, 토끼, 쥐 등의 동식물을 모티브로 한 춤들이 많다. 이러한 춤이나 노래는 현재 북해도의 각지에 전승되어 있고, 지방에 따라 특징을 가지고 있다. 아이누문화부흥의 운동 중에서 전통적 예능의 보존회 활동이 활발이 행해지고 있으며 현재 이러한 보존회 중에서 17개 단체가 전승하는 학춤은 일본의 중요무용민속문화재로 지정되었다.[114]

---

113 백성 스님, 『학춤연구』, 한림원, 2004, p.61.
114 http://www.ainu-museum.or.jp/kr/study/2_7geino.html.

제3장

한성준 학춤의 춤사위 분석

1 학춤사위의 구조와 구성

'학춤'의 춤사위는 한국 춤의 기본형인 학체로 구축되어졌다. 학체는 필체, 궁체와 함께 무세(舞勢)의 이상경으로 예의 극치라 표현되는 만큼 매우 중요한 춤사위이다. 우리 스승들은 예로부터 호흡과 춤집이 좋으며 성품이 끈기를 지닌 제자들에게 '학춤'을 추도록 하였다. 사실 무용수들은 엎드려 추는 기능수련과 고됨에 비해 추는 사람의 얼굴이 나오지 않는 '학춤'을 달갑지 않게 생각하기도 하였지만 '학춤'을 추어야만 춤이 더욱 끈끈해지고 호흡이 좋아진다며 '학춤'을 추도록 권고하는 말씀을 자주 하시곤 하셨다. 학체는 우리 춤의 역사 속에서 학의 모방의 태를 가지고 자연적으로 생겨나 전통적으로 이어온 춤으로 한국 춤의 깊은 가치를 지니고 있다. 학체는 학의 움직임에서 보이는 것처럼 무게감 있고 어깻죽지를 이용한 유연한 끈기 있는 동작으로 기본적인 춤체를 형성하게 한다. 그러므로 우리 민족의 역사 속에서 '학춤'의 중요함은 간과할 수 없고 우리 춤의 근간으로 그에 대한 과학적이고 체계적인 무보의 문헌적 정리가 되어있지 않음에 학체의 춤사위 구조와 공간적 구성을 무보로 기록하여 '학춤'의 춤사위의 특징과 정체성을 정립하고자 한다. 특히 '한성준학춤'은 중요성이 대두됨에도 불구하고 과학적이고 섬세한 무보가 없었다. '한성준학춤'을 체계화시키는 문화적 유산의 기록화는 필자가 지켜온 한성준-김천흥-정은혜로 계승된 '학춤'의 춤사위를 무보로 기록하여 춤사위의 구조와 구성을 분석한다. 그러므로 기경결해의 움직임 속에서 시작과 맺음을 세세히 기록하고자 노력하였으며 장단을 삼분박으로 나누어 세밀한 음악적 분석과 함께 춤사위 사진, 발사위와 공간구성, 그리고 해설까지 곁들인 무보는 사진과 음악, 해설이 매우 쉽도록 서술되어 많은 무용인들이 활용하기 쉽게 하였다. '한성준학춤'은 무박즉흥음악으로 시작하여 굿거리 후 맺음을 하는데 후일, 염불도드리로 시작하여 굿거리나 타령으로 맺음을 하기도 하였다.

1) 학춤의 춤사위 기본용어 설명

'한성준학춤'의 발디딤은 무박즉흥음악에서 상체 날갯짓의 움직임과 흐름에 따라 움직인다. 무박즉흥의 장단보법은 느린 보법과 빠른 보법이 있다. 느린 보법은 1박에 오른발로 굽혀 들어 2박에 앞으로 뻗어 내밀고 3박에 왼발 무릎을 굽히며 4박에 앞으로 뻗어 내딛고 5박에 두 발을 모으며 다음 박의 준비를 하는 보법이다. 굿거리 장단보법에서는 4박1보법, 2박2보법, 1박4보법으로 구성되어 있다. 여기에서는 4박1보법을 장전(長前)으로, 2박2보법을 중전(仲前), 1박4보법을 세전(細前)으로 표기하였다. 춤사위 기본용어는 아래와 같다.

갈라서기 : 나란히 서서 춤을 추다가 V자 형태로 암수가 서로 갈라서는 동작이다.

고개놀음 : 날개를 접고 학체로 고갯짓을 하는데 장단을 타는 흥겨움이 있는 동작이다.

고개를 드는 사위 : 몸과 호흡을 끌어 올리며 고개를 든다.

고개를 숙이는 사위 : 호흡을 내리며 고개를 숙인다.

고갯짓 : 학체로 서서 자연스럽게 몸통을 굽혔다가 펴며 고갯짓을 한다.

교차하기 : 숫학과 암학이 서로 비껴가며 자리를 바꾸는 이동 동작이다.

굴신 : 무릎을 굽혀 몸의 중심을 굽힌 무릎에 싣는 자세로 양 무릎을 굽히거나 한 무릎을 굽히는 동작이다.

꼬리 대기 : 서로 반대쪽을 보고 꼬리 부분을 맞대는 사위이다.

꼬리 털기 : 학체로 서서 꼬리를 턴다.

꼭지날기 : 양 날개를 가장 높게 올려 나는 동작이다.

끼고 도는 사위 : 암수가 서로 날개를 사선으로 맞대며 끼고 돈다.

날개 펴 낮게 돌기 : 날개를 펴고 가장 몸을 낮춰서 한 바퀴를 돈다.

날개 펴 어깻 사위 : 보통 외발로 서서 양 날개를 펴고 어깨춤을 춘다.

날개 펴 치켜 돌기 : 날개를 펴고 호흡을 올려 몸을 치켜올리며 한 바퀴를 돈다.

날개 떨기 : 양 날개를 떠는 동작으로 학춤 기능의 중요한 동작이다.

날개 펴고 원을 그리며 날기 : 날개를 펴고 잔걸음으로 원을 그리며 날아간다.

날개 접고 걷기 : 날개를 접고 걷는다.

날개 접기 : 날개를 천천히 내려접는 동작이다.

날갯짓 : 양 날개를 뒤쪽에서 살짝 들었다 내린다.

날개 펴고 걷기 : 양 날개를 펴고 걷는다.

날개 펴고 좌우로 굴신하기 : 양 날개를 편 채 몸을 좌우로 돌리며 굴신을 한다.

날개 펴기 : 날개를 펴 들어 올리는 동작이다.

날며 돌아가기 : 날개를 펴고 구슬돌기로 한 바퀴, 두 바퀴를 원을 그리며 돌아간다.

날며걷기 : 양 날개를 펴며 걷는 동작으로 주로 암컷이 동작한다.

돋음새 디딤 : 제자리에서 몸을 솟구치듯 발뒷꿈치를 들어올려 걷는 사위이다.

뒷다리 펴들기 : 외발로 서서 한 다리를 뒤로 들어 올리는 사위이다.

뛰어날기 : 양 날개를 펴며 위로 높이 뛰며 날아가는 동작이다.

마주 보는 사위 : 암수가 서로 마주 본다.

멀리 딛어 앉는 사위 : 한 다리를 멀리 딛고 부리를 닦을 때 하는 동작으로 양다리가 앞뒤로 벌려 엎드려지는 사위이다.

모듬발 : 한쪽 발을 내딛고 나머지 뒷다리를 끌어 당겨 모으는 사위이다.

모이 쪼으기 : 학체로 서서 더욱 상체를 낮추어 부리로 땅의 모이를 먹는 듯하는 동작이다.

밀며 딛기 : 한 다리를 바닥을 스치듯 내딛는 동작이다.

발 찍기 : 한 발을 끌어 모아 옆다리에 찍기 한다.

발을 들며 뛰어나는 사위 : 암컷이 하는 동작으로 양 날개를 펴며 공격하듯 뛰며 앞으로 날아가는 동작이다.

발을 밀며 날아가기 : 양 날개를 펴고 한 발을 바닥을 스치며 내어딛고 호흡을 들며 잔걸음으로 날아간다.

발짓하기 : 흥겹게 두 발을 모아 딛고 왼발 들고, 두 발을 모아 딛고 오른발을 든다.

부리를 닦는 사위 : 학체로 서서 몸통을 더욱 아래로 굽히며 양 다리를 앞뒤로 벌리고 부리를 땅에 닦듯이 한다.

부리를 치는 사위 : 머리를 들고 주둥이 입부리를 벌렸다 오무렸다 하며 열고 닫는 사위이다.

비껴 서기 : 숫학과 암학이 어긋하게 비껴서 서는 동작이다.

사선 날기 : 날개를 사선으로 펴며 날아가거나 걷는 동작이다.

앉는 사위 : 암컷이 수컷의 품으로 숨듯이 앉는 사위이다.

양날갯짓 : 양 날개를 펴 올렸다가 접는 동작의 기본이다.

양발 꼬아 딛기 : 양발을 X 자 모양으로 꼬아 딛고 동작한다.

어깨춤을 추는 사위 : 어깨를 좌우로 흥겹게 어른다.

외 날갯짓 : 외날개를 펴 올렸다가 접는 동작의 기본이다.

외발 날개 떨기 : 외발로 서서 양 날개를 떠는 동작으로 학춤 기능의 절정을 보여주는 동작이다.

외발 들기 : 한 다리를 자연스럽게 굽혀 올려든다.

외발로 서기 : 한 다리를 자연스럽게 굽혀 올려든 다음 서 있기도 하고 흥겹게 굴신을 한다.

잔걸음으로 날기 : 날개를 펴고 잔걸음으로 이동한다.

제자리돌기 : 제자리에서 한 바퀴 돈다.

좌우로 날개치기 : 왼쪽 날개를 좌측으로 펴고 접고, 오른쪽 날개를 우측으로 펴고 접는다.

태극날기 : 숫학과 암학이 태극무늬를 그리며 날아가는 동작이다.

학 다리짓 : 다리를 자연스럽게 굽혀 올려 내밀어 딛는 동작의 기본이다.

학 디딤체 : 한국 춤의 기본과 같이 뒷꿈치 딛기를 하며 세전딛기에서는 발을 뒤로 든다.

학 몸 털기 : 양 날개를 하나씩 접으며 몸과 날개를 부르르 털어내는 동작이다.

학체 : 몸을 ㄱ 자로 굽혀 숙이는 동작의 기본이다.

한 발 꼬아 딛기 : 한 발을 X 자 모양으로 꼬아 내딛는다.

허리 감기 : 양 날개를 앞뒤로 허리를 감으며 마무리하는 동작이다.

활개 치기 : 양 날개를 가장 크게 휘저어 올리는 동작이다.

휘저어 날기 : 숫학의 동작으로 오른 날개를 왼쪽으로 휘저으며 날갯짓을 한다.

2) 쌍학의 춤

(1) 숫학의 홀춤

음악은 단소독주의 연주로 무박즉흥음악이다.

준비 자세는 상수 앞 무대에서 옆 가로선 앞을 보고 학체로 서서 제자리에 두 발을 붙여 모으고 있다.

① 몸을 천천히 끌어올려 고개를 드는 사위로 사선 방향으로 돌아선다.

② 두 발을 무릎굴신하며 호흡을 내리며 살짝 고개를 숙이는 사위를 한다.

③ 날개를 천천히 뒤쪽에서부터 날개 펴기를 여유 있게 하며 무릎을 편다.

④ 양 날개를 옆으로 편 채 호흡을 더욱 들어 올린 후 천천히 호흡을 내린다.

⑤ 다시 양 날개의 호흡을 올려 오른쪽으로 몸 방향을 틀어준다.

⑥ 다시 호흡을 올려 날개를 치켜 올려 사선 방향으로 돌아와 날개 접기를 하며 학체로 엎드린다.

⑦ 날개를 접은 채 오른발부터 학 다리짓으로 세 번을 천천히 걷기 한다.

⑧ 네 번째에 두 발을 모으며 모둠발을 하고 양 날개를 다시 뒤로 펴 올린다.

⑨ 상청 음악에 양 날개 떨기를 하며 왼발을 끌어올려 학 다리짓을 한다.

⑩ 호흡을 살짝 내렸다가 발을 사선 앞으로 한 발 꼬아 딛기 한 후 다시 호흡을 끌어올려 양 날개 떨기를 하며 날개를 뒤로 젖혀 날개 접기를 한다.

⑪ 양 날개를 펴며 천천히 한 발 한 발 내딛으며 잔걸음으로 날아가다가 뛰어날기를 한다.

⑫ 무대 중앙을 크게 오른쪽으로 둥글게 돌아 달팽이형으로 무대 중앙으로 가면서 오른쪽
을 보고 날개 접기를 한다.

⑬ 왼쪽부터 좌우로 외날갯짓을 한다.

⑭ 앞 가운데를 보고 양 날개로 좌우새 한 후 하나씩 접으며 부드럽게 몸을 흔들어 학몸 털기를 한다.

⑮ 오른발을 들어 오른쪽으로 내딛으며 학체로 모이를 쫀다.

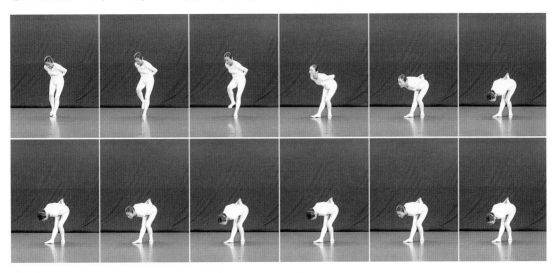

⑯ 왼발을 오른발에 모아 붙이며 모둠발을 한 후 왼발을 상수 쪽을 향해 내딛고 크게 양 날개를 펴서 걷는다.

⑰ 오른발을 한 번 더 내딛고 잔걸음으로 걸어가 두 발을 모아 모둠발을 하며 양 날개 접기를 한다.

⑱ 오른쪽 다리를 뒤로 빼 외발 서기를 한 후 양 날개 펴기를 한다.

⑲ 외발 날개 떨기를 한 후 날개 접기를 하며 오른발을 들어 내려놓는다.

⑳ 상청음악에 날개를 펴며 상수 쪽으로 잔걸음을 한다.

㉑ 오른발을 밀며 딛기를 하고 왼발을 모아 발 찍기를 하며 돌아 몸은 상수 쪽을 보며 마무리한다.

㉒ 왼발 들어 사선 날개 펴기를 하고 왼발과 오른발을 순차로 딛으며 무대 뒤편을 향해 돌아
서며 날개 접기를 한다.

㉓ 뒤를 본채, 날개 펴기를 하면서 왼발을 들어 꼬아 딛기와 양 날개 떨기를 한 후 날개 접기
를 한다.

㉔ 양 날개 펴기를 하며 잔걸음으로 가다가 뛰어날기를 하면서 퇴장한다.

쌍학의 춤 숫학 홀춤 공간구도

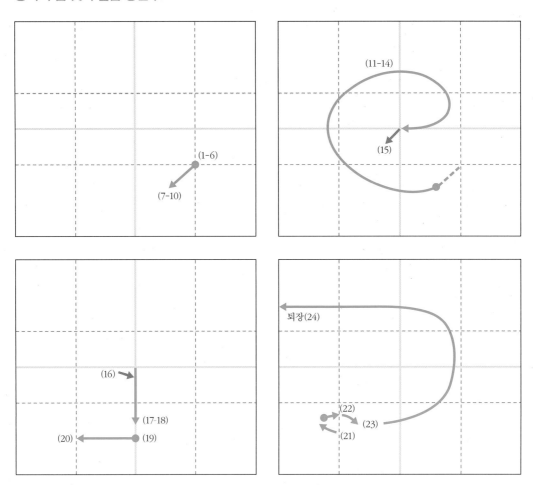

(2) 암학의 홀춤

음악은 대금독주연주로 무박즉흥음악이다.

준비 자세는 상수 뒤 무대에 등장하지 않고 양 날개를 접고 학체로 두 발을 붙여 모으고 서
있다.

① 상수 뒤에서 무대로 등장하며 오른발부터 학다리짓으로 3번 걷기를 한다.

② 왼발을 들며 학다리짓으로 양 날개 펴기를 한 후 외발 서기로 제자리에 서서 여유 있게
기다린다.

③ 왼발부터 날며 걷기를 3번 한다.

④ 중앙 앞을 향해 돌아서며 오른발을 들어 외발 서기로 서서 양 날개 펴기를 하면서 기다린
후, 오른쪽으로 몸을 돌리며 양 날개 접기를 하며 오른발을 내려놓으며 모이 쪼으기를 한다.

⑤ 상청음악에 양 날갯짓을 날기 전에 준비하는 것처럼 파다닥거리듯이 2번 한다.

⑥ 뛰어날기를 무대크기에 따라 4번~7번 한 후, 양 날개를 편 채 잔걸음으로 마무리하며 제 자리로 돌기로 혼자 한 바퀴 돌아 날개를 펴고 선다.

⑦ 양 날개를 편 채, 오른발부터 앞쪽으로 꼬아 걷기를 2번 후 오른발을 옆 하수 쪽으로 딛으며 날개 접기를 하며 모둠발을 한다.

⑧ 왼발을 끌어 모으고 양 날개를 펴며 몸을 일으켰다가 굴신을 한 후 오른발 찍기로 선 다음 양 날개 접기를 하며 학체로 굽혀 앉는다.

쌍학의 춤 암학 홀춤 공간구도

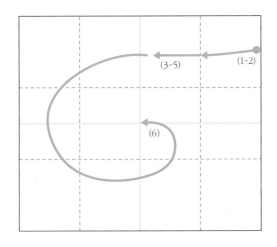

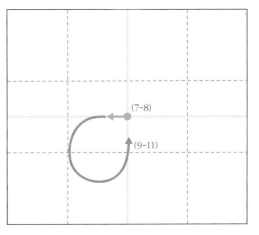

⑨ 뛰어날기 1번 후 잔걸음으로 무대를 크게 돌아온다.

⑩ 오른발 외발 들기를 하며 양 날개를 펴고 멈춘 듯 기다렸다가 고개와 호흡을 들어 올린 후 몸을 숙여 고개를 숙이는 사위로 부리를 땅에 한 번 콕! 찍고 제자리에 학체로 서서 날개 접기를 한다.

⑪ 날개를 접은 채, 무언가를 찾는 듯 고개를 드는 사위로 오른쪽을 보고 왼쪽을 본다.

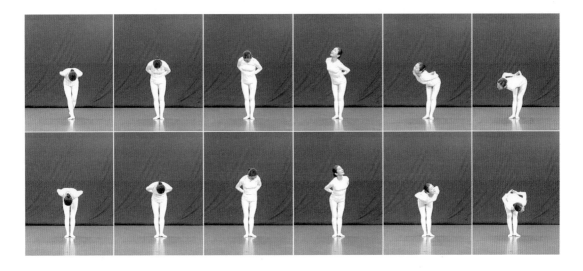

⑫ 양 날개 펴기를 하고 하수 쪽을 보며 누군가 오는 것을 기다리듯 사선 앞으로 오른발부터 2번 딛는다.

⑬ 하수 쪽으로 돌아서서 날개를 치듯 하며 오른발 딛고 살짝 뛰기를 한 후, 오른발 찍기를 하고 양 날개를 내려 허리를 감는다.

⑭ 크게 원을 그리며 잔걸음으로 한 바퀴 돌아 중앙으로 온다.

⑮ 양 날개를 펴며 오른발을 천천히 들어 양 날개를 확 펼친 후, 수컷을 맞이하듯 뒤로 잔걸음으로 물러난다.

쌍학의 춤 암학 홀춤 공간구도

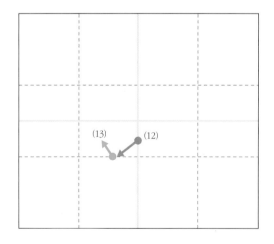

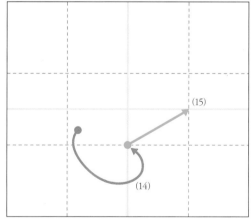

(3) 쌍학춤의 대무

음악은 경기 굿거리 다섯마루가 연이어 합주로 연주된다.

암학은 홀춤이 끝난 후 무대 중앙에 자리하고 숫학이 무대로 뛰어 날아들며 대무가 시작된다.

① 굿거리음악 한마루

1장단 – 숫학은 앞걸음으로 뛰어 날아 등장하고 암학은 뒤로 물러나며 맞이한다. 훌쩍! 뛰어 날기 후 굴신하며 멈춘다.

2장단 – 양 날개를 편 채 숫학과 암학이 마주 보기로 함께 어르는 사위를 한다.

숫학

암학

3장단 – 양 날개를 편 채 중전으로 발짓을 경쾌하게 학디딤체로 내딛으며 숫학과 암학이 끼고 도는 사위를 한다.

숫학

암학

숫학

암학

5장단 - 돌아가던 방향으로 한 발을 딛으며 사선 날기를 한다. 시선과 날개는 왼쪽을 본다.

숫
학

암
학

6장단 – 숫학과 암학이 몸을 틀어 오른쪽 옆으로 사선 날기를 마주 보고 하면서 비껴 돌아가며 무릎굴신을 하고 날개 접기를 한다.

숫학

암학

7장단 – 숫학과 암학이 비껴 사선에서 세전 3번을 학디딤체로 안으로 모여들고 나란히 정면
앞을 향해 돌아선다.

8장단 – 숫학과 암학이 날개를 접은 채, 중전걷기 2번을 학디딤체로 정면 앞을 향해 걷는다.

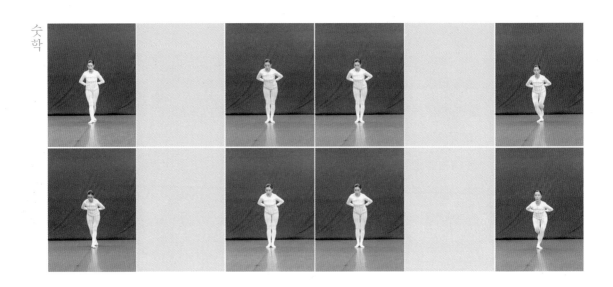

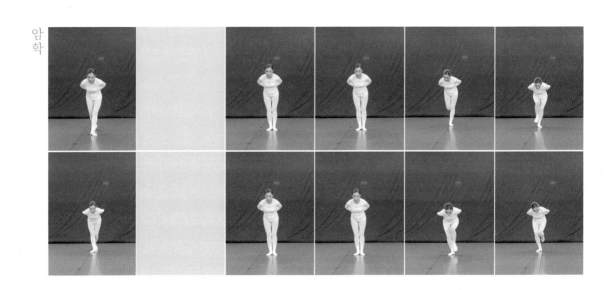

9장단 - 앞으로 세전걷기를 학디딤체로 4번 하며 마지막 박자에 날갯짓을 작게 한다.

숫학

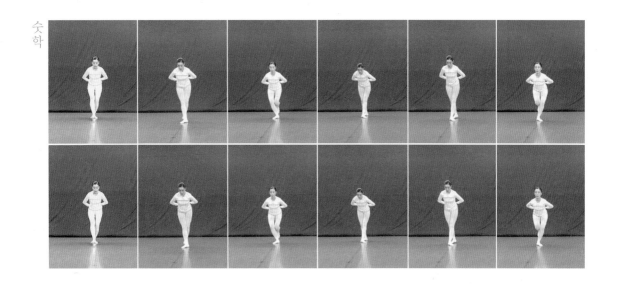

암학

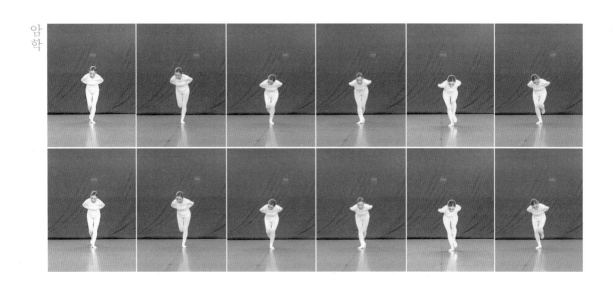

10장단 – 숫학과 암학이 약간 사선으로 갈라서기를 하며 양 날개를 펴고 좌우 어르기를 제
자리에서 한다.

숫학

암학

11장단 – 숫학과 암학이 함께 뒤로 세전 2번 물러난 후 잔걸음으로 물러나며 날갯짓을 하고
날개 접기를 한다.

12장단 - 중전으로 2번 뛰어날기를 숫학은 하수 앞으로 암학은 상수 앞으로 한다.

13장단 - 상·하수 각자의 자리에서 하나에 양 날개를 확! 펼쳐 멈추고 셋에 호흡을 꺾고 넷에 어르기 한다.

숫학

암학

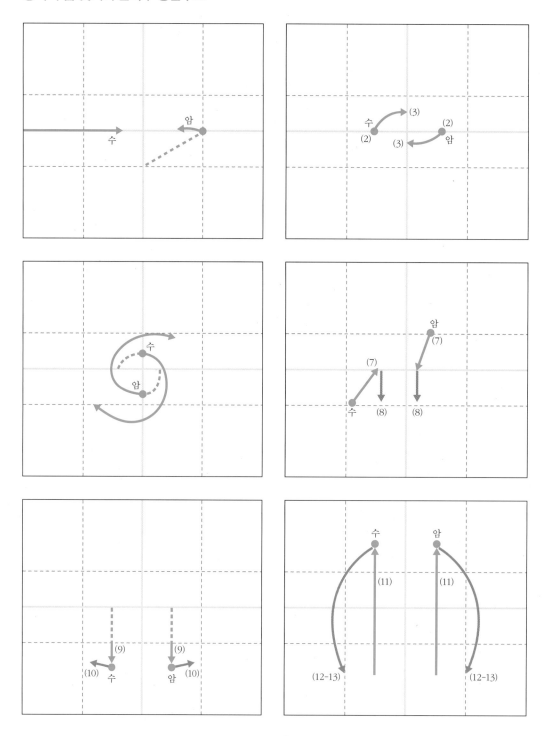

② 굿거리 두마루

14장단 - 세전 돋음새 디딤 4번을 숫학은 오른발 오른쪽으로, 암학은 왼발 왼쪽으로 양 날개를 펼친 채 반 바퀴 돌아선다.

숫
학

암
학

15장단 - 중전으로 숫학과 암학이 모두 사선 뒤를 향해 1번 뛰어날기 하고 숫학과 암학이
교차하며 1번 뛰어날기 한다.

숫학

암학

16장단 – 하나에 날개를 가장 높게 올려 꼭지날기를 한 후 잔걸음으로 양 날개를 편 채 날아
간다.

17장단 - 잔걸음으로 뒷날개를 접으며 제자리돌기를 하며 멈춘다.

18장단 - 숫학과 암학이 사선으로 마주 보기를 하고 숫학은 앞으로 오른발 딛으며 장전을 1번 하고 암학은 뒤로 물러나며 장전을 1번 한다.

19장단 – 숫학은 앞으로 왼발 딛으며 장전을 1번 하고 암학은 뒤로 물러나며 장전을 1번
한다.

숫학

암학

20장단 – 숫학과 암학이 마주 보고 세전 2번을 숫학은 앞으로 암학은 뒤로 한 후, 잔걸음으로 날갯짓을 하며 마무리한다.

숫학

암학

21장단 - 숫학은 양 날개를 날갯짓을 하며 뒤로 3번 물러나고 암학은 양 날개를 펴고 앞으로
오른발을 들며 뛰어나는 사위를 1번은 중전으로 2번은 세전으로 하며 사선 앞으로 나간다.

숫학

암학

22장단 - 숫학과 암학이 마주 보고 숫학은 뒤로 한 발 딛으며 암학은 앞으로 한 발 딛으며 양 날개를 펼치고 어르기를 한다.

숫학

암학

23장단 – 숫학은 하수로 뒷걸음으로 외날갯짓과 허리 감기를 하고 암학은 오른발을 정면 앞으로 딛으며 천천히 양 날개를 펴들며 왼발 들기를 한다.

숫학

암학

24장단 - 숫학은 잔걸음으로 양 날개를 떨며 암학을 크게 돌고, 암학은 양 날개를 편 채 오른발을 축으로 흥겹게 어르기를 하며 뒤로 돌아선다.

숫학

암학

25장단 - 숫학과 암학이 앞걸음으로 암학은 앞서고 숫학은 뒤따르듯 세전 2번 후 잔걸음으로 이동한다.

숫학

암학

26장단 - 숫학과 암학이 오른발 다리를 멀리 딛고 모이 쪼으기를 한다.

쌍학의 춤 굿거리 두마루 공간구도

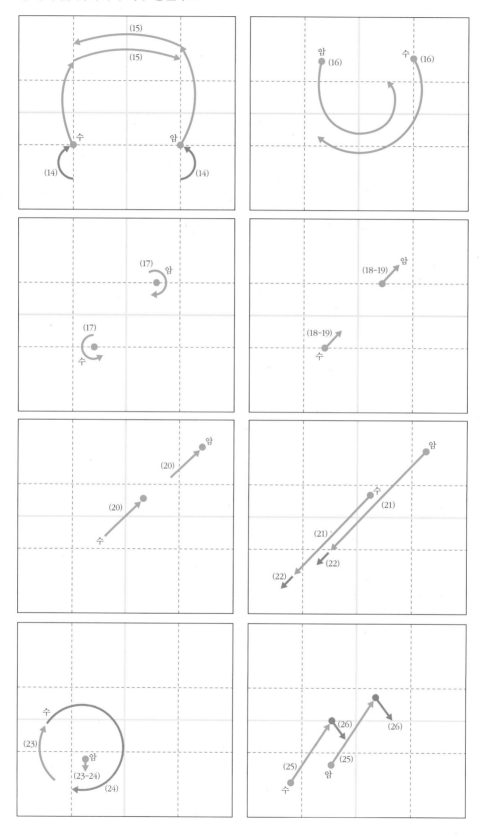

③ 굿거리 세마루

27장단 – 숫학과 암학이 부리를 닦는 사위를 하고 머리를 들어 하늘을 보며 다리를 모은다.

숫학

암학

28장단 - 숫학과 암학이 부리 치기를 4번 하며 무릎굴신을 하면서 정면으로 돌아선다.

숫학

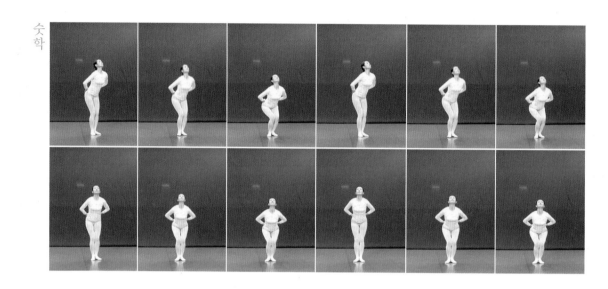

암학

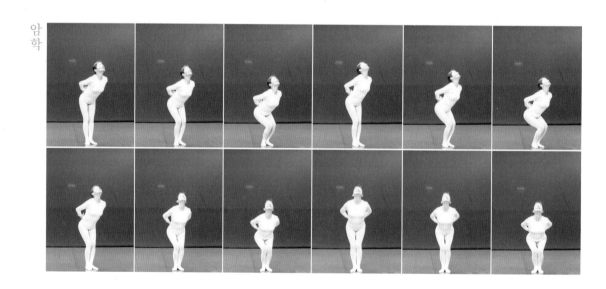

29장단 - 숫학과 암학이 정면 앞을 보고 나란히 서서 외발 날개 떨기를 위해 뒷다리 펴들기를 한다.

숫
학

암
학

30장단 – 숫학과 암학이 나란히 정면 앞을 보면서 외발 날개 떨기를 한다.

숫학

암학

31장단 - 호흡을 들어 올려 날개 접기를 하며 오른발을 천천히 내려놓는다.

숫학

암학

32장단 - 숫학은 발짓하기로 굴신하고 왼발 들고 굴신하고 오른발을 들고 암학은 한 발 뒤로 물러서며 양 날개를 펴고 제자리에서 마주 보고 어른다.

숫학

암학

33장단 - 숫학은 발짓하기로 양 날개를 펴며 굴신하고 왼발 들고, 굴신하고 오른발 들기를 하고 허리를 감는다. 암학은 숫학 사선 앞쪽으로 날개를 접은 채 3번 학디딤체로 뒷발차기를 한 후 허리 감기를 한다.

숫학

암학

34장단 – 숫학은 오른발을 들고 외발서기로 양 날개를 펴고 어르기를 하고, 암학은 양 날개를 떨며 잔걸음으로 숫학을 크게 돈다.

숫학

암학

35장단 – 숫학은 발짓하기를 앞으로 양 날개를 접고 펴며 중전으로 움직이고 암학은 뒷걸음
으로 양 날개를 펴고 접으며 발짓하기를 한다.

숫
학

암
학

36장단 - 숫학은 앞으로 암학은 뒷걸음으로 세전 2번과 중전 1번을 살짝 날갯짓을 하며 학체를 한다.

숫학

암학

37장단 – 비껴 각자 1번 뛰어날기 후 잔걸음으로 숫학과 암학이 둥글게 돌아 숫학은 상수 쪽 뒤로 가고 암학은 하수쪽 앞으로 간다.

숫학

암학

38장단 – 숫학은 양 날개를 펴고 휘저어 날기로 날개 떨기를 하고 정면을 보고 날개 접기를 한다. 암학은 양 날개를 접으며 왼발 딛고 오른발을 찍으며 한 바퀴 돌고 양 날개를 펴며 잔걸음으로 하수 끝 앞으로 이동하여 허리 감기를 한다.

숫학

암학

39장단 - 숫학은 약간 사선 앞으로 세전 4번 하고 암학은 허리 감기에서 양 날개를 펴며 오른발 내딛고 두 바퀴를 돈다.

숫학

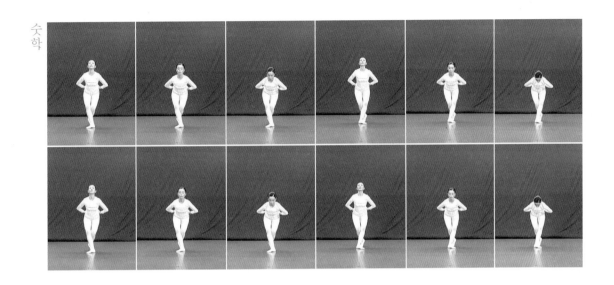

암학

쌍학의춤 굿거리 세마루 공간구도

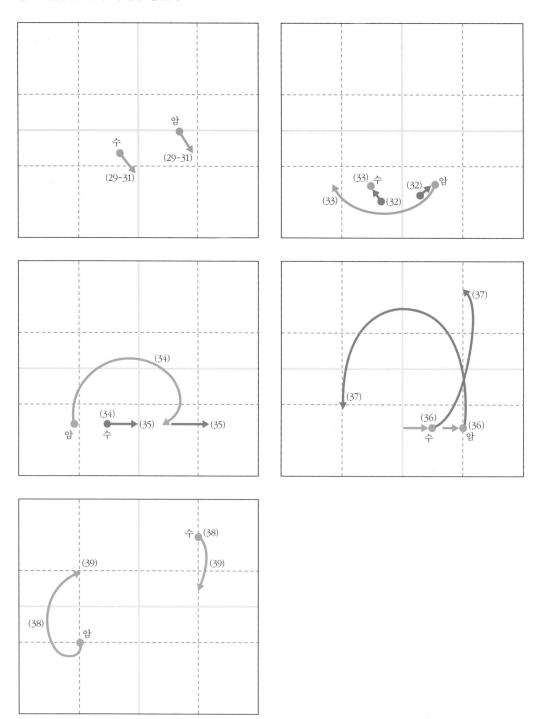

④ 굿거리 네마루

40장단 – 숫학은 발짓하기로 양 날개를 펴고 굴신하고 왼발 들고 굴신하고 오른발 들기를
한다. 암학은 한 날개씩 접으며 몸을 어른다.

숫학

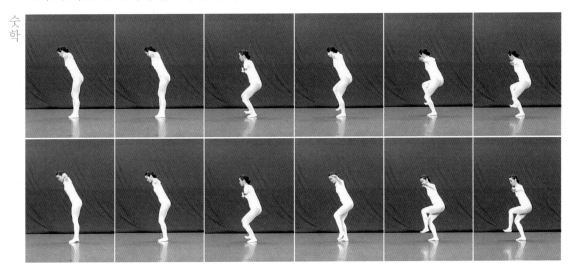

암학

41장단 - 숫학은 세전 2번 하고 잔걸음으로 중앙 쪽을 향해 이동한다. 암학은 날개를 접으며 꼬리 털기를 한다.

숫학

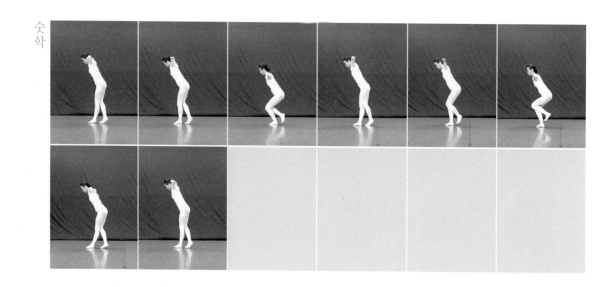

암학

42장단 - 숫학과 암학이 양 날개를 접은 채, 한 발을 내딛으며 고개놀음을 한다.

숫
학

암
학

43장단 - 숫학과 암학이 양 날개를 뒤로 펴며 세전 2번 후 잔걸음으로 비껴 지나가 중앙으로 모인다.

숫학

암학

44장단 - 숫학은 양 날개를 펴고 제자리돌기를 한다. 암학은 양 날개를 펴고 제자리에서 어른다.

숫학

암학

45장단 - 숫학과 암학이 양 날개를 펴며 학디딤체로 중전 2번을 정면 앞으로 한다.

숫
학

암
학

46장단 - 양 날개를 편 채, 숫학과 암학이 갈라서기를 하며 족적을 둥글게 그려 가는데 세전
4번을 학디딤체로 한다.

숫학

암학

47장단 – 양 날개 접기를 하며 숫학과 암학이 각자 안쪽으로 제자리돌기를 앉으며 한다.

숫학

암학

48장단 - 양 날개를 펼치며 숫학은 오른발 앞으로 암학은 왼발 앞으로 밀며 딛기를 하며 안쪽으로 돌아 짝을 보며 마주 보기로 마무리한다.

숫학

암학

49장단 – 숫학과 암학이 뒤쪽으로 날갯짓을 하며 잔걸음으로 숫학은 상수를 향해 암학은 하수를 향해 태극날기를 하며 교차한다.

숫학

암학

50장단 – 숫학과 암학이 뒤쪽으로 날갯짓을 하며 잔걸음으로 태극날기를 반대쪽으로 한 후
서로 반대쪽을 보며 꼬리 대기를 한다.

숫학

암학

51장단 – 천천히 고개를 돌려 숫학과 암학이 마주 보고 셋에 내족을 딛고 넷에 호흡을 치켜
들며 양 날개를 펴 고개를 드는 사위로 짝을 쳐다본다.

52장단 - 숫학은 천천히 날개 접기를 하며 학체로 서있고, 암학은 천천히 날개 접기를 하며
시선을 짝을 보며 좌우새로 앉는다.

숫학

암학

쌍학의 춤 굿거리 네마루 공간구도

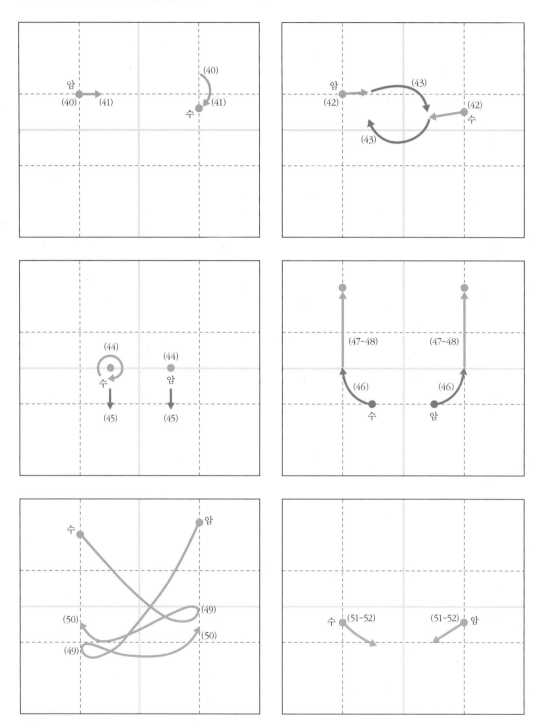

⑤ 굿거리 다섯마루

53장단 – 숫학은 한 날개씩 좌우 날갯짓을 중전으로 하며 날개 접기를 크게 한다. 암학은 앉아서 외날갯짓을 작게 한다.

숫학

암학

54장단 – 숫학은 한 날개씩 세전으로 좌우 날갯짓을 하며 날개 접기를 한다. 암학은 앉아서
한 날개씩 좌우 날갯짓을 하며 작게 학 몸 털기를 한다.

숫학

암학

55장단 - 숫학은 양 날개를 접은 채 고갯짓을 하고 암학은 양 날개를 사선 아래로 편 채 중
전으로 좌우새를 하며 일어난다.

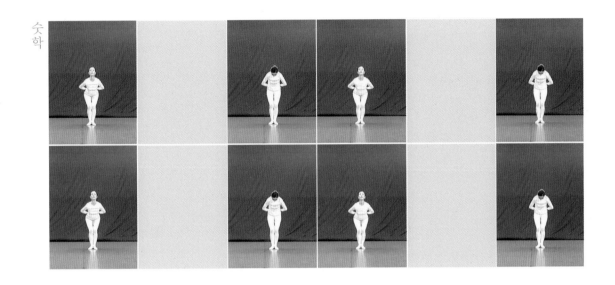

56장단 – 숫학은 서서 발짓하기를 하고 암학은 세전으로 좌우새하며 일어난다.

숫학

암학

57장단 - 숫학과 암학이 비껴 교차하기를 하는데, 숫학은 상수 왼쪽으로 암학은 하수 오른쪽으로 잔걸음 후 세전 2번을 하며 어깨춤을 춘다.

숫학

암학

58장단 - 숫학과 암학이 반대쪽으로 비껴 교차하기를 한 후 마주 본다.

숫학

암학

59장단 – 숫학은 양 날개를 펴고 발짓사위를 한다. 암학은 양 날개를 펴고 2바퀴를 돌아 상
수 쪽으로 이동한다.

60장단 - 숫학은 암학을 바라보며 제자리에서 고갯짓을 하고, 암학은 양 날개를 펴고 접으
며 날갯짓 마무리를 한다.

숫학

암학

61장단 – 숫학은 발짓하기를 1번 하고 잔걸음으로 암학을 따라가듯 중앙으로 이동하며 오른손 허리 감기를 하고 암학은 제자리에서 고갯짓을 한 후 잔걸음으로 중앙을 향해 이동한다.

숫학

암학

62장단 – 숫학과 암학이 마주 본 상태에서 숫학은 왼날개를 앞으로 암학은 오른날개를 앞으로 중전으로 날갯짓하며 뒤로 물러나고 숫학과 암학이 날개 접기를 한다.

숫학

암학

63장단 – 숫학과 암학이 정면 앞으로 중전 2번을 하며 모이를 쫀다.

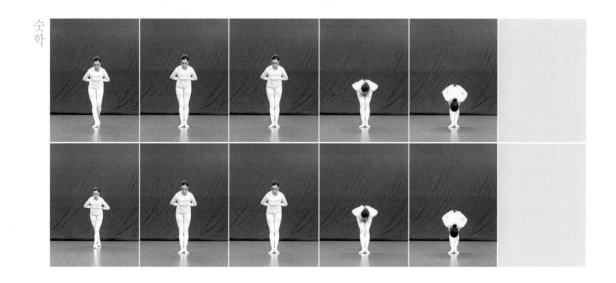

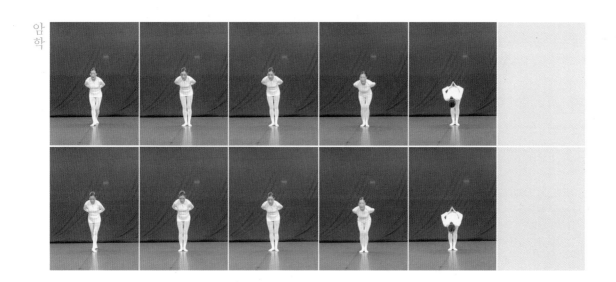

64장단 - 숫학과 암학이 정면 앞으로 중전 1번 세전 2번을 하며 모이를 쫀다.

숫학

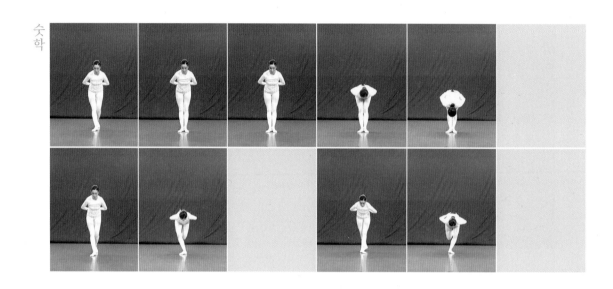

암학

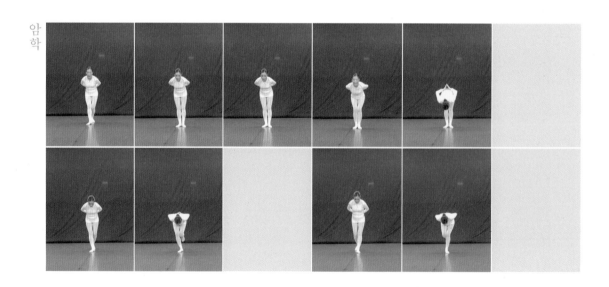

65장단 - 숫학과 암학이 고개를 드는 사위를 한 후 고개를 숙이는 사위로 인사를 한다.

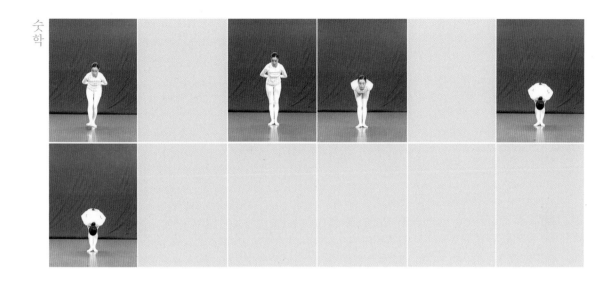

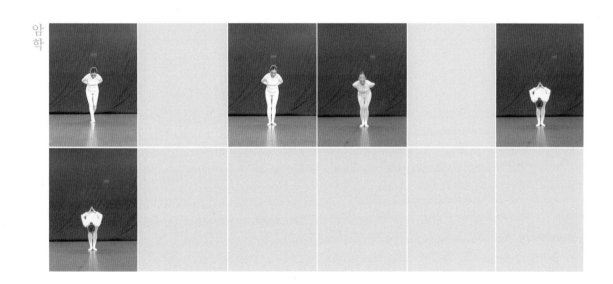

쌍학의 춤 굿거리 다섯마루 공간구도

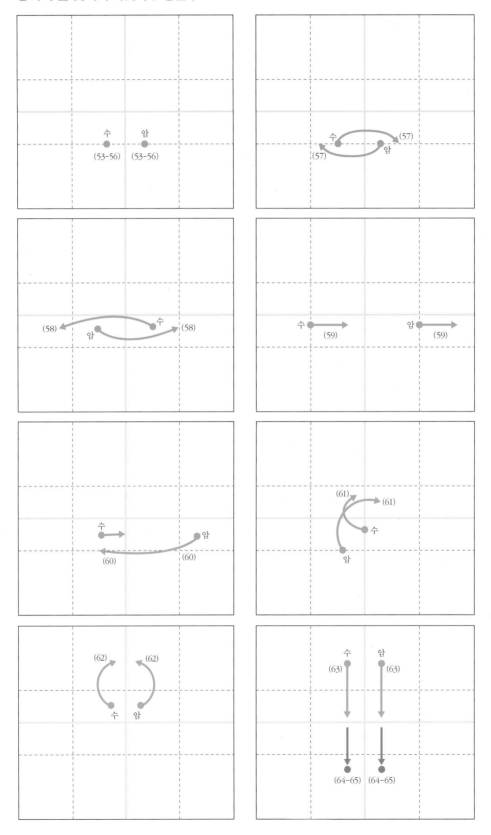

(4) 쌍학춤의 맺음무

음악이 청아한 단소독주 무박즉흥 맺음음악으로 바뀐다.

① 숫학과 암학이 뒷날개를 펼쳐 떨며 천천히 바깥쪽으로 반 바퀴 돈다.

숫학

암학

② 굴신하며 날개를 치고 앉아 활개치기를 천천히 2번 한다.

③ 일어나며 힘차게 활개치기를 한다.

④ 숫학은 천천히 날개를 접으며 학체로 서고 암학은 왼발을 안쪽으로 꼬아딛기를 하며 양
날개를 편 후 날개를 접고 학체로 선다.

숫학

암학

⑤ 숫학과 암학이 학체로 마주 본다.

쌍학의 춤 맺음무 공간구도

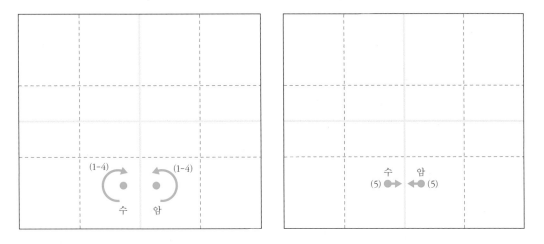

3) 홀학의 춤

(1) 단소독주 무박즉흥음악

음악은 단소독주의 연주로 무박즉흥음악이다.

준비 자세는 상수 앞무대에서 옆 가로선 앞을 보고 학체로 서서 제자리에 두 발을 붙여 모으고 있다.

① 몸을 천천히 끌어올려 고개를 드는 사위로 사선 방향으로 돌아선다.

② 두 발을 무릎굴신하며 호흡을 내리며 살짝 고개를 숙인다.

③ 날개를 천천히 뒤쪽에서부터 날개 펴기를 여유 있게 하며 무릎을 편다.

④ 양 날개를 옆으로 편 채 호흡을 더욱 들어 올린 후 천천히 호흡을 내린다.

⑤ 다시 양 날개의 호흡을 올려 오른쪽으로 몸 방향을 틀어 뒤쪽을 본다.

⑥ 다시 호흡을 올려 날개를 치켜 올려 앞 사선 방향으로 몸이 돌아와 날개 접기를 하며 학 체로 엎드린다.

⑦ 날개를 접은 채 오른발부터 학 다리짓으로 세 번을 천천히 걷기 한다.

⑧ 네 번째에 두 발을 모으며 모둠발을 하고 양 날개를 다시 뒤로 펴 올린다.

⑨ 상청 음악에 양 날개 떨기를 하며 왼발을 끌어올려 학다리 짓을 한다.

⑩ 발을 사선 앞으로 한 발 꼬아 딛기 한 후 호흡을 살짝 내렸다가 다시 호흡을 끌어올려 날개를 뒤로 젖혀 날개 접기를 한다.

⑪ 양 날개를 펴며 천천히 한 발 한 발 내딛으며 잔걸음으로 날아가다가 뛰어날기를 한다.

⑫ 무대 중앙을 크게 오른쪽으로 둥글게 돌아 달팽이형으로 무대 중앙으로 가면서 오른쪽을 보고 날개 접기를 한다.

⑬ 왼쪽 날개부터 좌우로 외날갯짓을 한다.

⑭ 앞 가운데를 보고 양 날개로 좌우새한 후 하나씩 접으며 부드럽게 몸을 흔들어 학몸 털기
를 한다.

⑮ 오른발을 들어 오른쪽으로 내딛으며 학체로 모이를 쫀다.

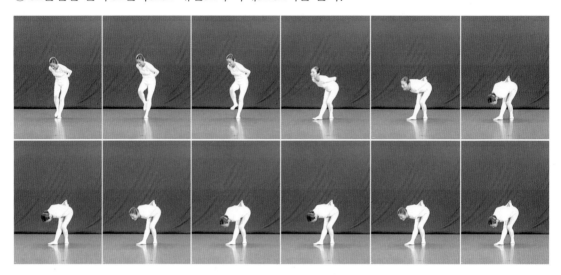

⑯ 왼발을 오른발에 모아 붙이며 모둠발을 한 후 오른발을 상수 쪽을 향해 내딛고 크게 양 날개를 펴서 걷는다.

⑰ 오른발을 한 번 더 내딛고 잔걸음으로 걸어가 두 발을 모아 모둠발을 하며 양 날개 접기를 한다.

⑱ 오른쪽 다리를 뒤로 빼 외발 서기를 한 후 양 날개 펴기를 한다.

⑲ 외발 날개 떨기를 한 후 날개 접기를 하며 오른발을 들어 내려놓는다.

⑳ 상청음악에 날개를 펴며 상수 쪽으로 잔걸음으로 날아간다.

㉑ 오른발을 밀며 딛기를 하고 왼발 모아 발 찍기를 하며 돌아 몸은 상수 쪽을 보며 마무리
한다.

㉒ 왼발 들어 사선 날개 펴기를 하고 왼발과 오른발을 순차로 딛으며 무대 뒤편을 향해 돌아
서며 날개 접기를 한다.

㉓ 뒤를 본채, 날개 펴기를 하면서 왼발을 들어 꼬아 딛기와 양 날개 떨기를 한 후 날개 접기를 한다.

㉔ 양 날개 펴기를 하며 잔걸음으로 중앙을 향해 둥글게 돌아 이동하여 자리한다.

홀학춤 무박즉흥음악 공간구도

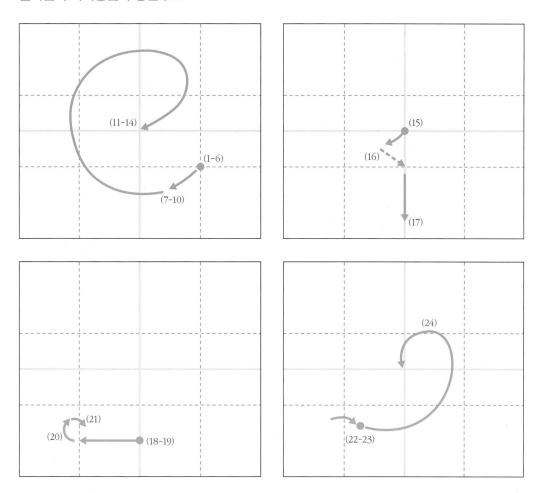

(2) 굿거리음악 한마루

1장단 - 정면 앞을 보고 훌쩍! 날아 뛰어 멈추고 어르기를 한다.

2장단 - 양 날개를 편 채 어르는 사위를 한다.

3장단 – 양 날개를 편 채 중전 2번으로 발짓을 경쾌하게 학디딤체로 내딛으며 끼고 도는 사위를 한다.

4장단 – 세전 2번 후 셋, 넷에 잔걸음으로 돌아가 양 날개 접기를 한다.

5장단 – 돌아가던 방향으로 한 발을 딛으며 사선 날기로 시선과 날개를 왼쪽을 본다.

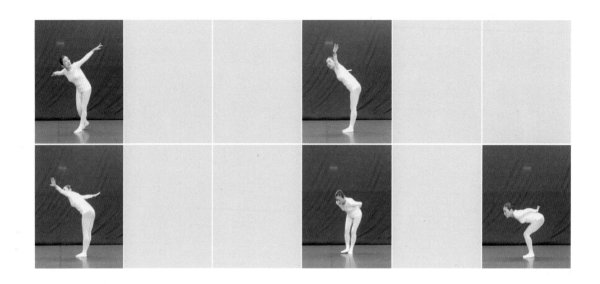

6장단 – 몸을 틀어 오른쪽 옆으로 사선 날기로 무릎굴신을 한다.

7장단 - 세전 3번을 학디딤체를 하며 넷은 정면 앞을 향해 돌아선다.

8장단 - 날개를 접은 채, 중전걷기 2번을 학디딤체로 정면 앞을 향해 걷는다.

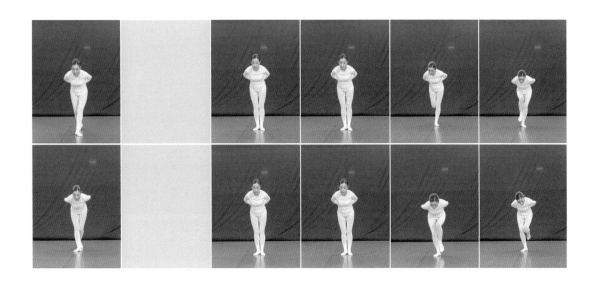

9장단 - 앞으로 세전걷기를 학디딤체로 4번 하며 마지막 박자에 날갯짓을 작게 한다.

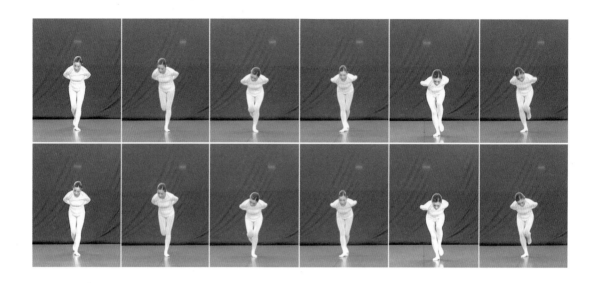

10장단 - 약간 사선으로 양 날개를 펴고 좌우 어르기를 제자리에서 한다.

11장단 - 뒤로 세전 2번으로 작은 날갯짓을 하며 물러난 후 잔걸음으로 물러나며 날개 접기를 한다.

12장단 - 중전으로 2번 뛰어날기를 사선 쪽 상수 앞으로 한다.

13장단 – 상수 자리에서 하나에 양 날개를 확! 펼쳐 멈추고 셋에 호흡을 꺾고 넷에 어르기 한다.

홀학춤 굿거리 한마루 공간구도

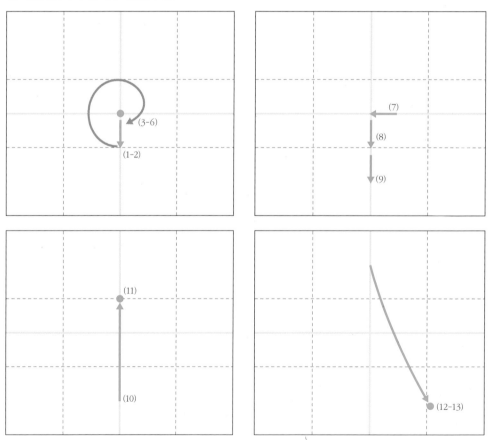

(3) 굿거리음악 두마루

14장단 - 세전으로 돋음새 디딤 4번을 왼발부터 왼쪽으로 양 날개를 펼친 채 반 바퀴 돌아 선다.

15장단 - 중전으로 사선 뒤를 향해 1번 뛰어날기 하고 하수쪽으로 1번 뛰어날기 한다.

16장단 - 하나에 가장 높게 꼭지날기를 한 후 잔걸음으로 양 날개를 편 채 큰 원으로 날아
간다.

17장단 - 잔걸음으로 뒷 날개를 접으며 제자리돌기를 한 후 중앙에 멈춘다.

18장단 - 오른발로 뒤로 물러나며 사선 날기를 하며 장전을 1번 한다.

19장단 - 왼발로 뒤로 물러나며 사선 날기를 하며 장전을 1번 한다.

20장단 – 세전 2번을 뒤로 한 후 잔걸음으로 날갯짓을 하며 마무리한다.

21장단 – 양 날개를 펴고 앞으로 오른발을 들며 뛰어나는 사위를 1번은 중전으로 2번은 세전으로 하며 사선 앞으로 나간다.

22장단 - 앞으로 한 발 딛으며 양 날개를 펼치고 어르기를 한다.

23장단 - 오른발을 정면 앞으로 딛으며 천천히 양 날개를 펴들며 왼발 들기를 한다.

24장단 – 양 날개를 편 채 오른발을 축으로 왼발을 들고 흥겹게 어르기를 하며 돌아선다.

25장단 – 앞걸음으로 세전 2번 후 잔걸음으로 마무리를 한다.

26장단 - 오른발을 멀리 딛고 모이 쪼으기를 한다.

홀학춤 굿거리 두마루 공간구도

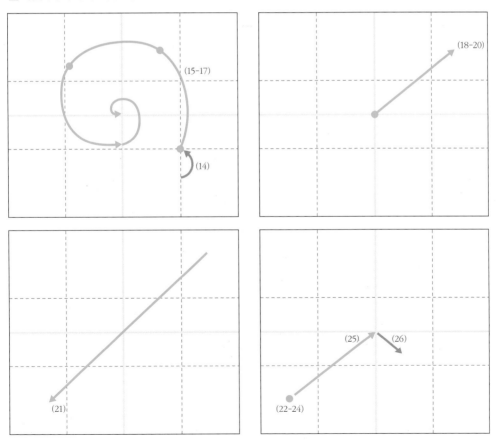

(4) 굿거리음악 세마루

27장단 - 부리를 닦는 사위를 하고 머리를 들어 하늘을 보며 다리를 모은다.

28장단 - 부리 치기를 4번 하며 무릎굴신을 하면서 정면으로 돌아선다.

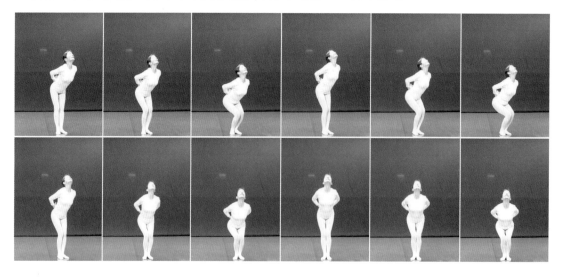

29장단 - 날개를 접은 채 3번 학디딤체로 공격하듯이 뒷발차기를 한 후 호흡을 들어내리며
허리 감기를 한다.

30장단 - 양 날개를 사선으로 펼쳐 떨며 잔걸음으로 곡선으로 굴려 잔걸음으로 크게 돌아와
하수를 보고 선다.

31장단 – 뒷걸음으로 양 날개를 펴고 접으며 발짓하기를 한다.

32장단 – 뒷걸음으로 세전 2번과 중전 1번을 하며 살짝 날갯짓을 하며 마무리한다.

33장단 - 하수쪽으로 비껴 뛰어날기 후 잔걸음으로 둥근 원으로 돌아 하수쪽 앞으로 간다.

34장단 - 양 날개를 접으며 왼발을 딛고 오른발을 찍으며 한 바퀴 돌고 다시 양 날개를 펴며
잔걸음으로 하수 끝 앞으로 이동하며 허리 감기를 한다.

35장단 – 허리 감기에서 사선으로 양 날개를 펴며 오른발 내딛고 두 바퀴를 돈다.

36장단 – 한 날개씩 접으며 몸을 어른다.

37장단 - 뒤로 양 날갯짓을 하며 날개를 접으며 꼬리를 턴다.

38장단 - 날개를 접어 한 발 내딛으며 고갯짓사위를 2번 한다.

39장단 – 양 날개를 뒤로 펴며 세전 2번 후 잔걸음으로 비껴 지나가 중앙으로 이동한다.

맺음장단 – 한 발을 딛으며 양 날개를 더욱 크게 폈다가 천천히 앉으며 양 날개를 접으며 마무리한다.

홀학무 굿거리 세마루 공간구도

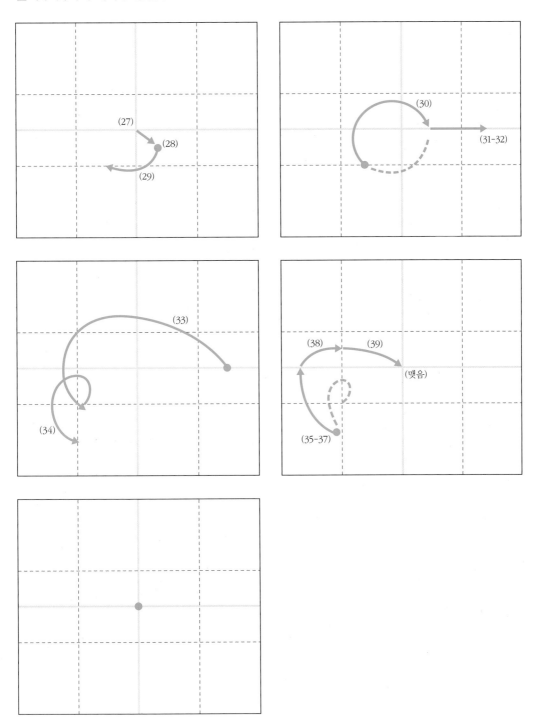

(5) 홀학춤의 무박즉흥 맺음음악

음악이 청아한 단소독주 무박즉흥음악으로 바뀐다.

① 일어나며 양 날개를 천천히 뒤로 들어 올리고 날개를 떨며 왼쪽으로 반 바퀴 돈다.

② 굴신하며 날개를 치고 앉아 활개치기를 천천히 2번 한다.

③ 일어나며 힘차게 활개치기를 한다.

④ 천천히 날개를 접있다가 다시 날개를 펴며 왼발을 안쪽으로 꼬아딛기를 하고 양 날개를
떤 후 날개를 접으며 학체로 선다.

홀학춤 맺음무 공간구도

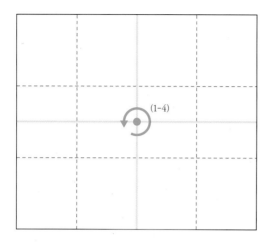

제4장

학춤의 변형과 확장

1 학춤의 의미

1) 예술적 의미

'학춤'에 내재된 사상과 상징이 춤 이미지로 인식될 수 있는 근거를 새, 탈, 학의 연구를 통해 알아보았다. 이를 통해 우리 민족은 '왜 학이었는가?'에 대한 선택의 이유를 유추해 볼 수 있었다.

'학춤'은 우리 민족의 천(天) 사상인 천인합일의 대상으로서 하늘과 땅의 매개체인 새와 새 중에 가장 장수하며 고결한 정신의 표상이었던 학의 모습을 사실적으로 묘사하고 재현하고자 한 이상의 발현으로 시작되었다. 그러기 위한 구체적인 방법으로 초자연적인 신적 존재의 자격을 획득하는 탈의 주술성을 빌어 그 자신의 모습을 학의 모습에 투사시킴으로써 자연과 이상세계로의 이상향을 실현하는 천지합일의 실천적 소통의 언어로 지향되었고 창조되었다고 해석할 수 있다.

한국 춤의 기본이 되며 전통춤에서 가장 중요시되는 특징적인 동작의 요소는 학체, 궁체, 필체이다. 그중 학체의 춤사위는 호흡과 발사위, 날갯짓이 장단과의 정반합이 맞아떨어져 한국 춤의 진수를 보여준다. 학체는 전형적인 학의 움직임을 표현하고 있는데 몸체를 엎드려 숙인 채 팔사위는 부드럽고 끈적하게, 한 발로 서서 다른 한 발을 구부린 채로 서 있는 모습, 지속적이고 우아한 보법, 날렵하게 뛰어오르며 펴고 접는 아름다운 날갯짓 등이 이에 해당된다. 또한 답지저앙(踏地低昻), 수족상응(手足相應), 수족상반(手足相反)의 동작적 특징이 극명하게 드러나는 춤으로 학체의 조형미학에서 학처럼 날 수 있는 탈중력의 효과는 깊은 내공과 정신세계에 이르러야만 성취될 수 있다. 한국 춤의 정중동의 절제된 춤사위의 미와 형식적인 현상의 표현원리, 그리고 철학적 의미와 내용을 지닌 '학춤'은 학의 외면적 사실성을 인체를 통해 내면적 상징성으로 이루어내어 그 예술적 의의가 크다. '학춤'은 하늘과 땅을 오가며 인간이 접할 수 없는 도도한 이상적 세계와 동경의 세계를 학의 날갯짓으로 상징화하여 민족의 얼과 혼이 담겨있으며 학과 인간이 하나로 학인동체(鶴人同體)를 이루는 고도의 기능성을 지닌 예술적 의미를 지닌다. 우리 민족의 예술관은 예부터 하늘을 나는 짐승이나 산, 강, 돌, 나무 등 대자연의 만물들을 영원불멸한 최고의 예술작품이라고 생각하는 자연관 속에서 자연의 원리와 조화를 본받고 자연과 합일(合一)되는 경지를 지향하는 특성을 지니고 있다. 그렇기에 학의 동태를 자연스럽게 몸에 담아 동작을 인위적으로 만들지 않고, 조화를 추구하며 학의 움직임을 묘사하고 모방하여 자연적인 '도(道)'와 더불어 일체된 마음을 하늘의 뜻과 부합하여 닮고자 하는 모방미의 극치를 보인다.

학은 자연의 일부이기에 학의 자연스러운 움직임을 모방하는 것은 결국 자연을 모방하는 것이며 '학춤'은 자연과 인간이 합일될 수 있는 매개역할을 하는 것이다. '학춤'은 학의 자연스러운 움직임을 모방한 동작의 원형이라고 볼 수 있으며 자연이 만들어낸 천연의 아름다움을 닮고자 하는 자연미의 극치이다. 인간이 학의 움직임을 모방한 '학춤'을 추는 이유는 순수한 육체와 정신을 회복하고 자연의 신비와 최고의 미감을 획득하며 예술적 이상을 실현함으로써 춤 안에서 이상의 주체가 되기 위해서이다. 학이 걷듯이 우아하게 유유히 걸어가는 소박하고 단조로운 동작은 인간의 감성과 결부되어 기품과 격조가 드러나는 자연의 지극한 아름다움이 된다. '학춤'의 주된 표현은 외형의 형식에서 드러나는 인위적인 기교나 움직임에서 느껴지는 것이 아닌 인간적으로 성숙한 내면적 품격을 갖춘 질적 아름다움이다. 그러므로 '학춤'은 단순히 외형의 아름다움을 위해 추어지는 춤이 아닌 내면의 사리사욕(私利私慾)을 비운 상태에서 자연을 닮아가기 위해 추는 춤으로, 춤을 통해 자신의 고착된 자의식을 비워내고 자연의 본성을 회복하려는 춤이다. 관객들은 '학춤'을 추는 학이 가까이 다가오면 신비로우면서도 무릉도원 속에 와 있는 듯한 편안함과 함께 자연과 동화되는 일탈의 자유로움을 느낀다. 이 춤은 오랜 역사를 지니고 있는 유물인 동시에 독특한 예술성을 가지고 있을 뿐 아니라 조류의 탈춤으로서는 우리나라에서 오직 이 춤 하나라는 유일의 의미를 지닌다.

한국 춤의 모태는 예술이기에 앞서 제의적으로 시작하여 인간의 내면적 직관과 정신적인 결합으로 발전하여 자연적인 예술관으로 형성되었다. 일반적으로 한국의 춤은 한과 슬픔을 넘어 신명의 춤으로 풀어내는 것이 대부분이다. 어두움의 꼬임에서 풀림이 이루어지며 자유로 나아가 환희를 거쳐 승화의 단계로 전개되는 춤은 한을 풀어 신명으로 나아가는 풀이문화의 정서를 지니며 한과 신명이 함께 공존하고 있는 춤이 되는 것이다. 이와 달리 '학춤'은 인간의 희망과 기원이 바탕이 되어 자유와 영원의 세계를 향해 승화되는 춤으로 삶의 이상향에 이르고자 하는 의지를 나타내는 고귀한 날갯짓은 춤추는 사람의 자율적 내재율을 살려내며 고차원의 미학을 생성한다. 그것은 호흡을 바탕으로 한 폐부의 동력으로 태극선의 미를 지닌 곡선과 정중동, 여백 그리고 농현 등의 자연적인 한국적 미학으로 형성된다.

'학춤'은 궁중무용과 민속무용으로 분류된다. 궁중학무인 '학연화대합설무'는 고대 한국의 토속신앙과 민간신앙에서부터 불교, 도교, 유교 등의 종교와 철학에 이르기까지 그 기반이 매우 다양하게 걸쳐져 있다. 궁중 제례의식이나 향연에서 실행되던 '학춤'은 학이 갖는 고고하고 우아한 귀족적 이미지로 내재적인 율동미와 형식미에 치중한다. '궁중학무'는 학의 동태를 모방하여 먹이를 쪼거나 부리를 치거나 땅에 문지르는 등 학의 동작을 사실적으로 표현한 모의무적인 예술미를 지닌다. 일반적인 궁중무용과는 달리 창사가 없으며 춤이 간결하며 발동작만의 간단한 동작으로 연결하고 보통의 궁중무용과 마찬가지로 예악사상과 음양오행설 등의 철학적 사상을 지니고 있다.

반면 '민속학춤'은 인간의 삶과 밀접하게 연결되어 있는 즉흥적이고 활동적이며 감정표현에 솔직한 춤이다. 한성준은 '학춤'을 만들기 위하여 학의 생태나 동작을 면밀히 관찰하고 오랜 시간 공을 들였다. 학의 움직임을 세밀히 관찰하여 예술작품을 탄생시킨 한성준의 놀라운 의지와 집념은 한 시대를 풍미한 무용가의 진면목을 느끼게 한다. 가락에 맞추어 학의 모습으로 하늘에서 날아내려오는 자태와 하늘로 날아오르는 듯한 자태는 그야말로 아름다운 자연의 모습이다. '학춤'을 보는 사람들은 그 예술적 표현과 신비한 기운에 상서로움을 느낀다. 춤사위는 간결하여 보이지만 고도의 기능과 예술적 수련을 요하며 다양하게 전개된다. '학춤'은 홀춤으로 연희할 때에도 아름답지만 암수가 짝을 지어 쌍무로 출 때 그 춤사위는 더욱 풍요로우며 미적 아름다움이 배가된다.

장단의 고수였던 한성준은 '학춤'을 최고의 예술적 차원을 갖춘 춤으로 완성하였다. 즉, 호흡과 발사위, 날갯짓이 함께하는 춤사위는 한국 춤의 특성인 땅을 밟아 무릎을 굽혀 펴면서 솟아오르는 동작, 손과 발이 함께 조화롭게 반응하고 반대로 반응하는 동작의 특성이 살아나는 몸짓으로 다양한 표현이 살아있다. 학의 동태를 표현한 동작과 가락은 청아한 운치와 함께 좌우세의 특징이 살아나는데 ①호흡의 원리 ②날갯짓의 원리 ③발짓의 원리 ④춤사위의 원리 ⑤장단의 원리에 따라 태극선의 움직임으로 시작과 끝이 끊임없이 물고 물려가는 한국 춤의 진수를 지니고 있다. 이렇듯 '학춤'은 감성적인 내적 표현과 생동감 넘치는 사실적 표현이 독특한 특징을 지니고 있어 큰 가치를 지닌다.

춤사위의 종류를 살펴보면 갈라서기, 고개놀음, 고개를 드는 사위, 고개를 숙이는 사위, 고갯짓, 교차하기, 굴신, 꼬리 대기, 꼬리 털기, 꼭지날기, 끼고 도는 사위, 날개 펴 낮게 돌기, 날개 펴 어깻짓 사위, 날개 펴 치켜 돌기, 날개 떨기, 날개를 펴고 원을 그리며 날기, 날개 접고 걷기, 날개 접기, 날갯짓, 날개 펴고 걷기, 날개 펴고 좌우로 굴신하기, 날개 펴기, 날며 돌아가기, 날며 걷기, 돋음새 디딤, 뒷다리 펴들기, 뛰어날기, 마주 보는 사위, 멀리 딛어 앉는 사위, 모듬발, 모이 쪼으기, 밀며 딛기, 발 찍기, 발을 들며 뛰어나는 사위, 발을 밀며 날아가기, 발짓하기, 부리를 닦는 사위, 부리를, 치는 사위, 비껴 서기, 사선 날기, 앉는 사위, 양날갯짓, 양발 꼬아 딛기, 어깨춤을 추는 사위, 외날갯짓, 외발 날개 떨기, 외발 들기, 외발로 서기, 잔걸음으로 날기, 제자리돌기, 좌우로 날개 치기, 태극날기, 학 다리짓, 학 디딤체, 학 몸 털기, 학체, 한발 꼬아딛기, 허리감기, 활개치기, 휘저어 날기 등이 있다. '학춤'은 학의 형태를 인간의 움직임으로 옮겨와 사실적으로 묘사 재현되는 춤사위가 특징이므로 그 춤의 모습은 선이 부드럽고 우아하며, 고상한 기품과 엄격한 절제의 춤사위로 이루어져 있다. 날아가는 새의 모습을 묘사하여 탄력적이고 가볍게 펴고 접는 동작이 주류를 이루면서 한쪽 다리를 굽혀 들고 느리고 가벼우면서 공간 전체를 아우르는 날갯짓과 빠르고 가볍게 날개를 펼치고 뛰어나는 동작은 학의 몸체에서 보이는 움직임의 상징적 이미지를 보여준다. 하늘과 땅 사이 인간의 모습을 연상하게 하는 학의 자태는 천지인의 사상이 연상된다. '학춤'은 고요하고 잠잠한 고요의 상태로 깨어있으며 마치 명상에서의 정신적 충만감과 같은 평온은 우리 춤에서 정중동 미학의 극치라 할 것이다. 두 다리로 땅을 딛고 날개를 접고 있지만 언제든지 두 날개를 우아하게 펼치며 높고 드높은 하늘로 비상하는 여유로움을 품고 있다. 가볍고 부드럽게 자연과 조우하고 감응하는, 조급하지 않고 강하게 저항하지 않는 춤사위는 인간이 날고자 하는 이상실현의 대상이었다.

한성준의 '학춤'은 학탈의 개조를 통해 날개의 변형과 시야를 확보하여 춤의 표현미를 증대하고, 홀학춤일 때는 학의 신비로움과 기능이 한껏 고조되는 춤이며, 쌍학춤에서는 두 마리의 학이 서로 어르며 사랑하고 겨루는 등의 생태를 예술적으로 묘사한다. 대칭과 대조의 미, 상배와 상대의 미, 주고받는 대무형식과 움직임의 상관관계, 날개를 뻗치며 들어주는 화려한 날갯짓과 섬세한 날개의 떨림, 고개놀음과 꼬리 부분의 꾸밈사위, 암수의 높고 낮은 날갯짓으로 음양조화의 미, 외발의 학다리짓과 발짓의 흥의 춤사위는 공간이동의 폭을 크게 구사하기도 하고 잔걸음으로 잘게 쪼아가는 동선(動線)의 묘미와 함께 대립의 양상을 띠면서 태극선, 원형, 평행선 등으로 다양한 동선 변화의 미감이 살아있다.

2) 문화사적 의미

세계적으로 '학춤'을 추는 민족이 몇몇이 있지만 온몸에 학탈을 쓰고 추는 '학춤'은 우리 민족의 '학춤'만이 유일하다. 우리 민족이 학에 대한 이상과 상징을 고스란히 반영시키는 '학춤'은 하늘에 가까이 가고자 하는 인간의 이상이었으며 하늘과 땅을 연결하는 조류의 춤이다. 그동안 '학춤'의 역사를 되돌아보았고 그 속에서 존재의미와 가치를 살펴보았다. 이제 '학춤'이 한국의 춤 문화사에서 어떠한 의미와 존재가치를 지니고 있는지 파악하는 것은 우리 춤 전체의 역사를 돌이켜보며 그 속에서 '학춤'의 성격과 특징을 추출하여 문화사적 의미를 정리하는 것이다.

고대의 천신사상과 자연세계와의 주술적 소통과 함께 학의 형상을 모방하여 재현한 '학춤'은 상징적 이미지와 형태를 지니고 인간세계의 근원적인 욕구를 표출하고 있다. 벽화 등에 나타나는 자연의 신비로운 동물들의 이미지는 주로 신화적 상징체계 속에서 민간신앙과 함께 삶의 형태로 자리 잡고 있다. 동물과 동일한 이미지를 획득한 '학춤'은 영적인 움직임으로 재생, 영예 등을 상징하며 땅과 하늘을 연결하고 하늘의 기운을 땅에 전달하는 상징이나 혹은, 속세를 벗어나 날아오르고자 하는 인간의 이상을 지향하는 의미를 지닌다. 학의 상징은 문화의 한 축을 형성하면서 민족정신 고유의 정신적 사상을 표현하는 동시에 이상적인 삶의 지표를 만들어주는 순수한 예술소재였던 것이다. '학춤'은 결국 인간의 신앙적 이상이 발현시킨 하늘과 소통하기 위해 추는 예술의 결과물로 학과 인간이 만나면서 제3차원의 것으로 변형된다. '학춤'은 학의 형태인 인간의 춤이며 인간의 내면을 품은 학의 춤이다. 이 춤은 학 동작의 사실적 표현을 통해 내재된 학의 고귀함과 고귀하고자 하는 인간 내면의 성품을 동일한 것으로 표현하는 가치를 지닌다. '학춤'은 주술적 소통을 위해 발생하여 날지 못하는 인간이 학의 고매한 날갯짓을 통해 이상을 실현하였고, 물아일체의 경지는 절제된 동작 속에 남아 하늘과 소통하는 춤으로 전이되었으며 평화를 사랑하는 우리 민족의 철학적인 내용으로 전개되며 발전하였다.

한국인의 정신적 사유의 저변에는 다양한 종교적 사고가 융합되어있다. 그러므로 우리 전통사상은 그 가운데에서 전통적 미와 예술의 가치, 그리고 현상의 해석에 있어 어느 한 분야만으로 파악될 수 없다. 불교에서의 해탈의 정신, 속세의 번뇌에서 고결할 수 있는 선비의 정신 그리고 도교의 무위자연이 내재되어 있는 '학춤'은 제의적이지 않으나 강력한 종교적 이상향으로 현현하고 있으며 한국인의 삶이 예술화된 것으로 민족의 정기가 깊이 담겨있고 그 예술적 맥락은 현대 한국 춤으로 이어지고 있다.

고대로부터 형성된 새에 대한 숭배관념이나 탈을 쓰고 신께 다가갈 수 있다고 믿었던 관념이 몸 전체를 가리는 학탈을 쓴 '학춤'으로 생성되어져 우리 민족만이 갖는 고유하고 독특한 춤으로 전래된 것은 분명하다. 그러나 순간만이 존재하였던 춤의 특성상 언제 발생하였는지에 대한 명확한 규명을 할 수 없다는 점이 안타까운 마음이다.

고대부터 오늘날까지 이어져온 '학춤'은 세속을 떠나 자유롭고 높이 비상하고자 하는 인간들의 염원이 반영된 존귀한 춤이다. 학춤은 인간의 행동을 학과 유사하게 묘사함으로써 학과 인간이 동일한 이미지로 연관되도록 하여 인간의 근원적인 욕구가 담긴 예술로 승화된 춤으로 움직임의 품격과 이상적 철학을 지님과 동시에 감성적인 내적 표현과 생동감 넘치는 사실적 표현을 지닌 민족의 춤이다. 그러나 그 춤의 근원의 뿌리를 찾는 것은 어려운 일이다. 뿌리를 어디에 두고 찾느냐에 따라 다른 해석이 가능하기 때문이다. 그동안 학계에서는 '학춤'의 기원을 중국의 탁발위에서 유입되었다고 하는 의견이 기정사실화되어 있기도 하여 혼란을 일으키고 있지만 제2장 중국의 '학춤'에서 자세히 기술하였듯이 탁발위에는 학에 대한 기록은 없어 그것은 맞지 않은 것이다. 그렇다면 중국이 아닌 우리 춤의 뿌리에서 '학춤'을 찾는다면 어디에서 찾아야 할까? 우리는 인류 최초의 춤이 제의식에서 시작되었다는 것에 의문을 갖지 않는다. 그렇다면 우리 민족은 어떤 춤으로 제의식을 거행하였는가, 모든 민족들의 제의식의 춤에는 동물의 춤이 있었기에 우리 민족도 제 의식에서 결국 동물의 춤을 추었을 것이라 추정할 수 있다. 농경생활을 시작하기 전 수렵시대에는 동물을 잡고 싶다거나 그 동물을 숭배하는 의미에서 동물의 탈을 쓰고 동물의 춤을 춘 것이 제의의 춤이다. 현재 아프리카 원시인과 인디언들의 춤을 보면 동물의 춤이 현존하고 있다. 원시 수렵시대에서 동물들은 인간의 먹잇감이기도 했고 그 동물을 숭배하는 사상도 있었다. 그러므로 결국 숭배하는 사상의 개념을 가진 동물이나 잡고 싶은 동물의 춤을 추었을 것이다. 우리 민족의 동물의 춤에는 새의 춤도 있었을 것이다. 왜냐하면 우리 민족에게는 고구려의 삼족오와 같이 새를 숭배하는 사상이 있었으며 태양을 숭배하는 천신 사상 속에서 결국 하늘을 날며 자유롭게 영혼을 넘나든다고 생각된 새를 숭상했기 때문이다. 고구려의 삼족오는 태양 속에 새를 새겨 우리 민족의 대표되는 전통 문양으로 남아있다. 수렵도에는 주술의 성격을 띤 수많은 새들이 그려져 있다. 이렇게 새가 문양과 수많은 그림으로 표현된 것을 보았을 때 고대인들은 벽화에 새의 그림만 새기고 '새춤'은 추지 않았겠는가 하는 의문을 갖게 된다. 분명히 춤으로 표현한 '새춤'도 존재했을 가능성은 매우 높다. 그렇다면 새의 춤 중에서 왜 학인가 하는 점은 학이 매우 깨끗하고 천수를 사는 길조로서 신성함을 나타내며 천상의 세계를 오가는 존귀한 영물이었기에 유물로 표현되고 춤으로 형상화하는 이상실현의 대상이 되었을 것이다. 벽화를 그리는 이유는 그렇게 되고 싶은 욕구의 발로였다. 그러므로 학을 타고 춤추는 고구려 고분벽화 오회분 4호묘의 천장그림, 고구려 통구 사신총 널방 남쪽 천장고임벽화에 나타난 가학선인도(駕鶴仙人圖), 신선도 등을 보면서 우리는 '학춤'의 발생을 고구려나 그 이전 제천의식의 춤으로 유추할 수 있다.

기록상으로 최초의 '학이 춤을 추는 모습'은 고구려의 현학설(玄鶴說)에서 나타난다. '학춤'이 중국에서 온 춤이 아니라는 의문을 가지고 연구를 진행하다 보니 우리 민족의 '학춤'의 근원은 비록 설이기는 하지만 고구려의 현학설에서 찾을 수 있다는 추정을 하게 되었다. '학춤'이 탁발위에서 유입되었다는 기록과 문헌은 여러 곳에서 볼 수 있다. 그러나 탁발위설에는 '연화대무'에 관한 기록만 존재할 뿐 '학춤'의 기록은 찾아볼 수 없다. 또한 탁발위가 존재했던 시기는 A.D.386~534년이고 고구려의 현학설은 B.C.37년부터 시작된 고구려의 역사 속에서 나온 설이다. 그렇기 때문에 현학설은 탁발위설보다 더 오래 전의 기록이다. 1145년에 간행된 『삼국사기』에 나타난 고구려의 현학설은 고려시대에 쓰여졌지만 B.C.37년부터 시작된 고구려의 이야기를 기록한 서적으로 시대가 훨씬 앞서 있으므로 '학이 춤을 추는 모습'에 관한 최초의 기록이라고 보는 것이다. 그리고 또 다른 근거는 『악학궤범』의 향악정재로 분류되어 있어 '학춤'이 고유하게 전래되어온 우리 민족의 춤임을 확실히 증거하고 있다.

'학춤'의 연원을 생각해보면 '학춤'은 '학연화대합설무'나 '학연화대처용합설무'로 구나에서 행하여 오다가 연희로 옮겨 간 것이다. 춤의 공연 목적과 연행 장소에 따라 춤의 성격을 선택하고 춤의 연희 내용이 결정되듯이 '학춤'도 구나에서 거행되었다는 기록들은 '학춤'에 주술적 성격과 사상이 담겨있었다는 것을 뜻한다. 구나의 시원은 제의식이었을 것이고, 제의식에서는 신과의 소통이나 주술을 위해 탈춤을 추었다는 분명한 사실이 증명되고 있다. 이렇게 학탈을 쓴 '학춤'은 오랜 시간 숙성되며 발전되었고 『악학궤범』에 향악정재로 기록된 것으로 보아 '학춤'은 제의식에서 온 우리 민족의 춤이라는 것이 타당하다. 따라서 탁발위설과 무관하게 발생된 '학춤'이라는 점, 탁발위보다 고구려 현학설의 시기가 더 앞서 있다는 점 그리고 고대의 제의식에서 이어져온 '학춤'이었기에 향악정재로 분류되어 있다는 점을 들어 '학춤'은 우리 민족의 문화 속에서 자생적으로 발생한 민족고유의 춤이라는 주장을 하는 필자의 견해는 앞으로 더욱 연구되어야 할 의미가 있다고 본다.

'학춤'의 기원은 우리 민족의 역사와 문화 속에서 발생하여 전통춤 예술의 가치와 의미를 깊게 지니고 있음에도 불구하고 현실에서 주목받지 못하고 있다. '학춤'이 오늘의 현실에서 새삼 주목받아야 할 이유는,

> 첫째, '학춤'은 유일하게 전신의 탈을 쓰고 추는 '새의 모방춤'으로 학과 인간이 하나로 합일을 이루어 인간과 자연이 융합하는 춤의 가치와 의미를 지닌다.

> 둘째, '학춤'은 고문헌에 기록이 정확하여 춤의 형태와 가락 등이 신빙성이 있고 계통이 확연하며 원형을 지닌 전통예술의 가치와 역사를 지니고 있다.

> 셋째, '학춤'은 한국 전통춤의 춤의 기본 사위에 학체가 내포되어 호흡과 발 사위, 날갯짓 등 다양한 표현성이 존재하는 한국 춤의 진수를 지니고 있다.

> 넷째, 탈을 쓰고 추는 춤이기 때문에 새의 행동에 부합하는 동작과 가락 등을 표현하는 독자성을 띠고 있다.

> 다섯째, '학춤'은 하늘과 땅을 오가며 인간이 접할 수 없는 도도한 이상적 세계와 동경의 세계를 학의 날갯짓으로 상징화한 춤으로 민족의 얼과 혼이 담겨있어 한국 춤의 정체성을 지닌다.

> 여섯째, '학춤' 원형의 예술적 표현력은 새로운 춤으로의 창조를 위한 기틀의 가치를 지녀 한국 춤의 확대와 확장의 가능성을 지니고 있다.

오랜 역사를 가졌지만 '학춤'의 존재양상은 활발하지 못했으며 주목받지 못했다.[1] 현재 '학춤'은 근대를 거치면서 주술적 요소는 배제되었고, 예술적 특성이 부각되었다. '학춤'의 원형이 지니는 외형적 내면적 특성을 도외시하지 않는 계승을 통해 현대화하는 과정, 그 과정에서 전통의 존속문제 및 현대와 전통의 상호작용은 다양한 문화적 요소와 결합되어 새로운 예술작품으로 발전되어야 한다. '학춤'은 그동안 연구가 다소 집약되지 않았고 체계적인 정리가

---

1 이병옥, 『대전예술』 4월호, 대전예총, 2018, pp.60~61.

부족하지만 우리의 '학춤'이 온몸을 가리는 새(鳥)탈춤으로 세계적인 유일한 춤이라는 점을 부각하여 새로운 문화사적인 시각으로 재조명하여야 한다.

② 학춤을 기반으로 한 새로운 창작춤과 문화 활동

'학춤'은 많은 예술가들에게 영감을 주었다. 자연적 아름다움을 지닌 학의 청초한 모습과 자태, 날개 움직임의 다양한 변화성은 무용가들에게 새로운 창작의 욕구를 주며 창작적 근원의 뿌리가 되었다. 원래 역사는 미래를 보는 거울이기에 조상들이 역사 속에서 품었던 학에 대한 생각이 면면히 이어져 내려와 우리의 문화를 발전시키는 창조적 원동력이 된 것이다. 조상들의 생각을 이해함으로써 우리의 문화적 원형을 깊이 연구하고 그 의미에 가치를 더해준 학의 고고한 기상은 이상적인 그 무엇으로 상징화되어 무용가들에게 학을 창작의 소재로 채택하게 하였고 움직임으로 형상화시켜 새로운 '학춤'들을 고안해냈다. 원형을 기반으로 하여 재창조된 '학춤'들은 자연과의 교감을 중시하던 선조의 정신을 이어받아 학의 상징적 표현이나 내재된 사상성이 새롭게 재탄생되었다. 오랜 전통적 민족성을 지니고 있는 전통춤인 '학춤'은 변형과 확장으로 한국 춤의 발전 가능성을 지닌 독특하고 대표적인 소재이다. 근·현대의 유명한 예술가들이 '학춤'을 뿌리로 하여 새로운 작품을 창작했던 그 풍성함도 그저 지나칠 현상은 아닌 것이다.

창작학춤은 1930년대 최승희, 1940년 조택원으로부터 시작하여 2018년 현재까지 '학춤'을 활용한 새로운 무용작품은 지속적으로 창출되고 있다. '학춤'이 전통을 기반으로 한 재창조의 의미로 발전시킨 작품들은 신규 콘텐츠 개발 및 새로운 작품화의 창조적 계승을 통한 업그레이드, 마케팅 전략을 통해 앞으로 세계화를 이룩할 수 있도록 노력해야 한다. 그렇다면 '학춤'이 우리 민족만이 가진 독특한 춤으로 우리 춤의 중심에서 폭발적인 세력을 만들어낼 수 있도록 발전을 모색하려면 어떻게 해야 하는가를 고민하며 그동안 '학춤'이 한국 춤의 대표적인 전통춤으로서의 자리함을 넘어 '학춤'의 문화적 확대를 이룩하

학탈을 쓴 한성준과 조택원

는 춤 문화 활동들을 살펴보기로 한다.

한성준은 최승희와 조택원의 신무용 공연을 보고 자극을 받아 우리 민속무용을 무대 예술로 승화시켜야 한다고 생각하였다고 한다. 그러나 아이러니하게도 한성준은 최승희와 조택원에게 전통춤을 사사해 주었다. 1930년대 중반 최승희는 한성준에게서 40여 가지의 전통춤을 배웠다고 한다.[2] 최승희와 조택원은 비록 짧은 기간이지만 한성준에게 수학한 후에 이를 토대로 재창조의 변형을 시도한다. 한성준의 춤을 뿌리로 한 조택원의 춤 중에서 작품 '학'이 있다. 학춤의 원형을 활용하여 변형과 확장을 통해 재창조한 대표적인 조택원의 작품 '학'에서 몸통은 창작의상을 입고 머리만 학 머리탈을 쓴 공연[3]을 보고 한성준은 매우 불쾌함을 표했다고 한다.

이렇듯 창작에 있어서 원형과 전통을 어디까지 지키고 어디까지 해체할 것인가 하는 문제는 현시대의 한국 춤을 추는 무용가들에게 매우 어려운 과제이다. 원형만을 지킨다는 것은 전승(傳承)이 약화(弱化)되고 박제화(剝製化)되는 문제까지 제기되어 예술의 발전에 저해(沮害)되는 요인으로 작용하기도 하지만 사실상 동시대를 사는 현대인과 소통하는 작품은 상당히 창의적(創意的)이고 개성적(個性的)인 특성을 드러내며 융합하여야 한다. 현대적인 여러 요소들을 받아들여 통합하는 것뿐만 아니라 우리 민족의 정서적 특성에 맞는 새로운 전통문화를 이루어 내기 위해서는 한성준과 같은 전통에 기반한 창작의 정신이 우월(優越)하게 평가되어야 한다. 최승희, 조택원, 최현, 김백봉, 정재만, 육완순, 국수호, 정은혜, 2014년 러시아 소치 올림픽 폐막공연의 '학춤'을 소재로 안무한 안애순 등의 예술가들이 '학춤'을 근거로 어떤 문화사적 실체와 족적을 그려내었는지 그 창작화된 작품들을 살펴보기로 한다.

---

2   이송, 「신무용의 역사적의의」, 숙명여자대학교 석사학위논문, 1993, p.24.
3   성기숙, 『한국 전통춤 연구』, 1999, p.440.

1) 예술가들의 학춤에 기반한 창작작품

(1) 최승희의 창작학춤 백학(1930년대 말)

최승희[4]는 조선의 민족무용을 현대화하였다. 무용 전문가들도 최승희가 비록 일본의 이시이 바쿠(石井漠, 석정막)에게 처음 무용을 시작했지만 최승희 무용의 정체성은 '민족'과 '전통'이 핵심 요소라고 꼽는다. 최승희의 무용이 이러한 정체성을 갖추는 데 결정적인 영향을 준 이는 일제강점기에 발간된 월간지 『춘추』 1941년 3월호의 기사를 참조하면 한성준(韓成俊, 1871~1941)이라고 한다. 최승희의 춤의 역사와 세계를 제대로 알기 위해서는 이시이 바쿠와 함께 한성준에 대한 이해가 필수적이다. 최승희의 춤은 이시이 바쿠의 현대적 창작무용과 한성준의 우리 전통 춤의 뿌리가 접목 발화되어 완성된 근대의 창작춤이었다. 최승희가 한성준을 만나 전통춤을 배웠던 것은 스승 이시이 바쿠의 인터뷰에서 읽혀진다. "자기 고장의 전통이나 정서, 감정들을 작품 속에 소화해 본다는 것은 자신을 위해서나 조선의 무용을 위해서나 소망스러운 일이라며 조선 춤을 권유했더니 어찌 그 천한 기생춤을 출 수 있냐며 대경실색하는 것을 보았다. 때마침 레코드 취입차 동경에 왔던 국악의 대가 한성준을 모셔다가 한량무, 태평무 등을 속성으로 익히게 했는데 그 결과 '에헤라 노아라'라는 걸작이 나올 수 있었다."[5] 1938년 잡지 삼천리 신년호에는 '고전 무용과 음악을 부흥 식히고저'라는 제목의 '최승희·한성준 양거장(兩巨匠) 회견'이 실렸는데 여기에서 한성준은 조선 무용에 대한 몰이해 현실을 지적하면서 최승희에게 아

---

4 최승희(崔承喜, 1911~1969)는 1911년 강원도 홍천 출생으로 1926년 숙명여자고등보통학교를 졸업했다. 최승일의 권유로 경성공회당에서 일본 현대무용의 선구자 이시이 바쿠의 공연을 보고 무용가가 되기로 결심하고 도일했다. 1929년 경성에 무용연구소를 설립했으며, 그해 12월 찬영회가 주최하는 '무용·극·영화 밤'에 출연했다. 1930년부터 본격적인 무용공연을 시작해 2월 개성에서 무용대회, 3월 창작무용공연회, 10월 제2회 공연회, 11월 대전에서 무용대회를 각각 가졌다. 1933년 이시이 바쿠 문하로 재입문하여 1년 만에 청년회관에서 창작극 〈에헤라 노아라〉를 발표해 좋은 평가를 받았다. 이후 4년간 세계무대로 진출하여 〈초립동〉, 〈화랑무〉, 〈신로심불로〉, 〈장구춤〉, 〈춘향애사〉, 〈즉흥무〉, 〈옥적곡〉, 〈보현보살〉, 〈천하대장군〉 등 공연했다. 1938년 브뤼셀에서 개최된 제2회 세계무용경연대회에서는 심사위원까지 맡았으며, 미국은 물론 중남미 여러 나라에서 공연을 했다. 특히 뉴욕 공연 후 '세계 10대 무용가의 한 사람'이라는 평을 받았다.

5 이시히 바쿠 인터뷰, 1935년 9월 28일, 「욱천신문(旭川新聞)」.

최승희의 창작 '학춤'

주 특별한 부탁을 하고 있다. "그러케 조선무용에 대하야 이해 없든 조선 민중도 최승희 씨의 놀나운 무용으로 하여곰 조선무용을 재인식하게 되엿스니 그 깃붐은 무어라 말할 수 없습니다. 저로서 최승희씨한테 원탁(願托)하는 바는 내가 금일까지 연구하야온 50여 종의 조선무용을 계승하야 영원히 살니도록 하여 달라는 것입니다. 만약 그러하지 않는다면 내가 연구하야온 조선무용은 나의 죽엄과 함께 죽어버리고 말 것입니다." 최승희의 답변은 "제가 금일까지 연구공여하야 온 것은 조선무용의 현대화 즉 말하면 서양무용에서 조흔 것을 배워 서양 사람도 이해할 수 잇는 무용 30여 종을 창작하여 왓습니다. 이번 구미(歐美)에 가 소개하려는 조선무용이란 이것입니다." 그날 회견이 있었던 명월관[6]에서는 '무용 상호공개'란 이름으로 환갑이 넘은 한성준은 '학춤'을 추었고 이에 앞서 최승희는 '무녀(舞女)'의 춤을 추었다고 한다.[7] 1935년 한성준의 '학춤'이 발표되었고, 최승희의 '학춤'은 정확한 연대를 알 수 없으나 1939년 파리공연의 작품에 '백학' 1940년 남미 공연의 작품에 '백학'이 실린 것을 볼 때 최승희의 '학춤'은 한성준에게 영향을 받은 창작무용으로 생각된다. 음악은 고전음악으로 표기되어 있다.

---

6   명월관은 1909년경 한말 궁내부(宮內府) 주임관(奏任官) 및 전선사장(典膳司長)으로 있으면서 궁중요리를 하던 안순환이 현재의 서울 종로구 세종로에 개점한 20세기 최초의 조선 요리옥이다.

7   송은아, 2017년 4월 1일, 「세계일보」.

(2) 조택원의 창작학춤 학[8](1940)

조택원[9]이 안무한 '학'은 한국 최초의 무용극이다. '학'의 음악은 일본의 저명한 근대음악가 다카기 도로쿠[10]가 조택원의 의뢰를 받아 1940년 발레조곡으로 작곡했다. 다카기는 '학' 음악작곡을 위해 한 달간 조선호텔에 머물며 조선의 다양한 민속가락을 채보했다. 조택원은 '학' 안무시 당대 최고의 명고수·명무로 이름난 조선무악의 거장 한성준에게 학춤의 움직임을 배운 것으로 알려진다. 이 작품은 1940년 도쿄 히비야공회당에서 초연되었다. 조택원은 한성준에게서 배운 전통학춤을 토대로 다카기가 작곡한 서양음악에 맞춰 무용극 '학'을 안무했다. 조택원은 신무용가로 유럽·미국 등 세계무대에 진출해 수많은 공연을 통해 우리 춤의 우수성을 널리 알렸다. '전통의 현대화'를 화두로 '만종', '가사호접', '춘향조곡', '부여회상곡', '신노심불로' 등 주옥같은 신무용 명작을 남겼고, 1973년 금관문화훈장 제1호를 수상했다.

조택원 안무 '학'

프랑스 작곡가 모리스 라벨에게 영향받은 다카기는 '학'의 악보에 볼레로풍으로 연주할 것을 표기해 놓고 있다. 약동하는 봄의 생명력과 밝고 경쾌한 리듬의 노래가사가 삽입돼 있

---

8 한국 최초의 무용극 '학' 악보 발굴, 韓·日 재창작 추진. http://www.edaily.co.kr/news/NewsRead
9 조택원(趙澤元, 1907~1976)은 함경도 함흥 태생으로 휘문고보, 보성전문 법대를 졸업했다. 일본 근대무용의 선구자 이시이 바쿠에게 서양의 모던댄스를 배웠다. 이후 한성준에게 전통춤을 체득한 뒤 신무용이라는 새로운 사조를 창출한 한국 근대춤의 선구자로 명성이 높다. 유럽, 미국 등 세계무대에 1500여 회에 달하는 공연을 선보였다. 금관문화훈장 제1호(1973)를 수훈했다.
10 다카기 도로쿠(高木東六, 1904~2006)는 일본 돗토리현 출신으로 도쿄음악대학을 거쳐 프랑스파리음악원에 유학한 일본 근대음악의 선구자로 손꼽힌다. 한일 근대음악 교류사를 집중적으로 연구해온 일본 시마네대학 후지이 고키 교수가 2016년 요코하마에 있는 다카기 자택에서 '학'의 악보를 발굴해 연낙재에 기증했다. 발굴된 악보는 제2장 '봄' 장면으로 약 10분 분량이다.

음이 이채롭다. 또한 조선 민족의 상징적 가락인 아리랑 선율이 가미돼 있음도 눈여겨볼 대목이다. 조택원의 무용극 '학'은 조선의 전통학춤에 발레라는 서구적 춤 형식을 가미한 최초의 무용극이라는 점에서 사료적 가치가 매우 높다.[11]

(3) 정인방의 신선도(1945)

정인방[12]의 '신선도(神仙圖)'는 1945년 5월 부민관에서 있었던 그의 첫 발표회에서 추었던 춤이다. 노인의 흥(興)과 멋을 주제로 만들어진 춤으로는 한성준 옹의 '신선무'가 있었고 '신로심불로'라는 제목은 신무용 세대의 많은 무용가들의 주제가 되었다. 한성준의 '신선무'와 조택원의 '신로심불로'가 정인방의 '신선도'와 '신로심불로'로 자리를 잡은 셈이다.

정인방의 '신선도'

---

11 경제정보 미디어 이데일리.

12 정인방(鄭寅芳, 1926~1984)은 서울 출생으로 그의 부모는 정치나 의학, 법학도가 되기를 바랐지만 예술에 뜻을 두었던 그는 1935년 9세 때, 우연히 한성준 조선무용연구소를 구경하러 갔다가 약 8년간 그의 춤을 전수받게 되었다. 그러나 부친의 강력한 제지로 춤을 그만 두고 일본 고등공업학교에 편입한다. 그곳에서도 춤에 대한 열정이 식지 않아, 계속해서 춤을 배우다가 한국인 강제 추방령으로 귀국길에 올랐다. 지인들의 도움으로 1945년 서울 부민관에서 제1회 무용발표회를 열었고, 무용연구소를 운영하며 다수의 신작들을 발표했으며 1961년 정인방 무용생활 25주년 기념공연, 1967년 정인방 무용단 송년공연, 1968년 일본·대만·홍콩 순회공연 등을 하였다.

(4) 최현의 비상(1974)

최현[13]의 '비상(飛翔)'은 1974년 최현이 병원에 입원했을 당시 하늘을 나는 새와 같이 창공을 날고 싶은 자신의 염원을 그린 작품이다. 모든 인간이 꿈꾸는 자유의지를 '새'의 날갯짓에 착상해서 만든 독무로 최현의 대표작이다. '비상'은 드높은 창공을 나는 학처럼 고고한 몸짓과 자유분방함을 주제로, 선비의 도량, 한량으로서의 풍류, 장인의 이미지를 표현하면서 남성춤의 호방한 기개와 절묘한 기품을 살리고자 하였다.

또한 '비상'을 통해서 우리 춤의 맥을 이어가고자 했던 춤사위는 특히 움직임 면에서 경상도 지방의 덧배기춤과 닮아 있었다. 호방한 동작과 함께 어깨춤을 추며 넘실대는 파도처럼 능청거리다가도 대쪽처럼 부러지는 절제의 동작과 감고 풀고 하는 동작을 골격으로 하는 당기고 푸는 묘미를 살리는 춤이었다.

최현의 '비상'

---

13 최현(崔賢, 1929~2002)은 부산 출생으로 무용수 겸 안무가이다. 김해랑에게 전통무용을, 박용호에게 현대무용을 사사했다. 또한, 한영숙에게 〈태평무〉, 〈승무〉, 〈살풀이〉를 배웠으며 김천흥을 만나 〈처용무〉를 익혔다. 그 후 무용수로서 활발한 활동을 펼쳐 임성남의 〈사신의 독백〉, 송범의 〈배신〉 등에 출연했고 조택원의 〈신로심불로〉는 특별히 그를 위해 안무한 작품으로 알려져 있다. 아울러 그는 안무에도 적극 참여해 〈비상〉, 〈군자무〉, 〈새불〉, 〈아리랑〉, 〈심청전〉, 〈춘향전〉 등을 발표해 호평을 받았으며 러시아 등 외국에서 공연을 펼치기도 했다. 또한, 최현은 서울예술고등학교와 서울예술전문대학에서 많은 제자를 양성했고, 국립무용단 단장을 역임한 한국의 정상급 무용가이다.

(5) 김백봉의 선녀춤(1977)과 신천지(1986)

김백봉[14]의 학춤은 '선녀춤'과 '신천지'에서 보여졌다. 1953년도 '조국찬가'에서 김백봉은 '선녀춤'을 최초로 추었으며 1977년 리틀엔젤스 작품 안무에서 선녀와 학의 듀엣으로 작품을 완성한 후, 1984년 미주 공연 때에는 스토리가 첨가되어 돌아가신 어머니가 선녀가 주는 옥수로 목욕하고 관음보살의 인도를 받아 하늘로 올라가는 모습을 그린 춤으로 확대하여 공작새춤, 선녀춤, 학춤, 보살춤이 함께하는 작품으로 구성하였다.

'신천지'는 1986년 아시안게임 개막식에 공연된 김백봉의 안무작이다. '신천지'는 아침의 나라를 주제로 한 제3부 식후행사로 오천 년의 뿌리 깊은 전통 문화 속에 살아 숨 쉬는 빛과 소금의 몸짓을 사계절로 나누어 표현했다. 모두 2천2백89명이 출연한, 국내에선 사상 최대규모의 집단무용 작품으로 경희대 무

김백봉 안무 '선녀춤'

---

14 김백봉(金白峰, 1927~)은 평안남도에서 태어난 여성 무용가로, 1943년 최승희무용단 단원이 되어 아시아 각국을 순회공연했다. 1946년에는 최승희를 따라 평양에 정착해 최승희 무용단 제1무용수 겸 상임안무가로 활동했다. 하지만 한국전쟁이 일어나자 월남해 '승무'와 '태평무' 등을 배웠으며, 1953년 서울에서 김백봉무용연구소를 설립했다. 그리고 이듬해 한국예술무용연구소를 세웠고, 김백봉무용발표회를 통해 창작무용 작품인 '부채춤'과 '화관무'를 선보였다. 이 춤은 지금도 우리나라를 대표하는 무용으로 그 입지를 다지고 있다. 그 후 김백봉은 1965년부터 경희대학교 무용과 교수로 재직해 1992년 정년퇴임을 했다. 1995년에는 김백봉춤보존회가 만들어졌고, 1996년에는 최승희의 춤만을 재현하는 공연을 열기도 했다. 그 밖의 주요 작품으로 '무당춤'과 '청명심수', 최승희의 '보살춤'을 재현한 '만다라', 무용극 '우리 마을의 이야기' 등이 있다.

김백봉 안무
86아시안게임 개막공연
'신천지'

용학과 김백봉 교수가 구성과 안무를 맡은 이 작품은 경희대, 성동고경기여고, 무학여고, 수도여고, 잠일국교 등 6개 학교 남녀 학생들이 출연한 외에도 무용가 50명도 함께 특별출연하였다.[15] 아름다운 율동과 우아한 모습의 장장삼무, 공작새춤, 선녀춤, 학춤이 연결되며 선녀는 하늘에서 딴 봉숭아를 바치는 장면으로 마무리된다.

(6) 정재만의 창작학춤 학불림굿(1987), 비천무(1988)

정재만[16]의 창작작품 '비천무(飛天舞)'는 1987년 창작되었다. '비천무'는 하늘을 날고 싶어 하는 마음의 춤이며, 인간의 이상을 실현하기 위한 마음속의 꿈으로 학의 행태나 움직임을 본떠서 학춤을 기저로 만들어진 작품이다. 동물 우리에 갇혀 있는 학이 자유를 갈망하고 날고 싶어 하는 마음과 이에 비교될 수 있는 인간의 이상실현, 꿈꾸는 인간의 갈망적인 정신세계를 표현한 것이다. 그러므로 작품의 제목에 날 비(飛)에 하늘 천(天)을 써서 하늘을 나는 춤이 되고 이는 곧 학의 날고 싶은 마음으로 풀이할 수 있는 뜻을 나타내고 있다. '비천무'의 의복은 기본적으로 승무 장삼을 입었고, 장삼 뒤에 검은색을 대서 학

---

15 이보형, 「86아시안게임 개막식 공연을 보고 화려한 공연 뒤에 숨은 「텅빈 실속」「광장」」, 세계평화교수협의회, 1986, pp.298~299.

16 정재만(鄭在晩, 1948~2014)은 경기도 화성 출신의 무용가이다. 경희대학교와 동 대학원에서 무용을 전공했으며, 세종대학교 교수를 거쳐 1987년부터 숙명여대 무용학과에서 후학을 양성했다. 2000년에는 중요무형문화재 제27호 〈승무〉 예능보유자로 지정되었다. 그 밖에 정재만무용단, 남무단 대표, 벽사춤아카데미 이사장 등을 역임했다.

정재만의 '비천무'

정재만의 창작학춤 '학불림굿'

의 꼬리처럼 보이게 했으며 머리에 쓴 복건은 앞을 빨간색으로 하여 학 머리로 고안되었다. 춤을 추면 장삼의 긴 날개가 하늘에 닿을 것처럼 길게 뻗어 날고자 하는 마음이 의상과 함께 강하게 표현되었다. 정재만은 '비천무'를 만든 동기를 "학춤은 학탈을 뒤집어쓰고 하기 때문에 굉장히 힘이 들고 덥기도 한 그런 어려움이 있었어. 그래서 이 학춤을 어떻게 멋있고 그런 어려움이 없게 예술작품으로 승화시킬 수 없을까 라는 생각을 늘 하다가 동물원에 갇혀있는 학들을 보고 얼마나 학들이 날고 싶을까 라는 자신의 신세 한탄 같은 것들 말이야. 우리 인간도 역시 각자 자신의 이상의 날개를 펴고 싶은데 펼 수 없는 현실이 있고, 삶의 어렵고 힘든 점들이 많고 해서 그러한 것들을 작품으로 만들어 보려고 했지. 한성준 선생님은 학의 행태나 학의 동작을 본떠서 '학춤'을 만드셨는데 나는 그것을 상상의 한 차원을 더한 3차원적인 것으로 승화시켰지…"[17]라고 하며 한국의 춤 중에서 가장 힘들고 어렵다는 '학춤'의 학탈을 벗고 새로운 춤으로 부각하였다.

정재만의 '학불림굿'[18]은 1988년 동양세계 속에서 상서로운 길조로 표현되는 학과 선비 사이의 인간과 동물을 초월한 교감세계를 형상화한 작품이다. 학의 고고함에 깨달음을 얻고 현대적 사회의식을 재조명하면서 한국 전통 춤사

---

17 권순주, 「정재만의 창작 작품에 내재된 전통적 성향 연구」, 숙명여자대학교 석사학위논문, 2004, p.34.

18 1988년 9월 12~13일, 서울국제무용제 문화예술축전, 정재만무용단, 문예회관 대극장.

위를 새롭게 재창조하였으며 이는 전통의 재해석을 성공적으로 이끌어내었다. 학에 대한 생태와 습성을 관찰하여 한성준 선생님이 만든 '학춤'을 기저로 한 '학불림굿' 작품의 전개는 제1경에서 제5경으로 나누어졌으며 평화로운 학이 살고 있는 마을에 금전에 눈이 어두운 사냥꾼이 학을 잡아 학털로 부포를 만들어 상쇠에게 전해주면서 이야기는 시작된다.

학은 이 마을을 떠나 깊은 산속으로 숨어든다. 산속에서 선비와 만난 학은 마치 서로 학문을 닦은 오랜 지우처럼 서로 화답을 주고받게 되나 또다시 사냥꾼에 의해 학은 선비와 이별하게 된다. 훗날 선비는 학을 그리워하며 학에게서 배운 '학춤'을 추고 '학불림굿'을 열게 된다. 마을에 위험이 없고 평화가 있다는 것을 춤으로 표현하며 흰옷을 입은 유생들과 백성들이 학과 어우러져서 하나가 된다. 그 모습은 마치 구곡병풍의 산수를 배경으로 노닐던 무릉도원처럼 아름답게 어우러진다.

(7) 육완순의 창작학춤 학1(1984), 학2(1993), 최승희의 학의 춤(2010)

육완순[19]이 안무한 작품 '학1(The Crane)'[20]은 1984년 초연되었으며, 우리나라 민속춤의 하나인 '동래학춤'을 현대무용화하였다. 흰 도포자락의 움직임은 마치 학이 나는 모습을 연상케 하며 춤사위에서 풍기는 우아한 멋은 고고한 학을 상징적으로 연상시킨다. 육완순은 공연프로그램에 이렇게 썼다. "이 춤은 현대화된 학춤이며 전통 민간춤이다. 이 춤의 특징은 고아함과 청렴결백이며 매 동작은 이런 동작을 표현할 수 있다. 군학은 하늘에서 날고 있고 모습이

---

19 육완순(陸完順, 1933~), 한국 현대무용의 대모이다. 전라북도 전주 출생으로 이화여대 체육과 무용전공, 이화여대 대학원 현대무용전공, 1963년 미국 일리노이 대학교 대학원 현대무용전공, 마사 그레이엄 무용학교에서 현대무용을 사사했다. 1962년에 국립중앙극장에서 개최된 제1회 육완순 귀국발표회에서 〈흑인영가〉, 〈공포〉, 〈마음의 파도〉 등의 미국 현대무용을 우리나라에 처음으로 소개했다는 점에서 무용계의 주목을 끌었다. 1972년까지 미국과 서울에서 7회의 무용 발표회를 개최했으며, 또한 무용논문을 집필하여 교육무용의 이론화에 공적을 남겼다. 이화여자대학교 무용과 교수, 과장 등을 역임하였다. 주요 작품으로는 〈부활〉, 〈황무지〉, 〈단군신화〉, 〈수퍼스타 지저스크라이스트〉 등이 있다.

20 1984년 1월 1일, 안무/육완순, 출연/박명숙, 안신희 외 20명, 이스라엘 윙게이트 대학극장.
1984년 5월 16~17일, 안무/육완순, 출연/안신희 외 20명(출연자 불확실함), 이화여자대학교 대강당.

육완순의 창작학춤 '학1(The Crane)'

마치 야위고 연약해 보이나 오히려 강인하다. 비록 물 위에서 생활할지라도 우리들은 그들의 그 우아한 동작과 자태에 대한 흠모를 금할 수 없다. 춤추는 이들의 백색장삼에는 긴소매가 날고 있고 마치 여러 마리의 학들이 날갯짓하고 있는 날개와 같다. 백학은 우리로 하여금 백의민족 한국인의 정신을 회상하게 한다."

육완순의 안무작품 '학2(The Crane)'[21]는 학1의 편집음악을 사용하였으나 김

---

21 1993년 2월 12일과 16일, 안무/육완순 출연/박명숙, 이연숙, 배혜령, 김금광, 이윤경, 최혜정, 박은영, 김희진, 이경숙, 장은정, 김성희, 김우정, 박소정, 김정은, 윤정아, 정정아, 박진수, 오재원, 정왕수, 이은석, 전형철 외, 음악/김지욱, 의상/윤 관, 중국 베이징세기극장(12일)/상해 연극학원극장(16일)
1993년 3월 17일, 안무/육완순, 출연자/위와 동일, 미국 Los Angeles 이벨극장.
1993년 11월 17일, 안무/육완순, 출연자/위와 동일, 문예회관 대극장.
그 외/베트남의 하노이시, 베소문화궁전, 호치민시, 화빈극장에서 공연.

지욱 작곡을 통하여 음악을 완성하고 작품을 다시 완성한 것이다. '학1'에서 진화된 작품으로 내용은 같다.

2010년 육완순은 '최승희의 학의 춤'을 복원 및 재안무하였다. '최승희 학의 춤' 사진자료를 참고하여 궁중무용 '학무'와 민속적 '동래학춤'의 특징을 아우

육완순의 '최승희 학의 춤' 복원작

르는 청초함과 우아한 학의 자태를 고귀하고도 소박한 민속의 몸짓을 함께 담은 오늘의 학춤으로 재구성한 작품이며, 음악은 김지욱, 출연에는 장혜주[22]가 하였다.

(8) 국수호의 창작학춤
학의 발자욱 소리(1984), 무천(2006), 조택원의 학춤(2016)

국수호[23] 작·안무인 '학의 발자욱 소리'는 1984년 초연되었다. 총 4장으로 1장 명(冥), 2장 천희도(天戱圖), 3장 학이여! 학이여! 4장 초혼가(初魂歌)로 구성된 작품이다. 안무자 국수호는 작의(作意)를 "내 춤에 뿌리를 만들어 준 선생의 죽음을 보면서 구성된 작품이다. 님의 전생은 불행했으나 사후세계(死後

---

22 장혜주(1984~)는 현대무용가이다. 이화여자대학교 무용학사 및 무용학석사, 성균관대학교 예술학 박사, 예술단체 링카트(LINKART) 대표. 대표안무작으로는 〈그래도 스마일〉, 〈Continuous〉, 〈IndividualView〉, 〈변할수있는...〉, 〈1:1.42〉, 〈1+1=1〉, 〈먹〉, 〈Double〉이 있다.

23 국수호(鞠守鎬, 1948~)는 전라북도 완주 출신의 무용가이다. 서라벌예술대학 무용과와 중앙대학교 연극영화학과를 졸업하고, 동 대학원에서 민속학을 공부했다. 박금슬, 송범 등에게 한국무용을 배운 뒤 국립무용단에 입단했으며, 이후 중앙대학교 무용학과 교수를 역임했다. 1987년부터 국수호디딤무용단을 창단 활발한 활동을 펼쳤으며 한국의 대표적인 남성 무용가이다.

국수호의 창작학춤 '학의 발자국 소리'   국수호 안무 춤극 '무천(舞天)'에서 학의 탄신

世界)에는 황후로 모셔서 하늘로 보내드리고 싶은 마음에서였다. 학처럼 고고
하게 춤추다 가신 님, 그분이 남긴 발자욱을 통해 나를 비춰 보이고 싶다. 오늘
님의 혼을 청해 춤과 노래를 부른다."라고 말하고 있다. 음악 이세환, 의상 그
레타 리, 출연은 국수호·이문옥 외였다.

　고구려의 호쾌한 기상도(氣像圖)에 포착된 국수호의 춤극 '무천(舞天)'[24]은
2천 년 전부터 있어온 고구려인의 무천 의식에서 하늘과 소통하며 삶을 영위
했던 정신을 이어받아 자연에 대한 인간의 의지를 춤으로 표현한 작품으로 이

24　2006년 10월 3, 5, 7일 3일간 3회에 걸쳐 디딤무용단의 추석 특별공연으로 용산 국립박물관 「용」
　　극장에서 공연.

시대의 인간정신을 반영하는 춤의 철학을 지니고 있다. 총 10장으로 구성되었으며 고구려의 역사를 한편으로 축약, 축조한 춤극이다. 각 장에는 하나 혹은 두서너 개의 개별 춤이 들어있다. 그중, 9장(章) '학 탄신의 춤(신화적 춤)'은 고구려 벽화에서 전생을 기억해서 다가올 미래에 대한 염원의식으로 그려진 학을 탄 선인의 춤으로 신화적인 춤이다. 고구려악의 필연적인 악기 거문고와 퉁애의 합일된 음악으로 학의 탄신을 안무한 창작이다.

2016년 국수호에 의해 한국 최초 무용극 조택원의 '학' 일부인 '봄' 장면이 11분 분량으로 복원하여 일본 무대에 올랐다.[25] 한 마리 학(鶴)이 날아온 듯 우아하게 치켜든 소맷자락이 날개처럼 휘어지는 춤사위와 살포시 지르밟은 버선 발이 재게 움직이니 새 발자국이 찍히는 듯한 춤사위를 추며, 학창의를 정갈하게 입었다. 조택원이 한성준에게 배운 '학춤'을 바탕으로 아비 어미 학과 새끼들이 사계절을 보내는 전원 풍광을 동양철학이란 주제로 엮었던 춤을 국수호가 재구성한 이 '학춤'은 한성준–조택원–송범–국수호로 이어지는 춤 계보로 이어져 온다.

국수호 조택원의 '학춤' 복원 공연

25 2016년 6월 3일 오후 일본 돗토리시 와라베칸(童館) 소극장, 디딤무용단공연.

(9) 정은혜의 창작학춤 지운, 유성의 혼불, 유성학춤, 대비(對比)

정은혜[26]의 창작춤인 '지운'은 1990년경부터 공연된 작품으로 공작새와 선녀 그리고 학의 춤이 연결된다. 천지인의 맥을 하늘의 선녀와 땅의 나무꾼이 만나는 것으로 풀어내며 이러한 인연을 학이 도와주는 줄거리를 지니고 있다. 동물과 선녀, 인간이 만나는 신비하고 아름다운 이 작품은 후일 '유성학춤'의 모태가 되었다.

'유성의 혼불'[27]은 대전의 문화유산인 유성온천설화를 소재로 잉태되어 2001년 초연된 1시간 10분 길이의 장막공연이다. 2002년 월드컵기념 문화예술 공연으로 선정되어 2001년과 2002년 연이어 공연되었다. 유성온천 설화를 한국적 이미지와 민족성에 걸맞은 춤으로 풀어낸 '유성의 혼불'은 하늘과 땅의 조화 속에 이루어지는 온천수의 영험함과 한국 어머니의 위대함을 춤으로 형상화하면서 대전의 문화적, 정신적 뿌리를 담은 허구적 스토리를 첨가하여 공간적 한계와 시대적 이념을 뛰어넘는 인류 보편의 공감대가 확대되도록 새로운 창작기법과 몸짓, 그리고 극적인 효과를 더한 작품이다. 안무·대본에 정은혜, 음악작곡 이상만, 무대미술 이태섭, 의상에 이미현, 안정훈, 조명에 최형오, 윤진영이었다. '유성의 혼불'에서 극을 끌어가는 견인차였던 '학춤'은 두 개의 버전으로 공연됐는데 초연 때는 전통학탈을 쓰고 전통적인 기법으로 날개를 펴고 접고 날면서 평형을 유지하는 춤사위 속에 천만 근의 무게의 중후함과 우

---

26 정은혜(1958~), 경희대학교와 동 대학원 박사 졸업, 1986년 정은혜민족무용단 창단. 1995년 부터 충남대학교 무용학과 교수로 재직, 2011년 대한민국 무용대상 '대통령상'을 수상. 2011~2014년 대전시립무용단 예술감독, 대표작으로는 〈초극의 행로〉, 〈물의꿈〉, 〈유성의 혼불〉, 〈미얄〉, 〈처용〉, 〈계룡이 날아오르샤〉, 〈대전십무〉, 〈사의찬미〉, 〈몽, 춤의대지〉, 〈대무의 고찰〉 등이 있다.

27 2001년 9월 15, 16일, 유성 건강페스티벌 2001 온천설화무용 '유성의 혼불' 유성온천 야외무대.
   2001년 10월 31일, '유성의 혼불', 제17회 한일 월드컵기념 문화예술공연, 대덕과학문화센터.
   2002년 6월 13일, '유성의 혼불', 제17회 한일 월드컵기념 문화예술공연, 대전과학문화센터.
   2002년 6월 14일, 월드컵문화예술공모 당선작 '유성의 혼불', 대덕과학문화센터.
   2002년 11월 3일, 유성건강페스티벌 온천설화무용 '유성의 혼불', 유성온천 야외무대.
   2003년 10월 11, 12일, 유성건강페스티벌 온천설화무용 '유성의혼불', 유성온천 야외무대.
   2003년 11월 4, 5일, 대전문화예술의전당개관기념 〈6대광역시무용제〉 '유성의 혼불', 대전문화예술의전당.
   2004년 10월 17, 22일, 유성 건강페스티벌 온천설화무용 '유성의 혼불' 유성온천 야외특설무대.
   2005년 10월 23일, 유성 건강페스티벌 온천설화무용 '유성의 혼불' 유성온천 야외특설무대.

아함이 보이며 보은의 이야기가 담겨있는 작품이었고, 다음 공연에서는 '학춤'이 창작의상을 입고 학의 몸짓을 매우 현대적이고 창작적으로 표현하였다. '유성의 혼불'은 한국을 방문하는 세계인들에게 우리문화예술을 집약한 한국적 이미지와 신화적 이야기인 유성온천설화 속에서 인간과 자연, 동물과의 교감으로 한국적인 미의 극치를 이루어낸다. 아이를 못 낳는 여인이 상처 입은 학을 치유해 준 후 아이를 낳게 되고 장성한 아들은 전쟁터에서 깊은 상처를 입고 돌아오자 다시 구원의 학들이 온천수로 아들을 인도하여 상처를 치유해 준다는 내용을 담고 있다.

'대전십무'[26] 중의 하나인 '유성학춤'[27]은 장막극 '유성의 혼불'에서 독립되어 2005년부터 독립적인 '학춤'으로 공연된 13분 정도의 소품이다. 한성준의 학춤 기법을 연계한 창작학춤 '유성학춤'에서 학춤은 군무로 대형화되어 공간

정은혜의 창작학춤
'유성의 혼불' 2002

적 구성의 다양함과 무대의 웅장함, 그리고 화려함을 통해 대중이 즐기는 학춤으로 창작되었다. 우리의 민족혼이 담겨 있는 특성의 장엄한 학춤의 군무인 '유성학춤'은 그 안에 우아한 학춤과 아름다운 무지개 춤, 선녀춤이 더해져 단선적인 무용이 아닌 복합적인 주제를 담고 있다. 또한 신비스러운 무대 분위기, 선녀들의 화려한 의상, 몸 전체에 학탈을 쓴 무용수의 날갯짓과 같은 다양한 볼거리는 관객들의 작품 몰입도를 높여준다. 특히 유연함과 장엄함, 엄숙함, 기품 등을 지닌 학의 모습이 형상화된 춤사위는 한국무용의 절제된 아름다움을 한껏 드러낸다. '유성학춤'은 바쁘게만 살아가는 현시대의 우리들에게 여유로움과 자유로움을 보여준다.[30] 아름다운 자연 속에서 온천수 여신이 만들어내는 온천의 기적, 온천수의 영험함, 신과 인간과 동물의 교감 속에서 우리는

---

28 대전의 풍습과 설화, 인물, 환경 등을 소재로 대전의 뿌리부터 미래까지를 담아낸 창작한국무용 '대전십무(大田十舞)'는 무용가 정은혜가 1995년 충남대 무용학과 교수로 부임한 이후 제2의 고향인 대전을 위해 오랜 세월 자료 수집과 창작 과정을 거쳐 만든 춤으로, 지난 50여 년 춤 인생의 모든 것을 담은 작품으로 평가된다. 2011년과 2013년 대전시립무용단 정기공연으로 각각 다섯 작품씩 발표한데 이어 2014년 5월 대전시립무용단 상임안무자 퇴임 기념 공연으로 십무 전편을 무대에서 선보여 'PAF작품상'과 '최우수예술가상'을 수상하는 등 평단의 호평을 이끌어냈다. 김태원 평론가는 "지역과 연관된 춤의 소재를 발견해 이처럼 10편의 작품으로 묶어 발표한 것은 우리 무용사에서 거의 없는 것으로 보인다"고 평했다.
　　대전십무는 족보의 고장 대전을 나타내는 '본향(本鄕)', 사육신 박팽년의 지조와 절개를 나타낸 '취금헌무', 대전의 선비이야기를 담은 '대전양반춤', 대전의 젖줄인 갑천의 전설을 그린 '갑천, 그리움', 수운교 천단에 전해 내려오는 '대 바라춤', 과학도시인 대전의 이미지를 담은 '한밭북춤', 대전8경의 하나인 계족산 노을을 그린 '계족산 판타지', 조선의 여류시인 호연재를 기리는 '호연재를 그리다', 한밭벌 여인들의 기품을 담아낸 '한밭 규수춤', 유성온천의 설화를 담은 '유성학춤'이다.

29 2008년 5월 10일, 5월의 눈꽃축제 개막공연 '유성학춤' 계룡스파텔 야외무대.
　　2008년 5월 30일, Dance Daejeon 대전시민무용축제 '유성학춤' 대전시립미술관 야외무대.
　　2009년 5월 8일, 5월의 눈꽃축제 개막공연 '유성학춤' 계룡스파텔 야외무대.
　　2011년 9월 30일, 제4회 온천가족 한마음축제, '유성온천학춤' 유성명물문화공원.
　　2011년 11월 4, 5일, 대전시립무용단정기공연 〈다섯 그리고 하나 1〉 '유성학춤' 대전문화예술의전당.
　　2012년 1월 19일, 대전시립무용단 신년맞이기획공연 '유성학춤' 대전문화예술의전당 아트홀.
　　2012년 10월 13일, 제5회 온천가족 한마음축제 '유성학춤' 유성명물문화공원.
　　2014년 5월 30, 31일, 대전시립무용단정기공연 〈대전십무〉 '유성학춤' 대전문화예술의전당 아트홀.
　　2014년 8월 15일, 대전시립무용단기획공연 〈한 여름밤 댄스 페스티벌〉 '유성학춤' 대전시립미술관 야외무대.
　　2015년 7월 17~25일, SWISS BASEL TATTOO 스위스바젤국제군악제, '유성학춤' 바젤군사역사관, 16회 공연.
　　2016년 9월 23일, 제25회 전국무용제개막공연 '유성학춤' 대전연정국악원 큰마당.

30 허용주, 대전십무시리즈연재 「이츠대전」, 대전광역시, 2017. 12.

정은혜의 창작학춤 '대전십무' 중 하나인 '유성학춤' 2014

그것을 느낀다. 유성온천의 소재인 학의 설화는 대전의 지역성을 지닌 대표적
인 이야기로 이를 근거로 한 '유성학춤'은 대전지역의 중요행사마다 추어졌으
며, 2004년과 2016년 대전에서 열린 〈전국무용제 개막축하공연〉에 대전의 대
표 춤으로 공연되었다. 유성온천을 발견한 학에 근거하여 스토리 있는 작품으
로 구성한 '유성학춤'은 대전 시민들과 소통하기 위해 학의 군무가 화려하고
역동적으로 펼쳐졌다. '유성학춤'은 세 가지의 버전으로 완성하였는데 행사 규
모에 따라 무지개가 하늘에 떠오르고 온천여신이 온천물을 불러내면 온천물
이 솟아오르듯 무대에 드라이아이스가 가득 채워지고 공연의 배경과 효과음
이 흐르면 처음에는 학이 한 마리가 등장하였다가 순간 여덟 마리가 유유히 날
아와 온천물에 목욕하고 흥겹게 춤을 추는 형식, 유성온천을 발견한 할머니와
학이 등장하여 온천설화의 이야기에 충실한 형식, 유성온천으로 선녀가 목욕
하러 하늘에서 내려오면 학이 나무꾼을 인도하여 선녀를 만나게 해주는 형식

정은혜의 창작학춤 '대전십무' 중 하나인 '유성학춤' 2014

으로 창작되었다. 이러한 구성은 지역행사를 풍성하게 만들기 위함이었고 매년 같은 작품이 아닌 새로워진 작품을 시민들에게 제공하기 위해 재구성하는 노력을 기울인 것이었다. '유성학춤'은 소품작품이지만 한성준(韓成俊)-김천흥(金千興)-정은혜(鄭殷惠)로 이어진 원형학춤의 춤사위를 활용하며 총 26명(온천의 여신 1명, 무지개 7명, 왕선녀 1명, 오선녀 5명, 학군무 9명, 하늘을 나는 학 2명, 나무꾼 1명)이 출연하는 대규모로 구성되는 발전과 확대를 거듭하여 대전의 열 개의 춤인 '대전십무' 중 하나가 되었다. 음악은 홍동기[31]가 작곡하였고 의상은 민천홍[32], 학 제작은 안정훈이다.

정은혜의 창작학춤 '대비'는 〈대무의 고찰〉[33]이라는 1시간 20분 길이의 작품 총 5장 중 3장의 이인무(二人舞) 작품이다. '대비'는 한성준의 전통학춤을 모티브로 창작한 작품으로 전통학춤의 이미지와 창작학춤을 같은 무대에서 보여주면서 새로운 조화를 모색하며 현대가 전통을 보완하고, 전통을 보듬는 동행을 전제로 한다. '대비'에서 전통학춤은 커다란 달(月) 속의 영상으로 투영되고 창작춤은 두 명의 무용수가 무대 위에서 춤추며 깔끔한 대비구조가 함의되어 나타난다.[34] 소나무와 송이(松栮) 간의 상생관계에서 느끼는 시공간적 구조 변화를 춤으로 환치하면 '대비'는 간결하지만 핵심을 찌르는 춤 구성 요소들이 눈에 띈다. 의상은 민천홍이 몸의 라인과 다리를 드러내는 간결한 디자인을 초록과 검정의 산뜻한 단조로움으로 완성한다. 음악은 여든이 넘은 이생강[35]의

---

31 홍동기(1968~)는 피아니스트로 다다미디어대표이며 국악실내악단 슬기둥 창단멤버이다. 국·시립무용단 창작음악 등 무용창작음악을 다수 작곡하였으며, 주요작품으로는 '사도', '미얄 삼천리', '계룡이 날아오르샤', '피아노 아일랜드' 등이 있다.

32 민천홍(1969~)은 한국적 독창성과 현대적인 감각이 조화된 특유의 의상디자이너이다. 제21회 무용예술상 무대예술상, 사)무용문화포럼 최고무용의상디자이너상, 제36회 서울무용제 무대예술상, 2016 제5회 예그린뮤지컬어워드 무대예술상 등을 수상하였다.

33 2017년 5월 27일, 「정은혜무용단」 창작공연 〈대무의 고찰〉 중 '대비' 안무 및 출연, 대전연정국악원 큰마당.
2017년 10월 17일, 세종국제무용제 '대비' 안무 및 출연, 세종정부청사 대강당.
2018년 3월 14일, 국립국악원 수요춤전 '대비' 안무 및 출연, 국립국악원 풍류극장.

34 대응을 통한 상상력의 논리적 확장-정은혜무용단 〈대무의 고찰〉, 최윤영 평, 〈공연과 리뷰〉 97호.

35 이생강(1937~)은 대금연주가로 명인의 반열에 올랐다. 중요무형문화재 제45호 대금산조 예능보유자이며 2002년 한국국악대상, 1984년 KBS 국악대상 등을 수상한 한국의 원로음악가이다.

정은혜 안무의 창작학춤 '대비(對比)'

대금과 단소연주를 새로 연주하여 입히고, 성금연[36] 명인의 가야금 산조의 중모리와 중중모리로 빠름의 완급을 조절한다. 달을 가득채운 영상은 박기봉[37]이 심혈을 기울여 완성해주어 오래된 전통의 학춤은 은은한 달빛으로 부드러운 흡인력을 불러왔다. 평론가 장석용은 "'대비'는 우리 춤 창작 향방의 이상적인 답안 같다. 춤은 춤도량(道場)의 모방과 전이의 과정을 보여주면서 춤의 순수와 확장이 공존하는, 순응의 바람직한 형식을 보인다. 신명이 오르면서 내는 '쉬이'하는 구음이 달라붙고 완벽한 내공의 호흡이 빚은 안정감 있는 조형은 기대감을 충족시킨다. 점점 커지는 달 위로 한성준의 전통학춤 영상이 투시되었고, 그 아래에서 정은혜와 이금용[38], 두 무용수는 대칭을 이루며 같은 춤을 춘다. 대금 소리에 천천히 목을 빼며 깨어나는 학의 모습과 중중모리 장단에 맞춰 맺고 푸는 춤사위가 인상적이다."[39]라고 했다.

(10) 안애순[40]의 창작학춤 '화합과 어울림의 평창'

2014년 2월 23일 러시아 소치 동계올림픽의 폐막작품은 '아리랑'에 맞춰 국립현대무용단 무용수들이 보여준 학춤 '화합과 어울림의 평창'으로 주제는 동행이다. 넓고 검은 스타디움 위에 20명의 무용수는 새하얀 날개를 퍼덕이며 한 폭의 동양화처럼 조용한 한국인의 정서를 표현하고 두루미처럼 웅장한 날갯짓

---

36 성금연(成錦鳶, 1923~1983)은 가야금연주가, 무용 음악의 대가로 많은 창작곡과 연주곡을 남겼다. 중요무형문화재 제23호 가야금산조 병창 기예능보유자(1968~1975)였으며, 그의 가야금산조는 경쾌하고 아름다워 생동하는 음악으로 인정받는다.

37 박기봉(1955~)은 미디어영상디자이너로 다큐 주요작으로는 '보고싶다', '느림에 시간 그 섬에 가고 싶다', '느려서 더 행복한 섬', '종춘 가슴에 품다', '대청호에 비친 풍경 너머 이야기', '모래섬 이야기' 등이 있다.

38 이금용(1977~), 예산 출생으로 충남대학교와 동대학원에서 석·박사학위를 취득했다. 정은혜무용단지도위원, 대전무용제 연기상, 신진예술가상, 탄생댄스비전페스티벌우수작품상, 대표안무작 '천불견', '텅빈채움', '흑운이 만천 천불견', '사랑니', '앵삼속의 미롱' 등이 있다.

39 글로벌이코노믹, 장석용평론, 2017년 11월 10일.

40 안애순(1960~)은 서울 출신의 현대무용가이다. 이화여자대학교와 동 대학원을 졸업한 뒤 한양대 대학원에서 박사학위를 취득하고, 「현대무용네사람」과 「한국컨템포러리무용단」 단원으로 활동했다. 1985년 안애순무용단을 창단하고, 대학로 예술극장과 한국공연예술센터, 국립현대무용단 예술감독을 역임했다. 주요 출연작은 '슈퍼스타 예수 그리스도', '개나리 마을', '인간화첩' 등이 있고, 대표 안무작으로는 '뿌리', '만남', '여백', '찬기파랑가', '걸음은 멈추지 않는다', '찰나' 등이 있다.

화합과 어울림의 평창

으로 장엄한 역동미를 선보였다. 폐막식은 전 세계에 한국의 이미지를 소개하며, 나아가 2018년 평창 동계올림픽에 대해 선명한 국가 정체성을 구축하는 중요한 발판으로 한국 최고의 예술가들이 참여하여 우리 문화와 예술을 집약한 화려한 무대를 펼쳤다. 그중 퍼포먼스의 몸짓과 의상, 연출과 음악(평창 위한 아리랑) 등에서 한국적 미와 백의민족(白衣民族)의 극치를 보여주었다. 무용단이 착장한 퍼펫퍼포머의 디자이너인 임선옥은 "전체적으로 한국의 미와 이미지에 집중했다. 전통성과 함께 현시대 대한민국의 역동성, 그리고 혁신과 첨단의 이미지를 융화시킬 수 있는 콘셉트로 디자인하려고 무척 신경을 썼다"고 말했다. 네오프렌, 샤, 쉬폰 등을 소재로 LED 등의 조명효과와 함께 백옥 같은 흰색과 검은색을 포인트로 한국 두루미를 재해석한 의상은 겹겹이 레이어 된 샤와 쉬폰으로 두루미의 아름답고 웅장한 날갯짓을 생생하게 전달했다.[41]

러시아 소치의 폐막공연을 국수호는 "가야금 선율과 학춤 등 동양적 정서가 묻어난 공연이 세계인들에게 신선하게 보였을 것"[42]이라고 평가했다.

---

41 디자이너 임선옥 대회 소치 올림픽 폐막식 의상 총괄 디렉팅, 작성자 KoreaFashionNews.
42 1988년 서울올림픽과 2002년 한·일 월드컵 개회식 공연 안무자 국수호(66) 예술감독인터뷰.

제5장

학탈 제작법

2 학탈의 변천

1) 학탈 제작의 유래

십장생(十長生) 중의 하나인 학(鶴)은 순백으로 빛나는 몸과 비상하는 날갯짓으로 오직 정도만을 추구하는 힘찬 의지를 담고 있어 예로부터 선비의 기품을 상징해 왔으며 우리 조상들은 길조라 하여 많은 사랑을 받아온 날짐승이다.

우리나라 전통무용 분야에서 조류(鳥類)의 탈을 쓰고 추는 학무(鶴舞)는 인간의 몸에 학 모양의 탈을 쓰고 학의 행동과 동작을 묘사, 표출하기에 '학춤'이 갖는 이미지는 고고하고 우아하며 그 깨끗함과 초연함이 귀족적이기까지 하다. 또한 우리 민족에게 대대로 내려온 정신적인 유산까지 녹아 들어있어 깊은 철학과 품격 높은 아름다움을 지닌다.

제4장에서 언급한 바와 같이 세계적으로 '학춤'을 추는 나라는 몇몇 나라가 있다. 그러나 학탈을 쓰고 모방의 차원을 넘어 학과 인간이 혼연일체로 합일이 되어 섬세하고 우아한 표현의 동작을 구현해 내는 '학춤'을 전통춤으로 간직하고 있는 나라는 우리나라가 거의 유일하다고 본다. '학춤'에서 학탈이 갖는 비중은 매우 크다. 아무리 '학춤'을 오래 추어온 사람이라도 잘 제작된 학탈이 없이는 '학춤'을 잘 출 수 없다. 그러므로 '학춤'을 지키고 발전시키기 위해서 학탈의 제작법은 우리의 전통을 지켜가는 매우 중요한 전수요소이며 기술이 된다.

필자는 오랫동안 '학춤'을 추며 우리 전통의 방법으로 제작한 학탈이 무겁고, 날갯짓이 섬세하게 표현되지 않으며, 춤을 추기에 매우 불편함을 느꼈다. 그리하여 수년 동안 의상제작의 과정에 참여하여 학탈을 입어보고 추어보며 수차례 수정 보완의 과정을 거치는 시간을 통해 연구하였다. 본래 학탈 제작의 유래는 『악학궤범(樂學軌範)』 권8 중 향악정재 악기도설(鄕樂呈才 樂器圖設)에서 학탈 제작에 필요한 재료와 과정의 기록이 있어 실제 그 제작을 가능케 하지만 그 학탈을 쓰고 춤을 추기는 매우 불편하여 동작이 한정적인 것이다.

본고에서는 『악학궤범』의 학탈과 한성준의 학탈 그리고 이 시대의 학탈의 특징을 살펴 유사함과 상이한 점을 정리하고 『악학궤범』의 제작방법(制作方法)

을 살펴보고 한성준 학탈의 제작법은 알려진 바 없지만 영상자료를 통해 비교 분석한 후 현재 필자가 연구하여 사용하고 있는 학탈의 제작법을 규명하여 기술하고자 한다.

2) 악학궤범의 학탈

『악학궤범』에는 '학춤'에 필요한 무대장치로 지당판과 침향산이 있다. 『악학궤범』에 실려 있는 학무의 소품과 무복들은 그때 그 시절에 맞는 최선의 방법으로 학탈의 모양을 제작하여 실행하였던 것을 알 수 있다. 탄력 있는 천이 없었던 그 시절 모든 천은 광목이었고 접착 본드가 없어 모두 수공으로 해결하여 바늘로 꿰매었으며 형태의 골조는 대나무와 깃털을 이용해 엮어 제작하였고 학탈의 색깔에 맞춘 치마, 버선, 목족 등을 만들어 사용하고 있다.

소품으로는 꽃병 7개, 칠보등롱, 연화통 2개가 있으며 연통의 밑면은 바퀴통을 달아 끌 수 있게 하였다.

무복의 몸체 재료는 대나무, 거위의 털 날개는 날개 깃털, 꼬리는 검은 닭 꼬리, 부리는 청색부리로 무복은 홍치마, 홍색버선, 홍목족이다.

『악학궤범』의 홀기와 『정재무도홀기』의 동작들은 간단하고 동일하게 구성되어 있는 점을 볼 수 있는데, 그 이유는 학탈의 형태에서 오는 시야의 확보와 날개의 활용도를 높일 수 있는 방법을 찾지 못해 학의 날갯짓이 거의 불가능하였기 때문으로 보인다. 그러므로 보법의 발동작만은 지당판과 북쪽을 왕래하며 서로 마주 보았다가(내고) 돌아서서 등을 대고(외고) 안으로 돌고(내선) 밖으로 돌고(외선) 하는 동작밖에는 할 수 없었다. 그러나 둥근 대나무 몸통 속에 끈을 매달아 부리와 연결하여 끈을 잡아당기면 부리가 열리도록 한 점이 특이하다.

백학의 몸통은 둥글게 사람의 몸을 감쌀 수 있도록 둥근 통을 대나무로 바구니처럼 짜 엮어서 앞판과 뒤판을 만들고, 그 위에 흰 종이를 발라서 몸통을 완성하여 사용하였다. 목은 둥그렇게 대를 말아 엮고 거죽은 흰색 베(白布)로 감쌌다. 안지름(內徑)에 긴 나무(長木)를 넣어 세우고 삶아 익힌 새끼줄(熟繩)을 사용해 아래부리 주둥이에 매어 입이 열리고 흔들어 돌아보고 쪼는 형상을 짓게 만들었다.

깃털의 날개는 흰 거위(唐鵝)의 날개 깃털을 붙이는데, 꼬리는 검은 닭의 꼬리털을 쓰고 주둥이는 푸른 청색으로 만들었다. 양 무릎에는 홍색 치마(紅裳)를 입히고 홍색 버선(紅襪)과 나무로 만든 신(紅木足)을 신는다. 흰 베를 마름질하여 배 아래로 드리워서 무릎을 가린다.

청학은 백학과 비슷하나 깃털을 청색으로 물들이고 부리는 녹색 부리로 만들었다. 청학은 청색 치마와 청색 버선과 녹색 목족(綠木足)을 신는다. 청학은 청색 베를 마름질하여 드리운다. 학의 가슴 앞과 양 날개 밑에 작은 구멍을 만들어 밖을 엿볼 수 있게 한다.

이렇듯 『악학궤범』의 학탈은 수작업으로 이루어진 정밀한 제작방법이었지만 활동성은 떨어진다. 『악학궤범』의 무보를 분석해보면 박을 23회 치며 춤이 진행되는 동안 두 번 걷고 돌아보는 동작이 17회, 나는 동작 2회, 다리를 들었다 내리는 동작 2회, 부리치는 동작 3회, 부리를 닦는 동작 1회, 연통을 쪼는 동

〈표 5-1〉 악학궤범의 무보 동작 분석

총 동작	26회	
박	23회	
두 번 걷고 돌아보는 동작	17회	65.45%
뛰어 나는 동작	2회	7.7%
다리를 들었다 내리는 동작	2회	7.7%
부리 치는 동작	3회	11.55%
부리를 닦는 동작	1회	3.85%
연통을 쪼는 동작	1회	3.85%

작 1회로 매우 단순한 춤의 동작이다. 그도 그럴 것이 앞의 그림에서 보는 바와 같이 저렇게 작은 구멍으로 밖을 쳐다보며 몸의 균형을 잡고 춤을 추어야 했으니 어떻게 다양한 동작의 춤을 출 수 있었겠는가.

더구나 무태가 정중하고 느리며 깊이 있게 구사해야 하는 절제된 양식미로 잠재표상형의 특성과 현실을 초월한 것처럼 신비스러운 멋과 감정이나 정서의 표현을 절제해야 하는 궁중무의 특징은 '학춤'을 더욱 담담하고 유장하게 움직이게 했을 것이다. 그러므로 『악학궤범』의 학무는 학의 형상과 극적 효과가 극대화된 반면 춤의 표현은 극소화하는 결과가 도출되었다.

3) 한성준의 학탈

학탈은 성종 이후 조선 말까지 궁중에서 제작 사용된 사실이 뚜렷하나 '학춤'이 단절되었다가 사용된 학탈의 발단은 1935년 한성준의 제1회 무용발표회에서 '학춤'을 공연하며 제작하게 된 것이라 본다. 한성준의 학탈은 한성준의 부친 한천오가 제작하였다[1]는 얘기가 있다. 탈의 제작방법이나 사용한 재료에 대한 것은 자세히 알 수 없으나 학의 골격은 철사로 엮고, 백지와 광목으로 바른 다음 그 위에 흰 닭 털을 붙여 학의 모양을 만든 것으로 보인다. 학은 백

---

1 성기숙, 『한국전통춤 연구』, 현대미학사, 1999, p.437.

학이었고 하의는 검은색 타이즈를 착용했다. 학무는 이런 상태로 해방 전까지 계속되다가 오늘날에 이르기까지 전국으로 확산되는 과정에서 학탈의 제작법도 조금씩 변형되었다. 학탈에 쓰이는 닭 털은 학의 몸에 부착하는 데 어려움이 있고, 오래되면 부서지거나 빠져서 춤을 출 때 무대 위에 날리기에 이런 폐단을 막기 위해 흰색 실을 잘라서 몸에다 꿰매 대용하기도 했다. 1935년부터 1970년대까지 학의 형체를 백포에 흰색 실을 붙여 제작하여 날갯짓을 하기가 수월해졌으며 1980년경부터는 흰 밍크털로 제작한 학탈을 사용하기 시작했고 1990년대부터는 온몸과 날개에 깃털을 붙인 모습으로 바뀌며 자유롭게 날갯짓뿐만 아니라 학의 노는 모습을 섬세하게 표현할 수 있게 되었다.

『악학궤범』의 학탈은 참으로 춤추는 사람에게 불편하였다. 작은 구멍 두 개에 눈을 대고 밖을 살피며, 몸통 속에 얼굴까지 숨긴 상태에서 추는 움직임은 춤의 활동을 제약하였기 때문에 무보를 살펴보면 두 발 걷고 돌아보고, 두 발 걷고 돌아보는 것이 대부분인 고정된 동작이었으며 동적인 날갯짓은 한두 번밖에 없는 형태로 정형화되어 있었다. 그러나 '학춤'이 크게 변화한 것은 한성준에 의하여 학탈의 형태와 기능성의 보완을 통한 개량이 '학춤'의 발전을 이루게 된 때문이라 생각된다. 한성준이 보완한 학탈은 날개가 크지 않고 가볍게 만들어 활동적으로 자유로운 날갯짓을 할 수 있게 되었고, 얼굴을 드러내어 시야가 확보되어 속도감과 공간성의 확대는 물론 표현성의 극대화를 이루어낸 것이다. '학춤'이 풍부한 모습으로 점차 변화되어가는 사회에 조응하면서 다른 양식, 다른 형태, 다른 의미로 바뀌어 간 것이 아니라 학 본연의 고유한 모습 속에서 학이 가진 숭고한 모습을 더욱 확장시키며 인체와 학탈이 더욱 부합되도록 변화, 발전된 것이다.

'학춤'이 일반적으로 활성화되지 못하는 큰 이유 중에 하나는 학탈의 존재가 부담이 되기 때문이다. 학탈 제작의 경제적 부담뿐 아니라 보관 및 관리가 어렵다. 무용을 전공으로 하는 사람들 가운데서도 '학춤'은 기피하는 춤이다. 왜냐하면 학탈의 관리와 더불어 엎드려서 취야 하는 춤의 기능성은 수련기간이 길뿐만 아니라 춤추는 무용수의 얼굴이 드러나지 않는 서운함도 그중 일부일 것이다.

〈표 5-2〉 한성준의 학탈과 악학궤범의 학탈 비교표

		한성준의 학탈	악학궤범의 학탈
머리	목 길이	목이 길지 않고 짧으며 머리도 작은 편.	목이 길고 곡선임.
	얼굴의 모양	얼굴을 모두 드러내어 시야를 확보하고 '학춤'을 추는 사람이 누구인지 관객이 알 수 있도록 함.	몸통 속에 얼굴이 들어가게 하여 눈이 보일 만큼의 작은 구멍을 민들이 시야가 좁음.
상체	몸통	얇고 강한 철사로 몸통을 만듦.	대나무로 엮어 만듦.
	날개	학 날개의 길이가 팔의 길이와 거의 비슷하고 폭이 좁아 날갯짓이 매우 용이하도록 제작. 날개의 끝부분이 백색.	날개가 크고 웅장한 편임. 무보에 날갯짓이 거의 없음. 날개의 끝부분이 흑색.
하체	다리	검은색 타이즈를 신어 학의 다리를 완전히 드러냄.	다리를 치마로 무릎까지 가리고 줄무늬로 다리를 가리며 나무 신을 신고 발 갈퀴 모양의 신을 신음.
전체	색상	백학 한 쌍.	청학, 백학.

얼굴이 완전히 드러남.

학의 목이 짧음.

학 날개의 길이가 짧고 폭이 좁음.

검정 타이즈를 입어 완전히 다리를 드러냄.

한성준의 학탈은 엄밀히 말하여 『악학궤범』의 학탈과 차별성을 지닌다. 가
장 큰 차이점은 목길이와, 시야의 확보, 몸통, 날개 등에서 나타난다. 한성준의
학탈과 『악학궤범』의 차이는 〈표 5-2〉와 같다.

4) 현행의 학탈

우리 전통의 방법으로 제작한 학탈은 양 날개와 몸통을 대나무로 만들어
몇 번 공연하면 대나무가 부러지고 날개가 꺾여 다시 제작하는 번거로움이 있
었다. 또한 대나무로 엮는 기술은 옛 우리 농민이면 거의 할 수 있던 수공예 기
능이었으나 점차 그것을 할 수 있는 사람을 찾기 쉽지 않았고 점차 편리한 밍
크천이나 탄력 있는 천이 나오자 몸통은 두꺼운 천으로 대치되었다. 또한 몸통
안에 얼굴을 넣어 매우 옹색한 가운데 '학춤'을 추어야 했으므로 춤의 표현이
극소화되었는데 한성준은 그러한 한계를 극복하고 춤추는 시야를 확보하기 위
해 바구니 몸통 안으로 넣었던 머리를 밖으로 꺼내어 관객도 춤추는 사람의 얼
굴을 볼 수 있고 춤추는 사람도 편하게 춤출 수 있도록 하였다. 그러자 표현력
과 기능성은 극도로 회복되었으며 관객과의 교감과 소통은 확대되었다. 그러
나 얼굴이 드러나 학의 신비감은 감소되어 현행의 학탈은 머리를 몸통 밖으로
꺼내었으나 눈 부위만 길게 구멍을 내어 시야를 확보하도록 하여 얼굴을 반 이
상 가려 신비감을 간직할 수 있도록 하였다. 몸통도 점차 밍크 원단으로 변천
되었던 것을 털을 붙여 사실적인 학의 느낌이 나도록 하였고 날개깃은 아직 대
나무로 만드는 사람도 있으나 섬세하게 표현되도록 철사를 사용한다.

오랫동안 '학춤'을 추어온 필자는 완벽한 '학춤'을 추기 위해서는 완벽한
학탈 제작의 필요성을 절실히 느끼게 되었다. 이에 학탈의 연구를 시작하였으
며 학탈을 연구하는 과정에서 의상디자이너 안정훈[2]과 함께하게 되었다. 학탈
을 연구하여 제작하는 데 가장 중요하게 생각한 것은 춤추는 사람이 불편하지

2　안정훈(1957~)은 의상디자인은 물론 소품, 장신구 제작자로 알려져 있다. 86아시안게임, 88서울
　　올림픽 등의 국가행사를 맡아하였고 다수의 드라마에서 그의 의상과 소품이 빛을 발했다.

않아 춤을 출 때 최고의 춤이 나오도록 해야 한다는 점이었다. 그리고 학탈은 학이 표현되어야 하고 학 모양 자체가 제대로 형성되어 학탈을 입고 쓰는 방법 등이 편리하도록 연구하였다. 연구하면서 느낀점은 의상을 만드는 사람은 모양이나 보이는 것에 관점을 두는 데 비해 춤추는 사람은 입고 춤을 출 때의 활동성과 기능성을 매우 중요하게 생각한다. 아무리 아름다워도 팔이 불편하거나 머리가 흔들리면 한 동작도 제대로 할 수가 없기 때문이다. 서로 다른 관점으로 인한 의견의 차이와 끊임없는 수정보완의 요구는 스스로 학을 만드는 제작방법을 꿰뚫지 않고는 한계가 있다는 것을 깨달아 학탈 내부의 구조적 이해와 구체적인 기술적 방법까지 연구하게 되었다. 제작 과정에 뛰어들어 함께 작업실에서 춤을 추며 학탈의 완성에 최대의 노력을 기울였다. 학탈의 수정보완 사항은 아래와 같다.

첫째, 무거운 머리를 어떻게 가볍게 할 수 있는가.

둘째, 쓰면 흔들리는 학 머리를 안정감 있게 고정하는 방법은 무엇인가.

셋째, 날개를 가볍게 하고 섬세하게 움직임이 살아나도록 하려면 이를 어떻게 보완할 것인가.

넷째, 학의 몸통처럼 인간의 몸을 두툼하게 하려면 어떻게 할 것인가.

다섯째, 학 다리는 매우 길고 가는데 사람의 굵은 다리를 어떻게 길고 가늘게 보이게 할 것인가.

여섯째, 학 머리를 제작할 때 부리의 각도는 몇 도 정도이며 어떻게 맞출 것인가.

일곱째, 학 머리는 혼자 쓰고 벗을 수 없는 것인가.

이러한 몇몇 문제들은 학탈의 제작연구에 몰두한 결과 개선하게 된 점들이다. 개선하여 달라진 제작법은 아래와 같다.

첫째, 머리 부분을 철사를 돌려 프레임을 만들어 무거웠으나 지금은 두랄루민[3]을 사용하여 머리통을 만든다.

---

3 가벼운 알루미늄 합금재료로 항공기 재료.

둘째, 학탈의 머리를 얼굴에 쓸 때 원래는 Y자 끈으로 묶어 사용했었으나 필자는 이 끈으로 묶는 형식이 머리를 완전히 고정해 주지 않아 춤추기 매우 불편하였다. 고민하던 중 귀마개식 모자처럼 제작하고 고정밴드 형식의 벨크로를 붙이니 흔들림이 적고 고정과 안착이 잘 되었다.

셋째, 옆구리와 겨드랑이가 부딪혀 불편하였는데 날갯짓을 용이하게 하기 위하여 날개 가장자리 도련 부분을 깊게 파주었다. 날갯짓을 용이하게 하기 위해 잡는 손잡이의 모양이 중요하였으며 손잡이 부분은 긴 날개 맨 위쪽에 위치하여야 전체 날개를 지탱할 힘이 생긴다는 것을 알게 되었다. 이것은 가장 중요한 부분이다.

넷째, 몸통은 스펀지 패딩을 길게 넣어 새처럼 둥근 가슴을 갖게 하였다.

다섯째, 학다리를 길게 보이게 하기 위하여 골반선 위로 라인을 깊게 파 올려 주었다.

여섯째, 머리의 목이 짧으면 학이 아니라 오리처럼 될 수 있으므로 학 목은 길게 모양새를 만들었으며 부리의 각도는 아래로 쳐지지 않게 하여 모이 쪼기의 각도를 수직으로 맞추었다.

일곱째, 날개 밑을 터서 손을 빼는 방법으로 혼자 학탈을 쓰고 벗을 수 있게 하였다.

많은 점이 개선되었으나 한 가지 가장 아쉬운 점은 『악학궤범』처럼 부리를 열고 닫는 것을 해결하지 못한 점이다. 부리를 여닫기 위해 날개 손잡이를 빼면 한쪽 날개가 축 쳐지는 데 이것을 어떻게 해결할 수 있을지 아직 연구를 계속하고 있다. 『악학궤범』의 탈과 한성준의 탈의 변화의 원인이 춤의 표현성의 확대로 이어졌듯이 앞으로 고증을 통한 『악학궤범』의 원형연구와 더불어 더욱 개선 개발한 학탈 제작방법이 성과를 낸다면 '학춤'의 보존과 보급 그리고 춤의 확장으로 이어질 것이다.

2 학탈 제작법

1) 학탈 제작의 기초

(1) 도구

- 치수 재는 도구, 패턴 만드는 도구 : 직선자, 직각자, 곡자(곡선자), 줄자

- 마름질 도구 : 초크, 재단가위, 칼

- 바느질 도구 : 재봉틀, 실, 바늘

- 공구류 : 망치, 펜치

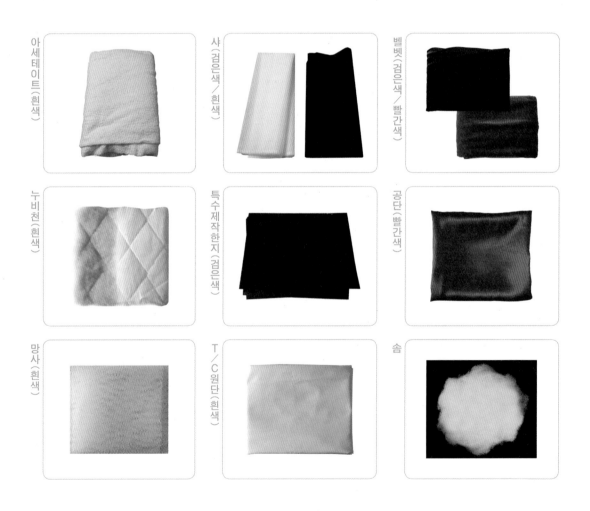

아세테이트(흰색) · 샤(검은색／흰색) · 벨벳(검은색／빨간색) · 누비천(흰색) · 특수제작한지(검은색) · 공단(빨간색) · 망사(흰색) · T／C원단(흰색) · 솜

(2) 재료

- 원단 : 아세테이트(흰색), 샤(검은색, 흰색), 벨벳(검은색, 빨간색),
  누비천(흰색), 특수제작 한지(검은색), 공단(빨간색), 망사(흰색),
  T/C 원단(흰색), 솜

- 금속류 : 두랄루민, 알루미늄 판, 알루미늄 헤드 프레임, 철사

- 핵심재료 : 거위 털(검은색, 흰색), 닭 털(흰색), 본드, 스펀지

- 기타재료 : 얇은 부직포(패턴종이), 지퍼(흰색), 고무줄(흰색), 벨크로(흰색),
  진주(흰색), 대나무, 시침핀, 볼펜

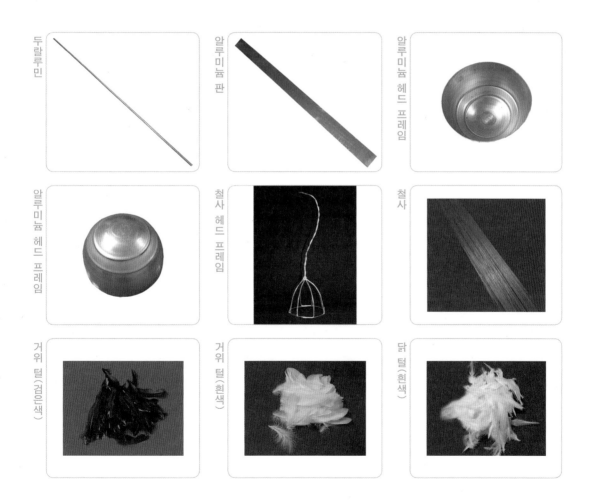

(3) 치수재기

준비물 : 줄자

무용수의 치수는 인치로 잰다. (키가 165cm일 경우 대략 측정되는 치수)

〈표 5-3〉 무용수 신체 치수

가슴둘레	31인치	머리둘레	22인치	암홀	18인치
머리 뒷 둘레	11인치	목둘레	14인치	허벅지 둘레	22인치
얼굴 앞 둘레	7.5인치	얼굴 앞 길이	6인치	화장	30인치
등 길이	19인치	밑위 길이	9인치		

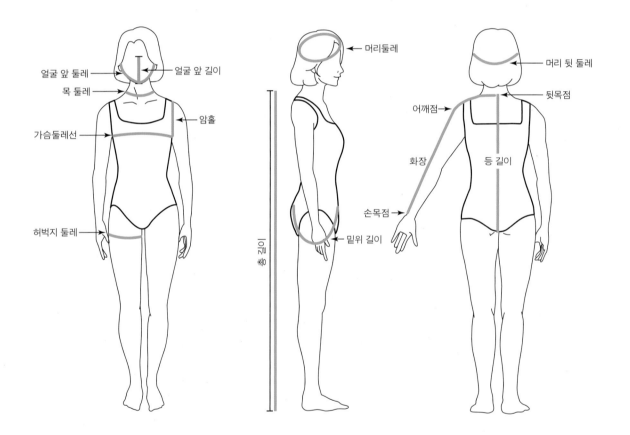

가슴둘레 : 차렷 자세에서 윗 가슴둘레를 여유 있게 잰다.

머리 뒷 둘레 : 귀에서 귀까지 뒤통수 쪽으로 잰다.

얼굴 앞 둘레 : 귀 위부분에서 턱을 지나 다른 귀까지의 둘레를 곡선으로 잰다. 제작에는

2분의 1의 치수로 쓴다.

등 길이 : 뒷목 점에서 골반이 있는 위치까지 일직선으로 잰다.

머리둘레 : 귀 위로 재며 앞에서 뒤로 둘러 정확하게 잰다.

목둘레 : 고개를 숙이지 않고 정면을 바라보고 여유 있게 잰다.

얼굴 앞길이 : 미간에서 아래로 턱 끝까지 고개를 숙이지 않고 정면을 바라보고 잰다.

밑위 길이 : 차렷 자세에서 여유 있게 잰다.

암홀 : 차렷 자세로 어깨 점에서 겨드랑이를 통과하도록 둥글고 여유 있게 잰다.

허벅지 둘레 : 차렷 자세에서 허벅지 가장 안쪽 두꺼운 부분(사타구니)을 잰다.

화장 : 차렷 자세로 뒷목 점에서 어깨 점을 연결하여 손목 점까지 잰다.

(4) 용어 정리

꽁지 : 새의 꽁무니에 붙은 깃.

꽁지깃 : 새의 꽁지와 깃을 아울러 이르는 말.

날개 : 새나 곤충의 몸 양쪽에 붙어서 날아다니는 데 쓰는 기관.

날개깃 : 새의 날개를 이루고 있는 깃털.

데칼코마니 : 화면을 밀착시킴으로써 물감의 흐름으로 생기는 우연한 얼룩이나 어긋남의 효과를 이용한 기법. 즉, 종이 위에 물감을 두껍게 칠하고 반으로 접거나 다른 종이를 덮어 찍어서 대칭적인 무늬를 만드는 회화 기법이다. '전사법'으로 순화.

멱 : 목의 앞쪽.

바이어스 : '비스듬한'이란 의미로 천을 경사지게 재단하여 쓰는 것. 신축성이 생기는 이점이 있고, 또한 패치 포켓이나 여성의 스커트를 디자인할 때도 쓰인다.

배래 : 한복 소매 아래쪽에 물고기의 배처럼 불룩하게 둥글린 부분.

봉제 : 재봉틀이나 손으로 바느질하여 의류나 완구 따위의 제품을 만듦.

입체재단 : 사람 모형이나 사람의 몸에 직접 천을 대고 재단하여 입체적으로 옷 모양을 만드는 일.

재봉 : 옷감 따위를 재단하여 바느질하는 일까지를 말함.

초크 : '수공' 양재(洋裁)에서, 옷감의 재단 선을 표시하는 데에 쓰는 분필.

패턴 : 본을 떠서 형태를 만듦.

학 머리 : 본서에서 학의 부리, 눈, 벼슬 등이 있는 곳을 일컫는 말.

헤드 프레임 : 본서에서 헤드, 학의 목, 학의 머리까지를 아울러 일컫는 말.

2) 학탈 제작의 과정

(1) 몸통 및 날개와 꽁지

① 패턴 만들기

가. 몸통 패턴 만들기

준비물 : 얇은 부직포, 초크, 직선 자, 직각자, 재단가위

학의 몸통 패턴을 만들 때, 필요한 치수는 가슴둘레, 등 길이, 밑위 길이, 허벅지 둘레, 목둘레, 암홀의 치수가 필요하다.

학 몸통의 패턴을 그릴 때 가슴둘레에 7~8인치 여분의 폭을 더한다. 가슴둘레가 31인치이면 7인치를 더해 38인치가 된다. 몸통 패턴은 4등분으로 나누어 그린다. 4등분을 하는 이유는 앞판의 오른쪽과 왼쪽, 뒤판의 오른쪽과 왼쪽을 구분 짓기 위함이다. 몸통 패턴을 4등분하게 되면 가슴둘레 38인치가 9.5인치가 된다. 이때 나온 인치에 봉제 여유분 1인치를 더해 10.5인치로 설정한다. 목둘레 14인치 또한 4등분하여 3.5인치로 설정한다. 몸통 패턴의 축은 등 길이 19인치에 밑위 길이 9인치와 봉제 여유분 5인치를 더하여 총 33인치를 세로로 그리고 가슴둘레에 여유분을 준 10.5인치를 가로로 직사각형을 그린다.

위쪽 가로 10.5인치에서 오른쪽으로 3.5인치 지점에 점을 찍고, 왼쪽 세로 33인치에서 아래로 1인치 지점에 점을 찍은 후 두 점을 곡선으로 이어 목 라인을 그린다. 그 다음 아래 가로 10인치에서 오른쪽으로 6인치 지점에 점을 찍고, 오른쪽 세로 33인치에서 아래로 23인치 지점에 점을 찍고 두 점을 곡선으로 이어 허벅지 라인을 그린다. 곡선부분을 포함하여 패턴을 재단하면 몸통의 패턴이 완성된다.

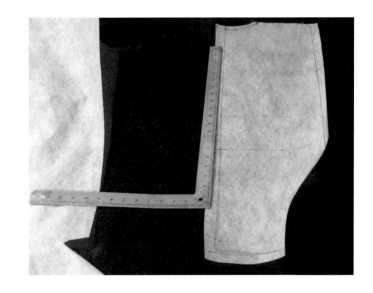

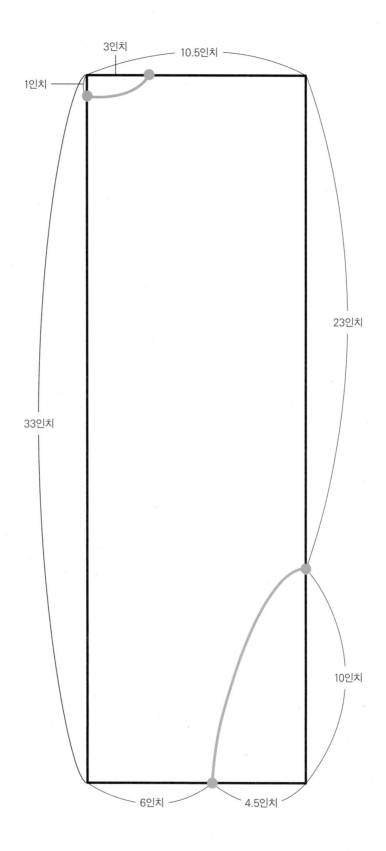

나. 날개 패턴 만들기

준비물 : 얇은 부직포, 초크, 직선 자, 직각자, 재단가위

날개의 시작은 암홀 부분이므로 9인치로 기준을 잡고 시작한다. 날개의 길이
는 손삽이를 민들어야 할 길이까지 생각하여 화장 길이 30인치에 4인치를 더
한다. 화장 길이를 잴 당시 뒷목 점에서 어깨 점까지의 길이가 포함되었기 때
문에 그 부분인 9인치를 빼도록 한다. 그러므로 날개의 길이는 25인치가 된다.
암홀과 날개 길이를 그리고 암홀에서 끝부분으로 가는 3분의 1지점에서 암홀
보다 3인치를 늘려 12인치 지점에 점을 찍어 표시한 후 손끝에서 그 점까지 아
래로 둥근 곡선을 그려 연결하고, 그 점에서부터 암홀 밑 부분까지 다시 둥근
곡선을 그려 연결하는데 아래 그림처럼 겨드랑이 쪽은 직선으로 그린다. 그린
패턴을 재단하면 날개 패턴이 완성된다.

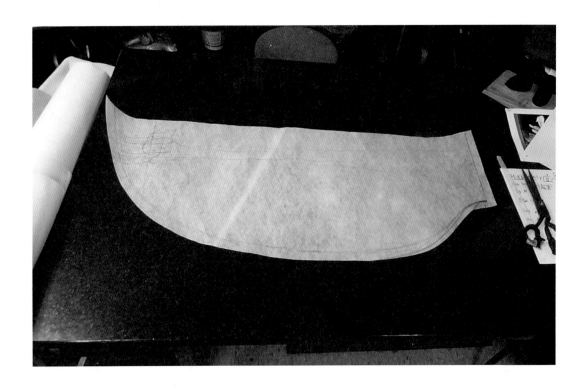

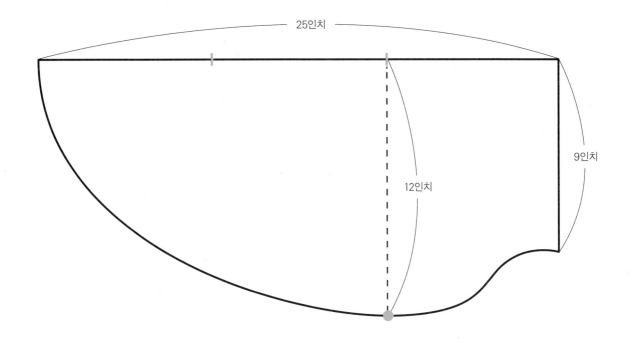

25인치

9인치

12인치

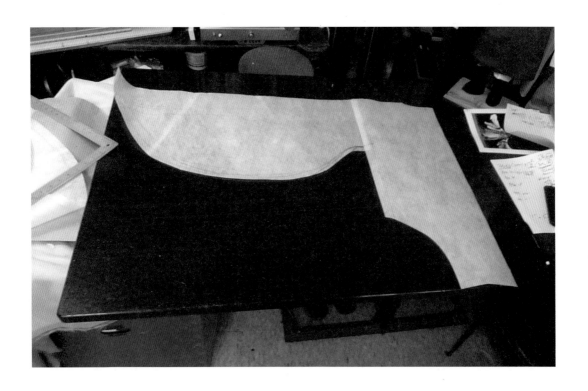

다. 날개깃과 꽁지깃 패턴 만들기

준비물 : 얇은 부직포, 초크, 직선 자, 재단가위

날개깃은 세로 50cm, 가로 10cm의 크기에 밑은 직선, 위 끝 부분은 총알 모양
으로 그려 재단한다. 꽁지깃도 같은 방법으로 사이즈는 세로 40cm, 가로 10cm
의 크기에 그려 재단한다.

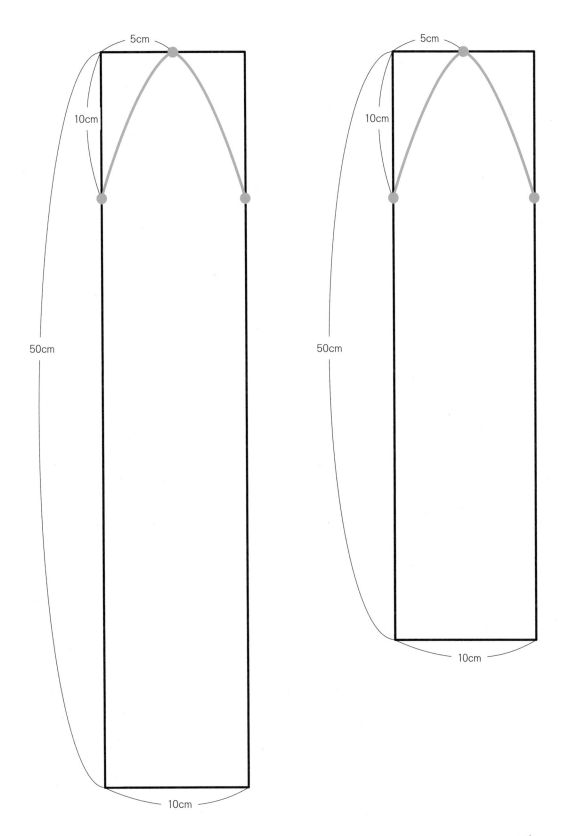

② 재단하기

가. 몸통(앞판, 뒤판) 재단하기

준비물 : 몸통패턴, 아세테이트(흰색), 초크, 직선 자, 재단가위, 시침핀

몸통의 앞판과 뒤판을 둘 다 원단(아세테이트)의 바이어스 방향, 즉 늘어나는 방향을 찾아 그 방향이 상하가 되도록 두고 늘어나지 않는 방향이 좌우가 되도록 놓는다. 그 위에 패턴을 긴 세로 방향으로 움직이지 않도록 원단과 패턴을 시침핀으로 고정한 뒤 재단한다. 재단할 때에는 데칼코마니 형식으로 두 겹을 겹쳐 한 번 재단할 때 두 개가 나오도록 한다. 신축성 있는 원단이 재단되면 세로로 볼 때 상하가 늘어나고 좌우는 늘어나지 않게 된다. 뒤판에는 지퍼가 필요하므로 지퍼의 길이로 목에서 꼬리 위까지 내려오도록 초크로 표시를 해 둔다.

나. 날개 재단하기

준비물 : 날개패턴, 아세테이트(흰색), 초크, 직선 자, 재단가위, 시침핀

날개를 재단할 때 가장 중요한 점은 몸통처럼 4등분하여 재단하는 방법과는 달리 팔등이 될 부분의 원단을 접어 두고 한복의 배래와 같은 날개아래의 둥근 부분만 재단한다.

날개는 몸통과 달리 늘어나는 방향이 좌우로, 늘어나지 않는 방향이 상하로 오 게 한다. 위에서 말한 팔등이 될 부분은 원단을 접을 때 날개 패턴의 크기만큼 접어 그 위에 패턴을 올려 고정시킨 뒤 재단한다. 패턴을 원단 위에 올릴 때 원 단이 접힌 부분은 팔등이 오게 하고, 원단이 열린 부분이 배래가 와야 한다. 재 단된 원단을 펼쳤을 때 상하 모두 배래 모양이 같아야 하며, 좌우가 늘어나고 상하는 늘어나지 않아야 한다.

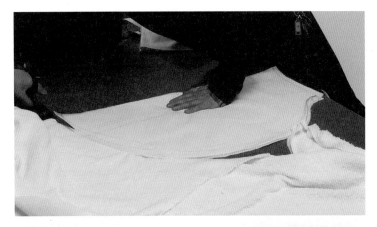

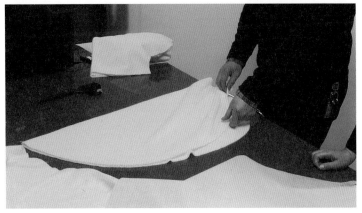

③ 꽁지 만들기

준비물 : 아세테이트(흰색), 초크, 직선 자, 스펀지, 칼, 본드, 재단가위

두께 4.5cm, 윗변 14cm, 아랫변 16cm, 높이 16cm의 사다리꼴 모양 스펀지를 준비한다. 그 다음 윗변의 중간지점(7cm)에서 높이 2cm만큼 내려온 지점을 표시하고 윗변 양 모서리를 곡선으로 조각한다.

조각한 스펀지의 가장 넓은 2면 중 1면을 제외한 5면을 아세테이트 원단을 씌워 본드로 붙인다. 1면은 꽁지깃을 붙이기 위해 비워둔다.

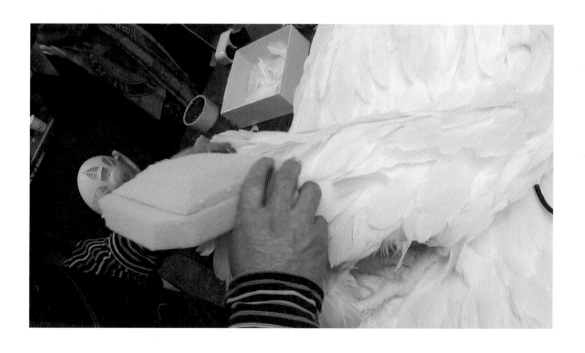

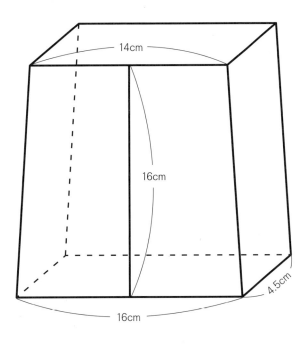

④ 날개깃과 꽁지깃 만들기

준비물 : 날개깃 패턴, 꽁지깃 패턴, 샤(검은색, 흰색), 초크, 재단가위, 강철사, 시침핀, 벤치

날개깃 - 샤(검은색, 흰색) 원단 위에 날개깃 패턴을 올려 시침핀으로 고정해 재단한다. 한쪽 날개에 흰색 날개깃 12개, 검은색 날개깃 4개가 필요하기 때문에 총 24개의 흰색 날개깃과 8개의 검은색 날개깃을 재단한다.

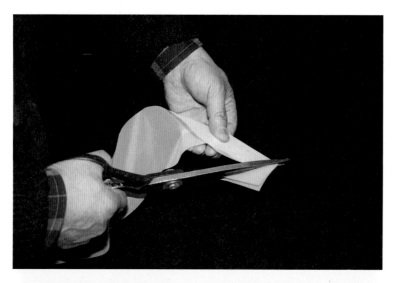

날개깃을 재단해 놓은 날개 패턴 위에 올려놓고 위에서 아래 방향으로 점점 짧아지는 완만한 곡선의 형태가 되도록 재단을 하는데 흰색 날개깃 12개, 검은색 날개깃 4개 순으로 날개 패턴 끝부분과 맞닿는 부분의 길이가 맞도록 완만한 곡선의 형태로 표시한 뒤 재단한다.

꽁지깃 – 날개깃과 마찬가지로 샤(검은색) 원단 위에 꽁지깃 패턴을 올려 시침핀으로 고정해 6개를 재단하여 가로 10cm 세로 15cm 1개, 가로 10cm 세로 23cm 2개, 가로 10cm 세로 30cm 2개, 가로 10cm 세로 37cm 1개로 길이를 맞춘다.

재단한 날개깃과 꽁지깃이 힘을 받기위해 철사를 붙여야 하는데, 곡선 위쪽 3분의 1정도를 남겨두고 펜치로 철사를 잘라 본드 칠하여 중심에 맞춰 붙인다.

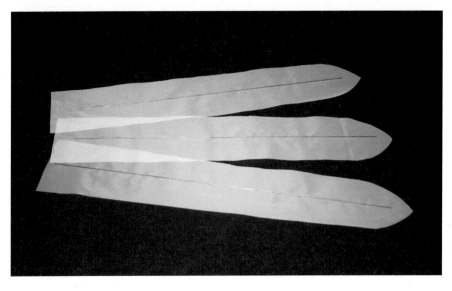

⑤ 패딩 만들기

준비물 : T/C 원단(흰색), 초크, 재단가위, 솜, 재봉틀, 실, 바늘

패딩은 학의 볼록한 배를 표현해내기 위해 몸통 속 배 부분에 넣어 입는 용도로 쓰인다.

T/C 원단을 가로지름 33cm, 세로지름 45cm 정도의 긴 둥근 원으로 2겹 재단하고, 2겹을 겹쳐 봉제한 후 마지막에 솜이 들어갈 수 있는 작은 구멍을 남겨둔다.
천을 뒤집어 솜을 넣고 남은 작은 구멍은 손바느질로 봉제한다.

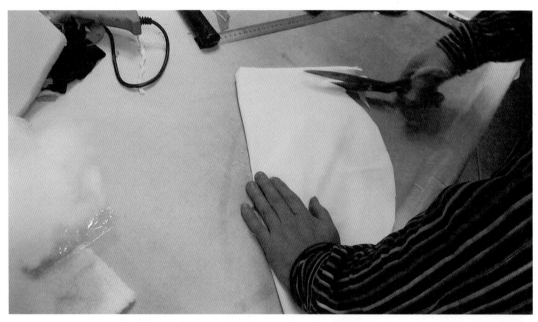

⑥ 봉제하기

준비물 : 재봉틀, 실, 바늘, 고무줄, 지퍼, 재단가위

의상을 봉제할 때에는 일반 옷 원단과는 다르게 원단이 두껍기 때문에 땀수를 2~3에 맞추어 놓고 박음질을 한다.

가. 4등분한 몸통 중 왼쪽 앞판, 뒤판 두 개를 앞 원단 부분이 겹쳐지도록 봉제한다. 이때, 목 부분을 제외하고 어깨부분만 봉제한다.

나. 오른쪽도 마찬가지로 봉제한다.

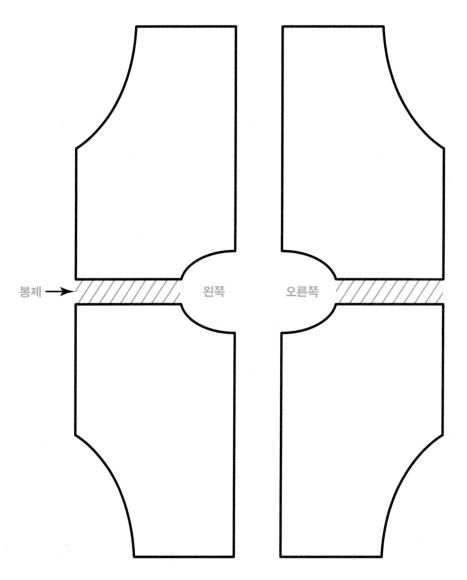

다. 봉제한 몸통 왼쪽, 오른쪽의 앞판이 이어지도록 봉제한다. 이때, 어깨를 봉제할 때와 마찬가지로 털 부분을 서로 맞대고 봉제한다.

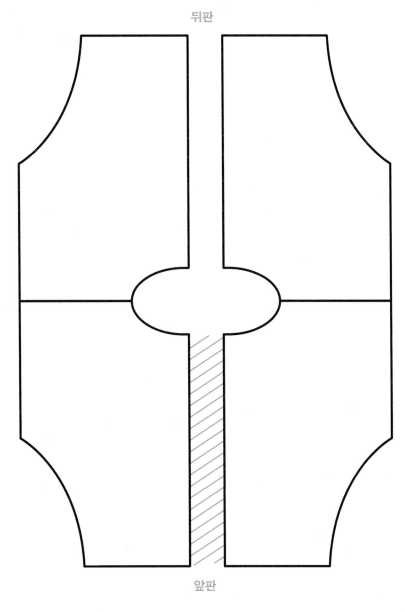

뒤판

앞판

라. 몸통과 날개를 펼쳐놓고 몸통의 암홀, 날개의 암홀 부분을 털 부분이 서로 맞대어지도록 놓고 암홀 부분만 봉제하도록 한다.

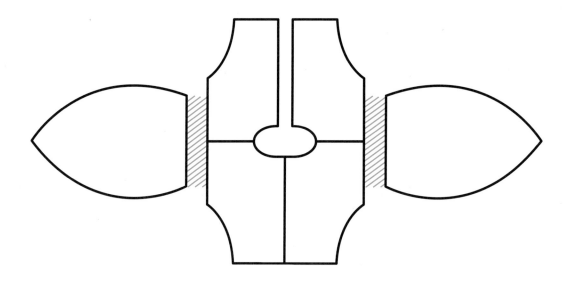

마. 몸통의 양쪽 옆구리도 털 부분을 맞대고 봉제하도록 한다. 재봉선이 안쪽으로 오도록 털 부분을 겹쳐 봉제한다.

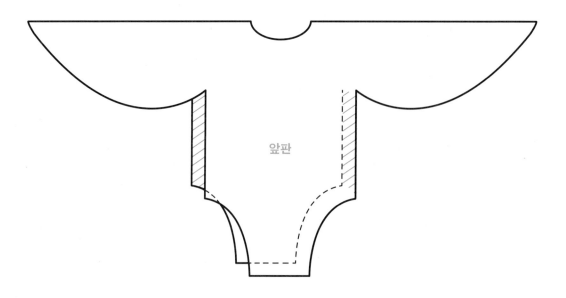

앞판

바. 목 라인의 바이어스를 봉제한다.

고무줄과 지퍼를 봉제하기 전에 직접 입어보고 배 부분에 패딩을 넣어 밑위 길이 등 점검해야 할 부분들을 점검하고 수정할 부분들을 수정한다.

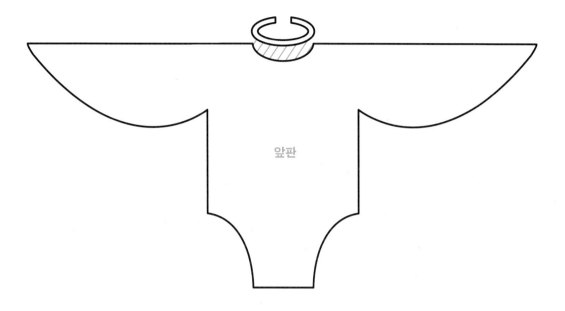

앞판

사. 몸통 뒤판에 초크로 표시해둔 부분에 지퍼를 올려두고 원단과 함께 봉제한다.

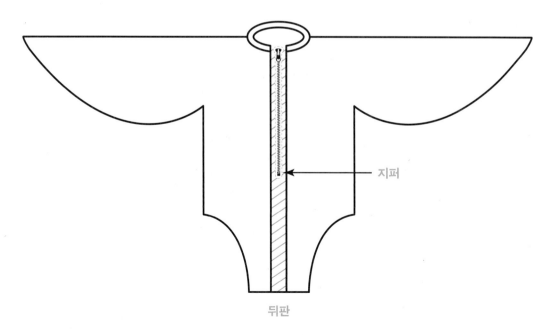

지퍼

뒤판

아. 몸통의 앞판과 뒤판의 하단에 위치한 사타구니 부분을 봉제한다.

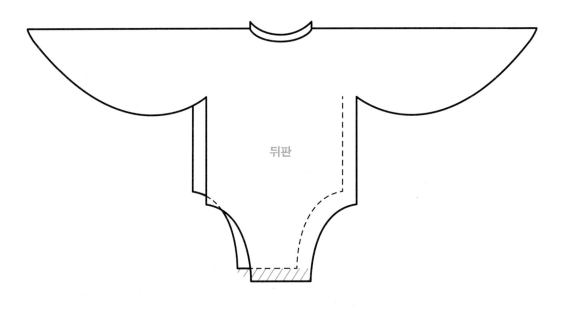

자. 양쪽 다리가 들어갈 공간에 끼워 넣을 고무줄을 허벅지 둘레보다 5인치 정
도 짧게(17인치) 재단하고 재봉틀로 연결한 후, 속에 고무줄을 넣어 봉제한다.

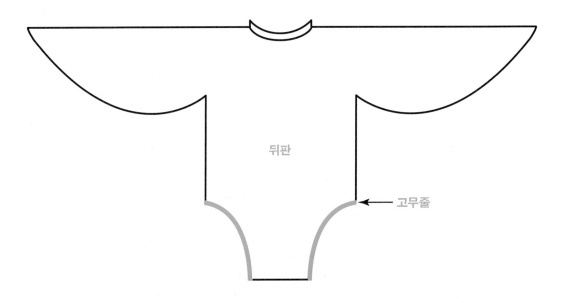

⑦ 털 붙이기

가. 몸통에 털 붙이기

준비물 : 거위 털(흰색), 본드(라바본드), 판판한 상자, 재단가위

털을 붙일 때에는 아래에서 위로 기왓장을 쌓아 올리듯 수직방향으로 밑위 부분부터 붙이기 시작한다.

거위 털끝에 두꺼운 부분을
가위로 잘라내고 끝에서 3분
의 1지점에 라바본드를 묻힌다.
밑위 부분은 고무줄이 연결되어 있어
울퉁불퉁하기 때문에 판판한 상자와 같은 물건을
넣어 굴곡진 부분은 판판하게 만든 후 털을 붙이도록 한다.

나. 날개에 털 붙이기

준비물 : 거위 털(흰색), 본드(라바본드), 재단가위

털을 붙일 때는 아래에서 위로 기왓장을 쌓아 올리듯 날개 끝부터 붙여 올라

간다. 거위 털끝에 두꺼운 부분을 가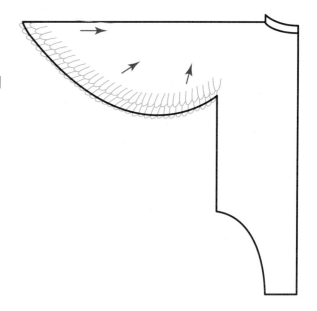
위로 잘라내고 끝에서 3분의 1지점에
라바본드를 묻힌다. 아래부터 붙이는
특성상 날개는 밑 부분의 곡선을 따라 비
스듬히 사선방향으로 붙인다.

하지만, 위로 쌓아 올리며 붙이고 나면 몸통의 수직 방향과 어슷하게 날개의 윗부분의 털과 맞물린다. 배래선의 깃털은 아래 사선으로 늘어지듯 붙여서 날개깃의 라인과 맞아떨어지게 붙인다.

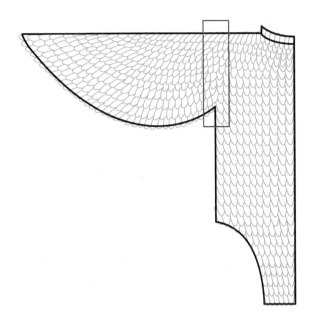

다. 날개깃과 꽁지깃에 털 붙이기

준비물 : 거위 털(검은색, 흰색), 본드(라바본드), 재단가위

털을 붙일 때는 총알 모양의 곡선을 아래로 놓고 기왓장을 쌓아 올리듯 붙이며, 거위 털끝에 두꺼운 부분을 가위로 잘라내고 끝에서 3분의 1지점에 라바본드를 묻힌다.

가장 아래에 한 줄을 붙이고 그 다음 줄에 털을 붙일 때 아래의 절반을 가리도록 붙이는데 조금씩 비껴가며 붙인다. 한 면에 털을 다 붙인 후 충분히 마르게 둔 다음 반대쪽도 같은 방법으로 털을 붙인다.

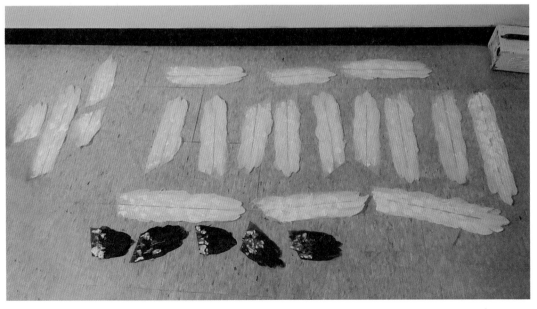

라. 꽁지에 털 붙이기

준비물 : 거위 털(검은색, 흰색), 본드(라바본드), 재단가위

꽁지깃을 위쪽 꽁지에 본드를 발라 붙이고, 아래쪽 면에는 흰색 깃털을 붙인다.

⑧ 마무리하기

가. 손잡이 만들기

준비물 : 몸통(날개), 두랄루민, 본드, 아세테이트, 대나무, 글루건, 초크

두랄루민을 30인치 정도로 2개 절단한다. 절단한 후에 펜치를 이용하여 구부려 사진과 같은 모양을 만든다. 두랄루민의 특성상 열의 온도에 의해 손잡이가 뜨거워지거나 차가워질 수 있기 때문에 직접적으로 손이 닿는 부분에는 본드를 발라 원단으로 감싸준다.

대나무를 약 25cm~30cm 정도의 길이로 절단하여 본드를 발라 원단으로 감싼다.

휘어진 두랄루민에 十자 모양으로 대나무를 수직으로 겹치는데 대나무의 끝이 굽어진 부분의 중간에 오게 하여 십자가의 형태가 되도록 한다.

두랄루민과 대나무가 겹쳐진 부분은 한 번 더 글루건을 발라 원단으로 감싸서 튼튼하게 만들어 마무리한다.

완성된 손잡이를 의상을 입어 위치를 확인해 본 후 초크로 표시한다. 날개를 움직일 수 있도록 손이 직접적으로 닿는 부분을 제외한 나머지 부분에 글루건을 발라 날개 아세테이트천에 손잡이를 부착한다.

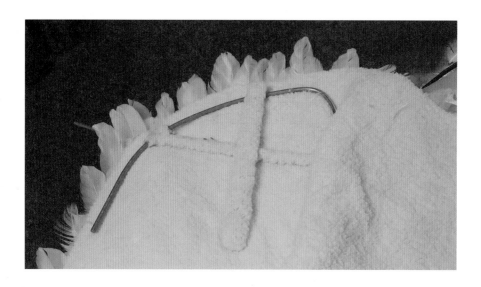

나. 날개와 날개깃 연결하기

준비물 : 몸통(날개), 날개깃, 본드, 글루건

날개깃을 날개소매 안쪽 끝부분에 가장 큰 것부터 위에서 아래의 순서로 차례대로 약간 겹치게 붙인다.

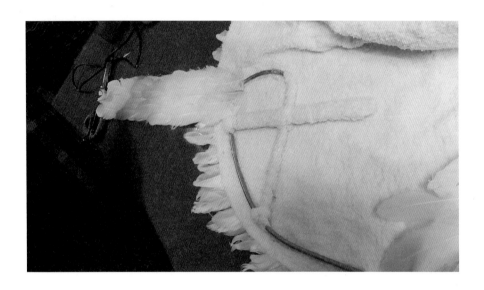

흰색 날개깃을 다 붙인 후 겨드랑이 쪽으로 검은색 날개깃을 붙인다. 이때, 날개깃을 재단할 때 완만한 곡선이 되도록 재단하고 붙이도록 하며 소매 안쪽 끝부분과 날개깃 양쪽 모두 다 본드칠을 하여 프레임에 잘 맞추어 붙이도록 한다.

날개깃을 다 붙인 후 그 위에 본드와 글루건을 충분히 발라 날개의 윗면과 아랫면을 서로 접착한다.

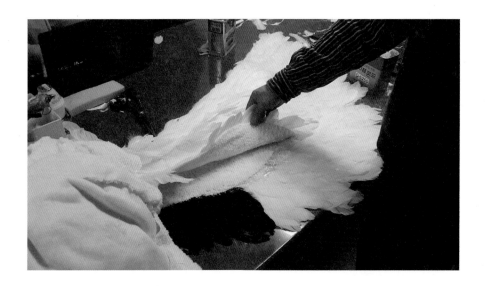

다. 몸통에 꽁지 연결하기

준비물 : 몸통(날개), 꽁지, 본드, 실, 바늘

검은색 털이 있는 부분을 위쪽으로 하여 몸통의 엉덩이 부분에 본드를 발라 꽁지와 몸통을 접착한다. 그 다음 본드가 충분히 마른 후 꼬리가 밑으로 쳐지지 않게 바느질한다.

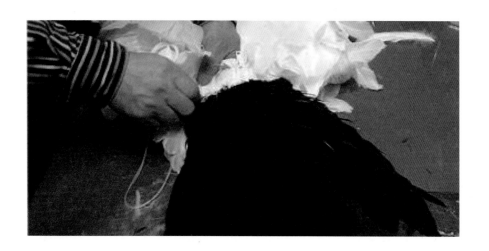

몸통 완성

(2) 머리

① 헤드 프레임, 목, 학 머리 만들기

준비물 : 알루미늄 헤드 프레임 또는 철사 헤드 프레임, 두랄루민, 스펀지, 본드, 칼

알루미늄 헤드 프레임에 목대인 두랄루민을 용접하여 연결하는데, 목 부분이 힘을 받을 수 있게 헤드 프레임 뒤쪽에 연결한다. 목의 곡선 모양은 지지대를 이용해 조금씩 휘며 잡아준다. 두랄루민을 사용하면 가볍게 사용할 수 있지만, 여건이 되지 않거나 연결하기 어렵다면 철사로 알루미늄 헤드 프레임을 감싸 목의 곡선까지 만들어 철사 헤드 프레임을 만들어 사용하면 된다. 헤드 프레임과 목 부분에 본드를 발라 스펀지를 사용하여 나선형으로 감싸 준다.

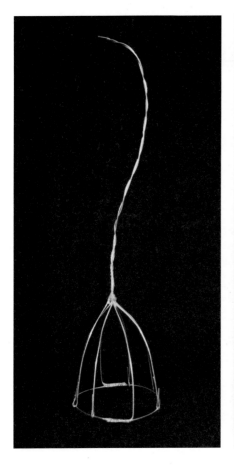 

학 머리 모양의 스펀지를 끼울 부분(약 5cm)을 제외하고 감싼다. 균일하게 붙어 있지 않은 스펀지는 칼로 다듬어 굴곡지지 않게 부드러운 모양으로 만든다.

가로×세로 15cm, 두께 12cm 정도의 정사각형 모양의 스펀지를 칼을 이용해 학의 머리 모양을 만드는데, 몸통과 목을 두고 전체적으로 보았을 때, 적당한 비율로 잘 맞추어 타원 형태로 조각한다. 무용수에 따라 헤드 프레임의 크기와 목의 길이가 다르기 때문에 조각된 학 머리의 크기가 헤드 프레임에 어울리도록 한다. 이때, 부리가 붙을 부분을 조금 길게 다듬어서 긴 둥근 물방울 모양과 흡사하게 조각한다.

조각이 된 학 머리 모양의 스펀지를 잡아놓은 목대 두랄루민에 끼운다. 이때, 스펀지가 감싸져 있지 않은 두랄루민의 끝부분이 머리 모양의 스펀지를 뚫고 나오도록 한다. 학 머리 모양의 스펀지 가운데를 절반만 잘라 입을 벌린 형태를 만들어 헤드 프레임을 완성한다.

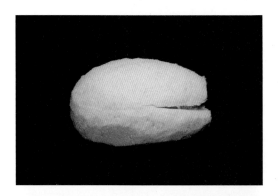

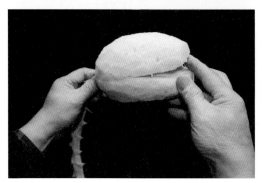

② 헤드 프레임에 입체재단으로 천 씌우기

준비물 : 헤드 프레임, 아세테이트, 본드, 재단가위

헤드 프레임은 바이어스로 입체재단을 한다.

스펀지 위에 원단을 꼭 씌워야 하는 이유는 털을 붙일 때 스펀지 위에 붙이면 거위 털이 떨어질 때 스펀지의 속살이 보이는데 원단을 씌우면 털이 잘 떨어지지도 않으며 떨어지더라도 속살이 하얗게 보이기 때문에 스펀지 위에 원단을 꼭 씌우도록 한다.

③ 부리 만들기

준비물 : 헤드 프레임, 알루미늄 판, 벨벳(검은색, 빨간색), 스펀지, 본드, 칼, 재단가위, 곡선자, 볼펜, 망치

폭이 약 4cm인 길이가 44cm 정도의 알루미늄 판을 재단가위를 이용해 절단한다. 폭 4 cm의 알루미늄 판을 2cm로 2등분하여 볼펜으로 표시한다.

위쪽 끝 중앙에서 아래로 4cm 내려온 지점의 좌우를 표시한다. 곡선자를 이용해 센터와 4cm 지점을 곡선으로 연결해 표시한 뒤 자른다.

2등분으로 표시해둔 부분을 각이진 곳에 놓고 망치로 두드려 평면이었던 알루미늄 판을 각이 지도록 입체적으로 만든다. 같은 방법으로 두 개를 만들어 부리의 위, 아래를 만들어준다.

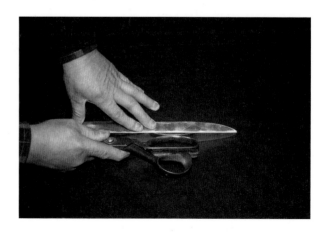

재단된 부리에 감쌀 벨벳을 놓고 약 1cm 정
도의 여유를 주고 크게 재단해 둔다.
벨벳으로 부리를 감싸주는데 겉은 검은색,
속은 빨간색으로 감싸준다. 재단해놓은 검
은색 벨벳 원단 위에 본드를 바르고 부리 바
깥쪽에 붙여 부리의 겉모양을 완성한다.

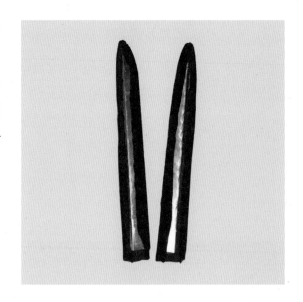

그 다음 빨간색 벨벳 원단에 본드를 바르고 부리 안쪽에 붙인 채로 재단하여
부리의 속을 완성한다.

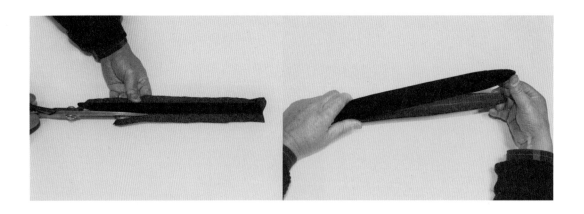

④ 학 머리에 입체재단으로 천 씌우기

준비물 : 헤드 프레임, 아세테이트, 본드, 재단가위

학 머리는 바이어스로 입체재단을 한다.

학 머리 모양 스펀지에 원단을 씌울 때 원단을 팽팽하게 당겨 주름이 지지 않도록 주의하며 본드로 접착한다. 목과 학 머리의 연결부분, 학 머리와 부리의 연결부분이 떨어지지 않도록 주의하며 본드칠을 한다.

⑤ 헤드 프레임에 학 머리, 부리 끼우기

준비물 : 헤드 프레임, 학 머리, 부리, 글루건

입이 벌린 형태로 만들어둔 학 머리 모양 스펀지에 부리가 들어갈 정도의 홈을 칼로 판 후 목대에서 빼놓는다.

목대 두랄루민에 2개의 부리 안쪽에 글루건을 이용해 강하게 부착하고, 빼놓았던 학 머리 모양 스펀지를 반을 나누어 부리 위에 맞춰 본드칠하여 붙여 완성한다. 완성된 부리로 모이 쪼기 동작을 하면서 부리의 각도가 땅과 수직이 될 수 있도록 각도를 조정해준다.

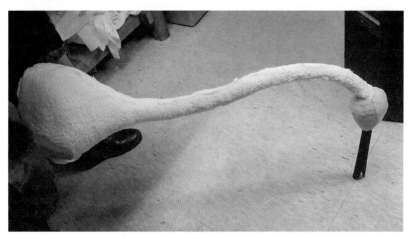

⑥ 헤드 프레임 안쪽 스펀지 작업

준비물 : 헤드 프레임, 특수제작 한지(검은색), 스펀지, 누비, 본드, 재단가위, 초크, 직선 자, 칼, 줄자

두껍게 제작한 특수한지를 재단한 뒤 헤드 프레임 안쪽에 붙이는데, 특수한지의 높이 2분의 1이 헤드 프레임 바깥쪽에서 보이도록 내려서 붙인다.

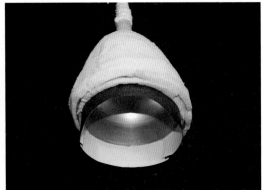

헤드 프레임의 정수리 쪽에 스펀지를 원으로 잘라 2~3겹으로 겹쳐 헤드 프레임 위쪽을 채워 붙인다.

그 다음은 얇고 스펀지로 헤드 프레임 안쪽을 채운다. 스펀지를 날개깃 모양처럼 총알 모양으로 재단해 본드로 이어 붙인 뒤 헤드 프레임 안쪽에 채운다.

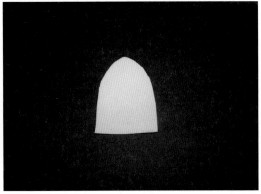

무용수 머리에 씌워보며 헤드 프레임과 무용수의 머리가 따로 놀지 않고, 흔들리지 않도록 스펀지를 채운다.

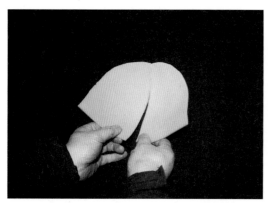 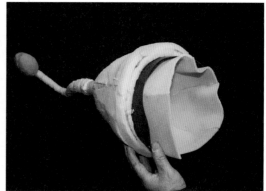

스펀지 처리를 한 뒤 학탈을 머리에 썼을 때 부드럽게 안착될 수 있도록 스펀지 위에 누비 원단을 덧대어 매끄럽게 처리해준다. 스펀지와 마찬가지로 날개 깃처럼 총알 모양으로 재단한다.
재단된 6개의 누비 원단을 매끄러운 면이 바깥쪽으로 향하게 두고 이음새를 봉제한 뒤 매끄러운 면에 본드를 발라 헤드 프레임에 붙이고 남는 원단은 밖으로 넘겨 특수제작 한지에 붙인다.

 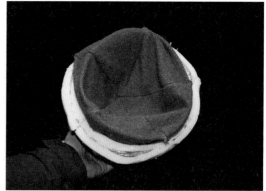

⑦ 헤드 고정밴드 만들기, 부착하기

준비물 : 헤드 프레임, 아세테이트, 누비, 본드, 재단가위, 초크, 재봉틀, 벨크로

헤드 고정밴드는 무용수의 귀에서 귀까지(뒤통수 쪽으로)의 둘레와 귀에서 턱까

지의 길이를 잰다.

헤드 고정밴드의 고정은 헤드 프레임보다 밑으로 나오게 붙였던 특수제작 한

지 위에 붙인다.

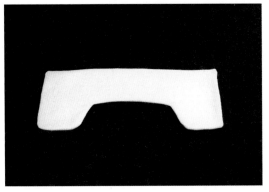
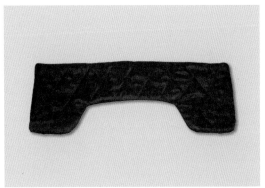

아세테이트 원단 위에 귀에서 귀까지 둘레인 28cm 정도를 직선으로 그리고 그

직선의 좌우 끝에 약간의 여유를 두어 재단한다. 그리고 귀에서 턱까지의 길이

인 19cm 정도를 표시한 뒤 10cm를 더 길게 재단한다. 그 이유는 벨크로를 부

착하여 턱에 헤드

고정밴드가 겹쳐

지도록 고정하는

여유분이다.

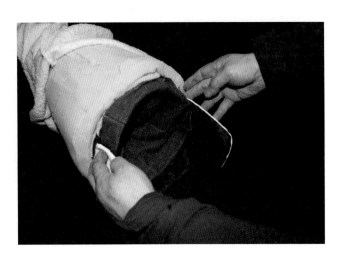

헤드 고정밴드는 아세테이트 원단과 누비 원단을 2중으로 봉제하는데 같은 방법으로 그려 재단하고 아세테이트는 털이 있는 부분이 바깥으로, 누비 원단은 매끄러운 면이 바깥으로 오게 하여 봉제한다.

턱에 헤드 고정밴드가 꼭 맞게 겹쳐지는 지점을 체크하여 벨크로를 잘라 위치에 맞게 봉제한다.

벨크로는 넓게 부착하여 잡아주는 힘이 강하도록 해준다.

헤드 프레임에 부착되어있는 특수제작 한지에 헤드 고정밴드를 부착하기 위해 중심축을 잡아 체크하고 헤드 고정밴드와 특수제작 한지 둘 다 본드칠을 하여 강하게 부착한다.

⑧ 어깨 덮개 만들기

준비물 : 헤드 프레임, 아세테이트, 본드, 재단가위, 초크, 재봉틀, 벨크로

헤드 프레임과 마찬가지로 바이어스로 입체재단을 한다.

학의 목 부분이 끝나는 지점에 아세테이트를 팽팽하게 당겨 딱 맞게 여미고 어깨부분으로 내려가는 길이를 재는데, 무용수에게 학의 몸통과 학탈을 씌워보고 어깨 덮개가 몸통을 어느 정도 가리는지 움직임에 불편함이 없는지 체크한 뒤, 점점 넓어지는 형태로 입체재단한다. 원단 양 끝부분을 털이 있는 쪽이 바깥쪽으로 오도록 겹쳐 깔때기 모양이 되도록 봉제한다.

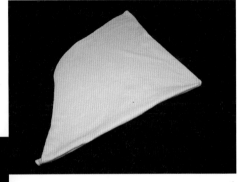

이때, 학 머리 부분으로 씌워 내려 어깨를 덮도록 해야 하기 때문에 작은 구멍을 남겨두고 봉제하도록 한다.

봉제하지 않은 목 부분은 후에 본드로 접착한다.

학체로 서서 춤을 출 때 어깨 덮개가 몸통과 고정이 되고자 하는 부분을 체크하고 흰색 벨크로를 작은 원으로 잘라 표시해 둔 곳에 본드로 부착하여 머리를 쓰고 몸통과 연결을 한다.

⑨ 시야 확보

준비물 : 헤드 프레임, 초크, 망사(흰색), 본드, 재단가위

무용수가 직접 헤드 프레임을 써보고 눈 부분을 시야 확보를 위해 표시하고 둥글게 잘라 재단한다.

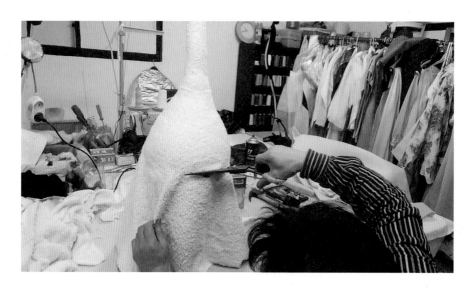

이때, 특수제작 한지보다 눈 부분이 위로 재단되지 않도록 조심한다.

흰색 망사를 시야 확보한 부분보다 더 크게 재단한다.

어깨 덮개를 뒤집어서 흰색 망사를 올려보고 겹치는 부분에 본드칠을 하여 망사가 떨어지지 않게 눌러주며 붙인다. 망사를 붙이면 눈 부분이 늘어나지 않고 팽팽하게 유지가 된다.

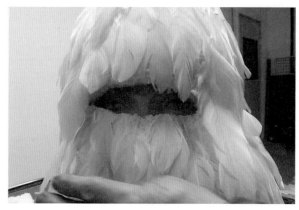

⑩ 어깨 덮개와 목에 털 붙이기

준비물 : 거위 털(검은색, 흰색), 닭 털(흰색), 본드(라바본드), 재단가위

어깨 덮개에 털을 붙일 때 사용되는 털은 몸통과 날개에 사용했던 거위 털과 동일한 털이다. 털을 붙이는 요령은 아래쪽부터 위로 올라가면서 붙이며, 털이 떨어지지 않도록 중간중간에 라바본드를 발라가며 털을 붙이도록 한다.

목에는 거위의 속 털로 얇은 털을 붙인다.

학 머리에 붙이는 닭 털과 어깨 덮개에 붙이는 거위 털을 연결하기 위함이다.

학 머리의 멱(학 머리 턱밑)부터 일직선으로 검은색 털을 붙여야 하는데, 밑으로 내려갈수록 색이 점점 옅어지며 얇아진다.

하지만 검은색 털을 붙일 때도 밑에서부터 올라가면서 붙여야 하기 때문에 밑에서 3분의 2지점부터 시작하여 위로 올라오며 붙이고 검은색 털을 붙이는 시작 부분 1~2개의 털만 검은색 속 털을 사용해 마무리한다.

학 머리는 섬세한 작업을 필요로 하기 때문에 거위 털보다 더 작고 부드러운 닭 털을 붙여야 한다. 머리 뒤쪽에서부터 앞 부리쪽으로 오도록 붙인다.
털을 붙이는 요령은 아래쪽부터 위로 올라가면서 붙이며, 털이 떨어지지 않도록 중간중간에 라바본드를 발라가며 털을 붙이도록 한다.

⑪ 학 눈 만들기

준비물 : 특수제작 한지, 진주, 본드, 재단가위

특수제작 한지를 학 머리의 비율에 맞춰 눈 크기를 재단한다.

본드를 발라 학 머리에 특수제작 한지를 붙이고 진주에 본드칠을 하여 한지 위에 눈동자인 진주를 붙여준다.

⑫ 벼슬(적색 나출부) 만들기

준비물 : 스펀지, 공단(빨간색), 본드, 재단가위

머리 위에 포인트가 될 벼슬을 만드는데, 스펀지를 얇게 잘라 원하는 모양을 만들고 스펀지보다 조금 크게 빨간 공단 천을 재단하여 본드칠을 해서 스펀지에 붙여 남는 천은 안으로 집어넣어 붙인다.

본드가 마르길 기다린 뒤 공단 천이 위로 올라가도록 머리 위에 얹어 본드칠을 하여 붙인다.

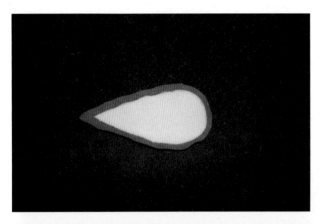

⑬ 완성

본드칠한 부분이 모두 잘 말랐는지 확인해보고, 마르지 않은 부분은 열을 가해 빨리 마르게 한다. 중간중간 무용수가 의상을 입어보고 헤드 프레임을 써보며 사이즈를 측정해야 하고, 털 붙이기 작업이 끝나더라도 전체적으로 보면서 듬성듬성한 부분을 수정하여 메꾸어 주어야 한다.

(3) 하의

검정 스타킹

검정 민소매

검정 코슈즈

맺는말

문화는 각 나라와 민족에 따라 다른 양상을 띠고 있다. 우리는 선조들로부터 받은 찬란한 문화유산을 소중하게 지키며 발전시켜야 한다. 그중에 '학춤'은 민족의 정서를 대변하는 독특한 예술로 공감대를 형성하고 한국문화의 정체성을 지니고 있다. 전통의 원형에 대한 가치인식은 새로운 재창조로서의 변형과 확장을 통해 새로운 정체성의 정립으로 이어진다. 전통춤이 현대화하는 변형과 확장의 작업은 원형에 대한 이해가 전제되어야 하고 외적인 표현만이 아닌 내면에 깊숙이 흐르는 사상과 예술성에 그 초점을 둔 정신을 포함한다. 이는 문화적 정체성의 혼란 속에서 한국적 정체성을 획득하는 과정의 근본이 될 것이다.

본 연구는 두 가지로 구분하여 연구되었다. 첫째는 자연(학)과 인간과 춤에 대한 근원적 고찰이며 다음은 원형으로서의 '학춤', 변화 발전되어온 창작물로서의 변형, 그리고 미래를 향한 확장이다. 자연과 인간이 접화된 '학춤'을 '학이 되고자 하는 인간의 몸짓'이란 관점에서 바라보고 이것은, 왜 춤을 추는가? 무엇을 추는가? 어떻게 추는가? 그 춤은 어떤 영향력을 가지는가? 라는 춤의 본질적인 존재의 의문을 우리 민족의 자연관과 세계관이 상징화된 표현에서 찾으며 우리 민족의 독창성과 전통적인 정신이 담긴 '학춤'에서 그것을 찾고자 하는 필자의 의도가 내재되어 있었다.

몸짓은 인간의 원초적인 언어이다. 언어란 생각이나 느낌을 나타내거나 전달하기 위하여 사용하는 음성·문자·몸짓 등의 수단 또는 그 사회 관습적 체계를 이르는 것으로 소통과 표현의 수단이다. 시와 음악, 그림, 춤 또한 소통과 전달의 표현인 언어이다. 자연관과 인간관을 포함한 사상의 표현은 시, 악 그리고 춤으로 표현되며 이를 악가무일체(樂歌舞一體)라고 표현한다. 『예기(禮記)』

의 「악기편(樂記篇)」에서는 "감정이 마음에서 움직여서 소리로 형상화된다.(情動於中, 故形於聲)"라고 하고 「모시서(毛詩序)」에서는 "감정이 마음에서 움직여서 언어로 형상화된다.(情動於中, 而形於言)"라고 하며 "시는 뜻이 나아가는 것으로 마음에 있으면 뜻이 되고 언어로 드러나면 시가 된다.(詩者, 志之所之也, 在心爲志, 發言爲詩)"라고 한다. "시(詩)라는 것은 뜻이 가는 바이다. 마음에 있음이 뜻이 되고 말의 일어남은 시가 됨이라. 정(情)은 마음의 중심에서 움직이고 말에서 나타나니 말이 부족한 까닭으로 그것을 탄식하고 탄식이 부족한 까닭으로 그것을 노래 부르고 노래가 부족하여 손이 그것을 춤추고 발이 그것을 밟는지 알지 못한다." 이는 순수한 감정을 강조하는 것으로 가장 원초적인 표현으로 형상화된 언어로 춤을 지목하고 있다. 또한 『악학궤범』에서는 "악(樂)이란 것은 천연으로 생겼으나 사람에게 매여 있으며 허에서 발하여 자연으로 이루어지는 것이니 사람의 마음으로 하여금 느껴 혈액을 고동치게 하며 정신을 유동하게 하는 것입니다. 느낀 바가 같지 않으면 발하는 소리도 같지 않아 기쁨을 마음에서 느끼면 소리는 흐트러지며, 노염을 마음에서 느끼면 소리가 거칠어지며, 슬픔을 마음에 느끼면 소리가 급해지며, 즐거움을 마음에 느끼면 소리는 늘어지는 것입니다. 그 소리의 같지 않음을 잘 도와 그 통일을 가지게 하는 것은 윗사람의 지도 여하에 있으니 지도하는 바의 잘 잘못에 따라 사회의 융성과 침체가 달려 있는바 이것은 악(樂)의 작용이 정치 교화에 크게 관계되는 까닭입니다."라고 한다. 「악기」와 「모시서」 『악학궤범』은 각각 시와 음악이라는 다른 장르를 논의하고 있지만 원초적 예술의 근원과 창작의 동기를 설명하는 부분에서는 뜻을 같이한다.

'학춤'의 연구도 이러한 관점에서 출발했다. 인간이 학의 탈을 썼다. 학이 인간을 품고 있다. 학의 탈과 인간 사이에는 두 개의 공간이 존재하지만 하나이다. '학춤'은 학의 형태인 '인간의 춤'이며 인간의 내면을 품은 '학의 춤'이다. 이는 학과 인간이 다른 차원으로 변용되는 것이며, 다른 이상세계로의 확장성을 지닌다. 왜 인간은 학이 되고 싶었을까? 새와 탈과 학의 상징과 '학춤'에 내재된 사상의 연구를 통해 인간이 이상향의 대상을 학으로 삼은 연유를 유추해 볼 수 있었다.

학은 매우 깨끗하고 천수를 사는 길조로서 영성을 지니고 있다고 믿는 신성한 새이다. '학춤'은 하늘과 땅을 연결하는 매개체인 동시에 장생불사하는 고고한 학의 몸짓이 형상화된 춤으로, 학의 움직임의 사실적 표현과 내재된 학의 고귀함, 고귀하고자 하는 인간 내면의 성품을 동일한 것으로 표현하고 있다.

탈이란 인류의 역사와 함께 생산된 것으로 신앙성을 띠면서 벽사, 의술, 영혼, 추억, 토템, 기우, 수렵, 전쟁, 연희 등에 쓰여지기 위해 창출된 역사적 문화적 조형물이다. 탈을 쓴다는 것은 현실의 인격이 아닌 초자연적인 인격으로 변하는 의미로 탈을 통해 그 동물이 가지는 본질적인 특성을 마음속에 내면화시켜 그 존재를 표현하는 가장(假裝)의 성격을 지닌다. 탈은 다른 대상에 스스로를 투사시켜 탈의 이미지가 지니고 있는 초월성을 상징적으로 지니고 외적인 표현이던 내면적 의미이던 그 이미지를 형성하는 인간의 마음에 변용의 기운을 전해준다. 이러한 재현이나 표현은 인간의 심상과 감정을 표출하여 그 내면을 치유하기 위한 목적으로 사용되어 우리나라의 뿌리 깊은 토착신앙과 결부되었고 고대 제천의식에서 스스로의 삶에 대한 염원을 이루고자 하며 정화하고 치유하고자 하는 근원적인 목적을 지닌 춤으로 형상화되고 발전되었다. '학춤'은 오랜 세월을 거치며 속세의 번뇌에서 고결할 수 있는 유교의 선비정신과 불교의 해탈정신, 도교의 무위자연을 내재하고 있지만 무속적 제의의 형식으로는 표현되지 않았다. '학춤'은 탈을 통해 신격을 갖추고 상생의 주술적 의미를 지닌 종교의 이상향으로 현현하고 있다. 학의 형태와 움직임으로 묘사 재현된 '학춤'은 탈과 학이 지닌 사상성과 상징성을 내재하고 우리 민족의 자연에 대한 인식과 사고를 예술적으로 표현하고 있으며, 민족혼을 표상하는 신화적인 소재인 학을 통해 인간과 자연이 조우하고 감응하는 독창적인 춤임과 동시에 예술성 넘치는 대단한 혁신의 춤이다. '학춤'은 시대적, 사회적, 정치적, 종교적, 철학적 변화의 흐름에 따라 변형과 확장을 통해 현재에 이르고 있다. 예술은 원형의 변형과 확장을 통해 그 시대상을 투영한다.

'학춤'의 문헌적 고찰은 『악학궤범(樂學軌範)』, 『정재무도홀기』 등을 통해 살펴본 결과 '학무'의 출현(出現)을 중국의 탁발위에서 유입되었다고 하고 있으나 연화대무의 원조인 중국의 날자지(埖柘枝), 운남지시(雲藍紙詩), 자지(柘枝)

등에는 학(鶴)의 기록이 없다. 그러므로 '학무'는 '연화대무'가 유도하였고 이 둘은 불가분의 관계를 맺어 긴 세월을 전해 내려왔지만 '학무'가 중국에서 왔다는 기록은 전후(前後)가 부합되지 않는다. 또한 중국의 '학무(鶴舞)'는 고대부터 지금까지 줄곧 유전되어 오고 있지만 날자지(堀柘枝), 운남지시(雲藍紙詩)의 굴자지, 자지(柘枝), 화봉무(火鳳舞), 급화봉(急火鳳), 무학염(舞鶴鹽) 등은 무인이 부채를 들고 노래를 부르며 춤을 추어 중국과 우리의 '학춤'이 형태와 형식, 이미지, 내용, 의복 등에 큰 차이가 있음이 확인되었다. 그러므로 우리의 '학춤'이 중국에서 유입되었다는 관점에 대해 좀 더 연구의 여지를 남긴다. '학춤'은 조선 후기 활발하게 연희되었으나 일제강점기 우리문화말살정책에 의해 전승 단절의 위기에 처하였다. 이후 '학춤'은 사라져 가는 전통춤의 명맥을 이어가고 발전시킨 한성준에 의해 복원 창작되어졌고 한영숙과 김천흥에 의해 전승되어 중요무형문화재 제40호로 지정되었으며 문헌고증에 의해 홀기를 원형으로 재정립되어 1993년 '학연화대합설'로 명칭을 바꿔 현재까지 보존되고 있다. 이흥구는 한성준이 '학춤'을 만들지 않았다면 지금의 학무는 없었을 것이라 증언한다. '학춤'은 한성준에 의해 재창조되었으나 현재의 '학연화대합설'은 한성준의 학춤이 아니다. '한성준학춤'의 극히 일부가 존재하고 있을 뿐이다. 그러므로 동물과 인간의 교감세계를 표현한 독특한 춤으로 내용이나 형식에 있어서 오랜 역사성과 전통성, 예술적 가치가 높아 춤 문화사에 지대한 영향을 끼친 한성준의 '학춤'은 보존의 가치가 높은 예술임에도 불구하고 몇몇 제자들에 의해 명맥을 이어가고 있으며 그동안 관련 자료가 부족하여 재현과 보존 그리고 전승의 연구에 있어 어려움을 겪고 있다.

　학탈을 쓰고 무대에 나가면 관객은 그 신비함에 숨을 죽이며 진짜 '학'인지 '인간'인지를 가늠한다. 그리고 "학이 아니야 사람이야"라고 말하며 관심을 보인다. 춤이 시작되면 그 섬세한 춤과 날갯짓에 매료되어 "학춤을 처음 보았으며 어쩌면 이렇게 아름다울 수 있느냐"고 반문한다. 이는 많은 전통춤 속에서 한정된 춤만이 활성화되어 우리 민족의 다양한 예술양식을 관객들이 접하는 기회를 상실하고 있다는 점으로 해석할 수 있으며 우수한 문화유산이 빛을 보지 못하고 있음에 안타까운 마음이다. '학춤'의 원형과 전승은 이 시대 새로운 춤 혹은 창작학춤으로 이어져 우리 춤의 다양성을 발견할 수 있다. 이러한 '학춤'은 온고이지신(溫故而知新)의 정신으로 과거를 살펴 '원형'을 지키고 발전적인 '전형'의 개념으로 방향모색이 필요하다. 오늘날 우리가 나아가야 할 방향성은 지정문화재뿐 아니라 문화재로 지정받지 못한 우수한 가치를 지닌 비지정 종목에 대한 관심과 제도적 장치를 통해 전승으로 증폭시켜야 한다. 이는 작품화, 무대화로 전승력을 키우고 우리문화예술의 진면목을 바로 세우는 일이다. 전통춤이 현대적으로 재창조되어지고 현대화되는 변형과 확장의 작업은 외적인 표현의 방법만이 아닌 내면에 흐르는 사상과 예술성에 그 초점을 두고 발전되어야 한다. 이는 오늘날 창작의 혼란 속에서 한국무용이 나아가야 할 방향과 정체성을 획득하는 근본으로 작용하여 우리 문화가 번성하는 기반으로 작용될 수 있다. 예술가들은 새로운 시대에 새로운 예술을 추구해 간다. 현재 세계적으로 확산되고 있는 한류의 열풍은 한국문화에 대한 열풍으로 증폭되고 있으며 한국의 문화가 세계의 중심에 서는 날이 올 것이라는 기대감속에 한국의 전통춤 예술이 민속학, 철학, 문화 인류학 등의 심오한 가치를 함축한 고차원적인 진정한 한류로 태어나기를 바란다. 전통은 원형대로 지켜나가면서 현시대와 소통할 수 있도록 발전시키고 글로벌 시대에 세계의 춤으로 창조하여 국가적인 공연예술 브랜드로 세계화되고 자리 잡을 수 있는 방안 연구를 과제로 남기고자 한다. 그를 통해 자주적 문화적 창조적 자긍심을 회복하고 우리 스스로 우수한 문화민족임을 밝혀야 한다.

ABSTRACT

『한국 학춤의 역사적 생성과 미』는 우리나라의 '학춤' 중에서 학탈을 쓴 '학춤' 으로 한정하여 '궁중학무'와 '한성준 학춤' 두 가지에 초점을 맞추어 서술하였다. 첫째, 학춤의 기원을 살펴보고 둘째, 그 속에 내재된 사상성의 연구는 불교와 유교, 도교의 철학과 상징적 설화, 민속 등의 문헌을 중심으로 연구한다. 셋째, 학춤의 상징성의 연구는 우리 민족의 삶과 문화에 깃들어 있는 새와 학과 탈의 의미들을 조형물과 그림, 문양, 복식, 문학과 설화에 나타난 문화의 상징들로서 시대의 사상과 철학이 투영된 표현 양식인 유물을 통하여 살펴본다. 넷째, 학춤의 연구는 '궁중학무'와 '한성준학춤'을 중심으로 역사성에 있어서의 생성과 변형의 과정을 『용재총화』, 『고려사』 「악지」, 『악학궤범』, 『정재무도홀기』 등의 문헌을 통해 시대별 특징과 차이를 고찰하며 교방으로 전해진 각 지역의 학춤과 『진주교방가요』의 학춤을 살펴본다. 또한 동양의 학춤을 중국과 일본, 조선족으로 나누어 찾아본다. 다섯째, '궁중학무'와 '한성준학춤'의 음악과 의상을 고찰하고 '한성준학춤'의 독립적 가치를 중심으로 조명한다. 여섯째, '한성준학춤'을 체계화시키는 문화적 유산의 기록화는 필자가 지켜온 한성준-김천흥-정은혜로 계승된 '학춤'의 춤사위를 무보로 기록하여 춤사위의 구조와 구성을 분석한 후 미학적 분석을 통해 그 의의와 예술적 가치 및 문화사적 의미를 정립한다. 일곱째, 자연과 인간이 접화된 춤으로서의 미적 의미와 가치를 연구하여 우리 민족 춤의 정체성을 찾아보며 예술적 의미와 문화사적 의미를 조명한다. 여덟째, 갑오개혁 이후부터 한국무용의 흐름을 선도하며 활동했던 한성준이 꽃피운 '학춤'의 씨앗이 얼마나 풍성한 춤 문화 활동으로 이어졌는지, 근·현대의 무용가들이 전통학춤에 영향을 받아 어떻게 전통을 이어가고 현대적으로 재창조하며 변형과 확장의 작업으로 새로운 작품 활동을 펼쳤는지 살펴보았다. 이는 오늘의 무용가들이 창작의 가치적 혼란 속에서 한국무용이 나아가야 할 방향과 정체성을 획득하는 근본으로 작용하기도 하여 정리에 최선을 다했다. 마지막으로 학탈의 제작법은 우리 무용사에 있어 '학춤'을 재조명하는 계기를 구체화하는 방법으로 '학춤'에 있어 학탈은 매우 중요한 구성요소지만 그 제작법에 대한 기록이 거의 없어, 수년 동안 탐문 연구하여 현장의 춤사위 동작과 연계한 수정·보완 및 검증을 거쳐 한국 최초로 정리하였다.

문화는 각 나라와 민족에 따라 다른 양상을 띠고 있다. 우리는 선조들로부터 받은 찬란한 문화유산을 소중하게 지키며 발전시켜야 한다. 그중에 '학춤'은 한민족의 정서를 대변하는 독특한 예술로 공감대를 형성하고 한국문화의 정체성을 지니고 있다. 전통의 원형에 대한 가치 인식은 새로운 재창조로서의 변형과 확장을 통해 정체성으로 이어진다. 전통춤이 현대적으로 재해석돼 공연되고 현대화하는 변형과 확장의 작업은 원형에 대한 이해가 전제되어야 하고 외적인 표현만이 아닌 내면에 깊숙이 흐르는 사상과 예술성에 그 초점을 둔 정신을 포함한다. 이는 문화적 정체성의 혼란 속에서 한국적 정체성을 획득하는 과정의 근본이 될 것이다.

본 연구는 두 가지로 구분하여 연구되었다. 첫째는 자연(학)과 인간과 춤에 대한 근원적 고찰이며 다음은 원형으로서의 '학춤'과 변화 발전되어온 창작물로서의 변형, 그리고 미래를 향한 확장이다. 자연과 인간이 접화된 '학춤'을 '학이 되고자 하는 인간의 몸짓'이란 관점에서 바라보고 이것은, 왜 춤을 추는가? 무엇을 추는가? 어떻게 추는가? 그 춤은 어떤 영향력을 가지는가? 라는 춤의 본질적인 존재의 의문을 우리 민족의 자연관과 세계관이 상징화된 표현에서 찾으며 우리 민족의 독창성과 전통적인 정신이 담긴 '학춤'에서 찾고자 하는 필자의 의도가 내재 되어있다.

'학춤'의 연구도 원초적 예술의 근원과 창작의 동기를 설명하는 부분의 관점에서 출발했다. 인간이 학의 탈을 썼다. 학이 인간을 품고 있다. 학의 탈과 인간 사이에는 두 개의 공간이 존재하지만 하나이다. '학춤'은 학의 형태인 '인간의 춤'이며 인간의 내면을 품은 '학의 춤'이다. 이는 학과 인간이 다른 차원으로 변용되는 것이며, 이상세계로의 확장성을 지닌다. 왜 인간은 학이 되고 싶었을까? 새와 탈과 학의 상징과 학춤에 내재된 사상의 연구를 통해 인간이 이상향의 대상을 학으로 삼은 연유를 유추해 볼 수 있었다.

학은 매우 깨끗하고 천수를 사는 길조로서 영성을 지니고 있다고 믿는 신성한 새이다. 학춤은 하늘과 땅을 연결하는 매개체인 동시에 장생불사하는 고고한 학의 몸짓이 형상화된 춤으로, 학의 움직임의 사실적 표현과 내재된 학의 고귀함, 고귀하고자 하는 인간 내면의 성품을 동일한 것으로 표현하고 있다.

탈이란 인류의 역사와 함께 생산된 것으로 신앙성을 띠면서 벽사, 의술, 영혼, 추억, 토템, 기우, 수렵, 전쟁, 연희 등에 쓰이기 위해 창출된 역사적 문화적 조형물이다. 탈을 쓴다는 것은 현실의 인격이 아닌 초자연적인 인격으로 변하는 의미로 탈을 통해 그 동물이 가지는 본질적인 특성을 마음속에 내면화시켜 그 존재를 표현하는 가장(假裝)의 성격을 지닌다. 탈은 다른 대상에 스스로를 투사시켜 탈의 이미지가 지니고 있는 초월성을 상징적으로 지니고 외적인 표현이든 내면적 의미이든 그 이미지를 형성하는 인간의 마음에 변용의 기운을 전해준다. 이러한 재현이나 표현은 인간의 심상과 감정을 표출하여 그 내면을 치유하기 위한 목적으로 사용되어 고대 제천의식에서 스스로의 삶에 대한 염원을 이루고자 하며 정화하고 치유하고자 하는 근원적인 목적을 지닌 춤으로 형상화되고 발전되었다. 학춤은 오랜 세월을 거치며 속세의 번뇌에서 고결할 수 있는 유교의 선비정신과 불교의 해탈정신, 도교의 무위자연을 내재하고 있지만 무속적 제의의 형식으로는 표현되지 않았다. 학춤은 탈을 통해 신격을 갖추고 상생의 주술적 의미를 지닌 종교의 이상향으로 현현하고 있다. 학의 형태와 움직임으로 묘사 재현된 학춤은 탈과 학이 지닌 사상성과 상징성을 내재하고 우리 민족의 자연에 대한 인식과 사고를 예술성 있게 표현하고 있으며, 민족혼을 표상하는 신화적인 소재인 학을 통해 인간과 자연이 조우하고 감응하는 독창적인 춤이다. '학춤'은 시대적, 사회적, 정치적, 종교적, 철학적 변화의 흐름에 따라 변형과 확장을 통해 현재에 이르고 있다. 예술은 원형의 변형과 확장을 통해 그 시대상을 투영한다.

'학춤'의 문헌적 고찰은 『악학궤범(樂學軌範)』, 『정재무도홀기』 등을 통해 살펴본 결과 학무의 출현(出現)을 중국의 탁발위에서 유입되었다고 하고 있으나 연화대무의 원조인 중국의 날자지(堀柘枝), 운남지시(雲藍紙詩), 자지(柘枝) 등에는 학(鶴)의 기록이 없다. 그러므로 '학무'는 '연화대무'가 유도하였고 이 둘은 불가분의 관계를 맺어 긴 세월을 전해 내려왔지만 '학무(鶴舞)'가 중국에서 왔다는 기록은 전후(前後)가 부합되지 않는다. 또한 중국의 '학무'는 고대부터 지금까지 줄곧 유전되어 오고 있지만 날자지, 운남지시의 굴자지, 자지, 화봉무(火鳳舞), 급화봉(急火鳳), 무학염(舞鶴鹽) 등은 무인이 부채를 들고 노래를 부르며 춤을 추어 중국과 우리의 학춤이 형태와 형식, 이미지, 내용, 의복 등에 큰 차이가 있음이 확인되었다. 그러므로 우리의 학춤이 중국에서 유입되었다는 관점에 대해 좀 더 연구의 여지를 남긴다. 학춤은 조선 후기 활발하게 연희되었으나 일제강점기 우리문화말살정책에 의해 전승의 단절위기에 처하였다. 이후 학춤은 사라져 가는 전통춤의 명맥을 이어가고 발전시킨 한성준에 의해 복원 창작되었고 한영숙과 김천흥에 의해 전승되어 중요무형문화재 제40호로 지정되었으며 문헌고증에 의해 홀기를 원형으로 재정립되어 1993년 '학연화대합설'로 명칭을 바꿔 현재까지 보존되고 있다. 이흥구는 한성준이 '학춤'을 만들지 않았다면 지금의 학무는 없었을 것이라 증언한다. '학춤'은 한성준에 의해 재창조되었으나 현재의 '학연화대합설'과는 차별된 것이다. 동물과 인간의 교감세계를 표현한 독특한 춤으로 내용이나 형식에 있어서 오랜 역사성과 전통성, 예술적 가치가 높아 춤 문화사에 지대한 영향을 끼친 한성준의 '학춤'은 보존의 가치가 높은 예술임에도 불구하고 몇몇 제자들에 의해 명맥을 이어가고 있으며 그동안 관련 자료가 부족하여 재현과 보존 그리고 전승의 연구에 있어 어려움을 겪고 있었다.

학탈을 쓰고 무대에 나가면 관객은 그 신비함에 숨을 죽이며 진짜 '학' 인지 '인간' 인지를 가늠한다. 그리고 "학이 아니야 사람이야"라고 말하며 관심을 보인다. 춤이 시작되면 그 섬세한 춤과 날갯짓에 매료되어 "학춤을 처음 보았으며 어쩌면 이렇게 아름다울 수 있느냐"고 반문한다. 이는 많은 전통춤 속에서 한정된 춤만이 활성화되어 우리 민족의 다양한 예술양식을 관객들이 접하는 기회를 상실하고 있다는 점으로 해석할 수 있으며 우수한 문화유산이 빛을 보지 못하고 있음에 안타까운 마음이다. 학춤의 원형과 전승은 이 시대 새로운 춤 혹은 창작학춤으로 이어져 우리 춤의 다양성을 발견할 수 있다. 이러한 '학춤'은 온고이지신(溫故而知新)의 정신으로 과거를 살펴 '원형'을 지키고 발전적인 '전형'의 개념으로 방향모색이 필요하다. 오늘날 우리가 나아가야 할 방향성은 지정문화재뿐 아니라 문화재로 지정받지 못한 우수한 가치를 지닌 비지정 종목에 대한 관심과 제도적 장치를 통해 전승으로 증폭시켜야 한다. 이는 작품화, 무대화로 전승력을 키우고 우리 문화예술의 진면목을 바로 세우는 일이다. 전통춤이 현대적으로 재창조되고 현대화되는 변형과 확장의 작업은 외적인 표현의 방법만이 아닌 내면에 흐르는 사상과 예술성에 그 초점을 두고 발전되어야 한다. 이는 오늘날 창작의 혼란 속에서 한국무용이 나아가야 할 방향과 정체성을 획득하는 근본으로 작용하여 우리 문화가 번성하는 기반으로 작용될 수 있다. 예술가들은 새로운 시대에 새로운 예술을 추구해 간다. 현재 세계적으로 확산되고 있는 한류의 열풍은 한국문화에 대한 열풍으로 증폭되고 있으며 한국의 문화가 세계의 중심에 서는 날이 올 것이라는 기대감 속에 한국의 전통춤 예술이 민속학, 철학, 문화 인류학 등의 심오한 가치를 함축한 고차원적인 진정한 한류로 태어나기를 바란다. 전통은 원형대로 지켜나가면서 현시대와 소통할 수 있도록 발전시키고 글로벌 시대에 세계의 춤으로 창조하여 국가적인 공연예술 브랜드로 세계화되고 자리 잡을 수 있는 방안 연구를 과제로 남기고자 한다. 그를 통해 자주적 문화적 창조적 자긍심을 회복하고 우리 스스로 우수한 문화민족임을 밝혀야 한다. 원형에 관한 가치의 인식은 새로운 재창조로서의 변형과 확장을 통해 정체성으로 이어진다. 전통춤으로서의 학춤이 원형보존과 복원, 그리고 전승으로 이어져 새로운 춤의 재창조를 이루어 낼 수 있기를 바라며 본서가 학춤을 통해 한국 춤의 다양성을 발견할 수 있는 계기가 되기를 바란다.

ABSTRACT

By limiting its scope to the type of Korean crane dances that use crane masks, this paper focuses on the Royal Crane Dance and the Crane Dance recreated by Han Seong-jun. This study is an overview the origin of the crane dance in Korea and that examines the philosophies embedded in the dance, which are deeply rooted in Buddhism, Confucianism, Taoism, myths, and folklore. Additionally, the philosophies are explored through the symbolic meanings of bird, crane, and mask in Korean culture by examining historical artifacts, paintings, designs, documents, and folk tales that embody the ideas of specifics eras. Focusing on the process of the recreation and modification of both the Royal Crane Dance and Han Seong-jun's Crane Dance, this paper also looks into historical documents including Yongjae's Collection of Stories(*Yong-jae-chong-hwa*), The History of Goryeo(*Ko-ryea-sa*), Music(*Ahk-ji*), The Compilation on Music(*Ahk-hak-gwe-beom*), and Jeongjae Dance Notation(*Jeongjae-mudo-holl-Gi*) in order to identify the characteristics of dances in different periods and the discrepancies between them. It evaluates regional crane dances and the crane dance described in the Jinju Book on Song and Dance(*Jinju-gyobang-gayo*), as well as the crane dances of Japan, China, and the ethnically Korean groups in China. The music and costumes of both the Royal Crane Dance and Han Seong-jun's Crane Dance will also be analyzed, with particular attention to the unique value of the latter. Morevover, this research attempts to establish the significance, artistic value, and cultural historical implications of Han Seong-jun's Crane Dance, which has been passed down through Kim Cheon-heung to Jeong Eun-hye, by recording its form and movement in dance notation to analyze its aesthetics. The study reflects upon the aesthetic implications and values of the Crane Dance, in which nature and humans are harmonized into one, with the intention to explore the originality of Korean crane dance and shed light on its artistic and cultural significance. Importantly, this paper reviews how the Crane Dance developed by Han Seong-jun, a pioneer in Korean dance since the Gabo Reform, contributed to enriching dance culture in the country and how modern dancers have been affected by traditional crane dances and recreated them into contemporary styles. Particular care has been taken in this section of the research since the understanding of the historical process provides a foundation for modern dancers to establish a clear identity and to clarify the future direction of Korean dance amidst the conflicting and often confusing perspectives that accompany creative work. Finally, while the crane mask is an important element in the crane dance, there is little record regarding its production technique. After several years of investigation, this research records for the first time in Korea the techniques involved in producing the crane mask, after a series of alterations and verifications in accordance with the movement and form of the Crane Dance.

Culture is unique to each country and ethnic group and that is why we have an obligation to protect and further develop the cultural heritage we have inherited from our ancestors. The Crane Dance is distinctive in that it represents the shared sentiment of Korean people and society. Recognizing the value of traditional archetypes is a prerequisite for the novel recreation of tradition. The process of interpreting traditional dance from a modern perspective should be premised on the understanding of traditional archetypes and their spirit. Then, it can serve as the basis for firmly establishing Korean identity despite the blurring of cultural boundaries.

This research has two major parts: a fundamental reflection on nature, humans, and dance; and the Crane Dance as an archetype, its modified forms, and its expansion toward the future. Why do we dance? What do we dance? How do we dance? What are the influences of the dance? Viewing the Crane Dance from the perspective of human desire to become one with the crane, this study will explore the questions mentioned above in relation to the Crane Dance, which represents our ancestors' view of nature and the world.

This study begins by describing the origin of primitive art and our motivation to create. A human is wearing a crane mask. A crane is brooding human. There are two spaces between the crane mask and the human, but they are one. The Crane Dance is the dance of a human in the form of a crane and at the same time a dance of a crane that has embraced the heart of a human. This sends both the crane and the human to a different dimension, with the potential to enter an ideal world occupied by both. Why does the human want to become a crane? By studying the ideas symbolized by the bird, mask, crane, and the Crane Dance, it is possible to deduce why the crane was represented utopia to ancient Koreans.

Traditionally, Koreans treated the crane as a sacred creature, a bird that is pure and has an eternal life. As a medium to connect heaven and earth, the Crane Dance mimics the elegant movement of the crane and equates the nobility of the crane with the human desire for nobility.

The mask is a cultural artifact that has been created throughout human history to be used in exorcism, medical treatment, memory, totemic tradition, rituals, hunting, war, and entertainment. Wearing a mask enables the wearer to assume the character of the creature represented by the mask. By wearing a mask, the self can be transcended and one can experience a transformation. This enactment was used as a device for inner healing by allowing the wearer to express his/her thoughts and emotions and then was gradually developed into a form of a dance in ancient rituals of purification and healing. While the Crane Dance came to adopt the elements of scholarly virtue in Confucianism, enlightenment in Buddhism, and inaction in Taoism over the course of its development, it was not used in shamanistic rituals. In the Crane Dance, the dancer uses the mask to represent sanctity and embody religious utopia in which nature and humans coexist. By mimicking the form and movement of the crane, the Crane Dance shows our ancestors' perception of nature in an artistic way while embracing the philosophies and symbolism epitomized by the mask and crane. It is a unique type of dance in which nature and humans interact with each other through the crane, a mythical creature that represents the soul of the Korean people. The Crane Dance has undergone modification and expansion, influenced by the changes of different eras, society, politics, religion, and philosophy. Art reflects and embraces contemporary life by modifying itself based on its archetypes.

According to the Compilation on Music(*Ahk-hak-gwe-beom*) and Jeongjae Dance Notation(*Jeongjae-mudo-holl-gi*), the Crane Dance was introduced to

Korea from Takbalwi of China. However, there is no record of cranes in the Naljaji(堀柘枝), Unnamjisi(雲藍紙詩), or Jaji(柘枝), all of which are considered the origin of Yeonhwa Daemu. While the Crane Dance was derived from Yeonhwa Daemu and the two became intricately connected over time, the argument that the Crane Dance originated in China has failed to be verified. Furthermore, the Chinese crane dance began in ancient times, but the dances including Naljaji(堀柘枝), Guljaji of Unnamjisi(雲藍紙詩), Jaji(柘枝), Hwabongmu(火鳳舞), Geuphwabong(急火鳳), and Muhakyeom(舞鶴鹽) are performed with dancers using a fan and singing. This affirms a major difference between Chinese and Korean crane dances in terms of form, style, content, and costume. In this regard, there is a need for further research on the argument that the Korean Crane Dance was imported from China. The Crane Dance, which was widely performed in the late Chosun Dynasty, faced extinction during the Japanese colonial era due to the colonial government's cultural assimilation policy. It was Han Seong-jun who revived the traditional Crane Dance, that was continued by Han Yeong-suk and Kim Cheon-heung. Eventually, it became designated as Important Intangible Cultural Property #40 by the Korean government. Making reference to historical documents, the dance was later restored to its original form and renamed *Hak-yeonhwa-daehapseol*(The royal dance of the crane and lotus flower) in 1993. Lee Heung-gu argues that there would be no Crane Dance today were it not for Han Seong-jun's efforts. While Han Seong-jun revived the crane dance, his dance was different from the current *Hak-yeonhwa-daehapseol*. Han's Crane Dance, which showed the communication between the nature and human world, has a unique value for preservation given its historic and artistic merits as well as authenticity. Today, however, it is performed by very few dancers and research on its restoration and preservation is suffering from a lack of support.

The audience is attracted to the beauty of crane dancers. "They are not cranes. They are humans," they say. Once the dance starts, the audience is mesmerized by the delicate movement and poses of cranes. Many have made comments such as, "I've never seen the Crane Dance before and I didn't know it is so beautiful." It is regretful that only limited types of traditional dance are performed and the public does not have access to more varied forms of dance enjoyed by our ancestors. The archetype and modified forms of the Crane Dance show the diversity and versatility of our traditional dances, reminding us of the need to preserve their archetypes while seeking their progressive advancement at the same time. We should pay greater attention not only to designated cultural property, but also any cultural objects with high value. A better system is needed to encourage creation based on tradition and provide the greater public with access to those works, which will enrich our culture and increase capacity for preservation. In addition, the process of recreating and modernizing traditional dances should be based on the philosophies and artistic value inherent in them, rather than simple re-enactment. This is the direction that the Korean dance community should follow in order for it to firmly establish its identity and further enrich our culture. To this end, artists are pursuing new forms of art that reflect contemporary needs. The Korean Wave that is spreading around the world is increasing international interest in Korean culture. In anticipation that Korean culture will someday take center stage in the global scene, it is hoped that Korean traditional dance is revived in its true form in the Korean wave and that it disseminates its profound values of folklore, philosophy, and cultural anthropology. When it comes to future research, there is a need to study how we can preserve our traditional dance while developing it in accordance with contemporary demands and globalization as Korea's national brand. This will help us restore our cultural pride and the creativity of Korea will contribute to the international community. The recognition of the value of archetypes will encourage more creativity through modification and expansion while strengthening our identity. It is hoped that the traditional crane dance continues to develop through preservation, restoration, and recreation and that this paper provides an opportunity to rediscover the diversity of Korean dance.

참고문헌

단행본

구히서 · 정범태, 『한국의 명무』, 한국일보사, 1985.

구희서, 『춤과 그 사람』, 열화당, 1992.

국립문화재연구소, 『태평무』, 국립문화재연구소, 1997.

김동욱, 임기중 편저, 『169선루별곡(仙樓別曲)』, 樂府 下. 태학사, 1982.

김부식, 『삼국사기』 「악지」 권32, 『신라고기』, 연대미상.

김성수, 『울산학춤 연구』, 울산학춤 보존회, 2000.

김종욱 편저, 『한국근대춤자료사』(1899~1950), 아라, 2014.

김천흥, 『심소김천흥의 우리춤 이야기』, 민속원, 2005.

남영애, 『일본무용의 기초연구』, 삼신각, 1992.

박종익, 『한국구전설화집』 12, 민속원, 2005.

백성스님, 『학춤연구』, 한림원, 2004.

서유구 저, 정민 역, 『금화경독기』, 2003.

성기숙, 『한국 전통춤 연구』, 현대미학사, 1999.

성무경 역, 『교방가요』, 보고사, 2002.

성현 외, 고전국역총서 『악학궤범』(전2권), 민족문화추진회, 1967.

성현, 『용재총화』, 민족문화추진회, 1997.

송방송, 『한겨레음악대사전』, 보고사, 2012.

유동식, 『민속종교와 한국문화』, 현대사상사, 1988.

이덕무 저, 민족문화추진회 역, 『청장관전서』 9권, 민문고, 1989.

이도열, 김성호, 『탈, 신화와 역사』, 예나루, 2014.

이찌가와 엔노스케, 『학춤에 대한 평가』, 일본 동경조선 문화사, 1938.

이혜구, 『신역 악학궤범』, 국립국악원, 2000.

이흥구, 『학연화대합설무』, 국립중앙도서관, 피아, 2006.

이희평, 『화성일기』, 2004.

일연, 『삼국유사』, 연대미상.

임동권, 『한국에서 본 일본의 민속문화』, 민속원, 2004.

장사훈, 『한국전통무용연구』, 1997.

전경욱, 『한국의 전통연희』, 학고재, 2004.

정병호, 『한국의 춤』, 열화랑, 1985.

정인지 외, 『고려사』, 북한사회과학원, 허성도, 1998.

조원경, 『무용예술』, 해문사, 1967.

차순자 역, 『중국무용사』, 동남기획, 2002.

한흥섭, 『한국의 음악사상』, 민속원, 2002.

허영일, 『민족무용학』, 시공사, 1999.

허영일, 『완역집성 정재무도홀기』, 보고사, 2005.

『한국예술사전IV』「가면」, 편찬위원회, 대한민국예술원, 1985.

『한국문화 상징사전』, 한국문화상징사전편집위원회, 1996.

『한국전통연희사전』, 민속원, 2014.

『고려사』「악지」당악(唐樂)조(條) 후주(後註).

『대륙잡지(大陆杂志)』, 제14권, 제2기.

楊愼撰, 『단연여록(丹鉛餘錄)』, 악원(樂苑).

加藤陸久(1968),「鷺舞考」, 神道史學會.

靑木文雄(1984),「鷺舞」, 續河の音, 王朝文學の會.

靑木文雄(1987),「鷺舞」, 河の音抄比治山女子短期大學.

宮尾玆良(1987), ASIA舞踊の人類學, Parco出版社.

연속 간행물

구히서, 「일간스포츠」, 1990. 10. 6.

김을환, 명고수 한성준, 「춤」, 1976. 3.

성경린, 한국 전통무용의 맥락(17), 「무용한국」, 1994.

송은아, 「세계일보」, 2017. 4. 1.

유기룡, 「여성동아」, 1973. 10.

정청자, 무형문화재 제40호, 학춤의 문화사적 가치, 「무용한국」, 1980.

한성준, 고수 오십년, 「조광」 4월호 통권 제3권 제4호, 1937.

허용주, 대전십무연재 「이츠대전」, 대전광역시, 2017. 12.

「조선일보」, 1934. 6. 19.

석정막 인터뷰 「욱천신문(旭川新聞)」, 1935. 9. 28.

묵은 조선의 새 향기, 「조선일보」, 1938. 1. 6.

「동아일보」, 1938. 1. 19.

조선춤 이야기, 「조선일보」, 1939. 11. 8.

국내 학술지 논문

강인숙, 『「교방가요』에 나타난 당악정재의 변모양상」, 무용역사기록학회, 2006.

김온경, 「동래학춤에 관한 연구」, 한국무용연구학회, 1987.

김온경, 「정현석(鄭顯碩)의 교방가요(敎坊歌謠) 연구(研究)」, 한국무용연구학회, 1995.

김은자, 「조선후기 성천 교방의 공연활동 및 공연사적 의미 -『성천지(成川誌)』를 중심으로-」, 한국예술종합학교 세계민족무용연구소, 2005.

김해경·소현수, 「전통조경요소로써 도입된 학(鶴)과 원림문화」, 한국전통조경학회, 2012.

백현순, 「한국춤과 천지인(天地人) 합일의 몸짓의미」, 한국무용연구학회, 2015.

변승구, 「고시조에 나타난 '학'의 수용양상과 문학적 의미」, 어문연구학회, 2014.

심숙경, 「당악정재 연화대와 중국 자지무(柘枝舞)의 관계」, 대한무용학회, 2012.

이보형, 「86아시안게임 개막식 공연을 보고 화려한 공연 뒤에 숨은 「텅빈 실속」「광장」」, 세계평
　　　화교수협의회, 1986.

이애주, 「한성준 춤의 가치와 정신」, 『한성준 춤의 문화유산적 가치와 현대적 계승 방안 세미나
　　　발표집』, 2012.

이종숙, 「조선시대 지방 교방 춤 종목 연구」, 순천향대학교 인문학연구소, 2012.

장사훈, 「한국전통무용서론」, 서울대학교 동양음악연구소, 1977.

정재서, 「道敎의 샤머니즘 기원설에 대한 재검토」, 한국도교문화학회, 2012.

정청자, 「무형문화재 제40호 학무의 문화재적 가치」, 『강원대학교 부설체육과학연구소논문집』
　　　제4집, 1979.

주은하, 「울산학춤 고」, 한국체육학회, 2006.

최수빈, 「도교에서 바라보는 저세상」, 한국도교문화학회, 2014.

최해리, 「개혁개방이후 연변 조선민족무용의 종류와 특징」, 한국무용기록학회, 2004.

학위 논문

권순주, 「정재만의 창작 작품에 내재된 전통적 성향 연구」, 숙명여자대학교 석사학위논문, 2004.

김소양, 「울산학춤의 생성 배경과 변천」, 경북대학교 박사학위논문, 2011.

박명숙, 「최승희(崔承喜) 예술이 한국 현대무용에 끼친 영향」, 한양대학교 박사학위논문, 1994.

박은혜, 「학춤을 통해 살펴 본 한국 전통춤의 발생적 특질연구」, 한국예술종합학교 예술전문사
　　　학위논문, 2004.

박희영, 「한국무용과 일본무용의 비교연구」, 숙명여자대학교 석사학위논문, 2001.

성예진, 「학춤의 구조적 분석을 통한 특이성에 관한 연구」, 세종대학교 석사학위논문, 2007.

안병헌, 「학무의 문화사적 고찰과 현대적 위상」, 경희대학교 석사학위논문, 1990.

양진예, 「한국 동물모방춤에 관한 연구」, 이화여자대학교 석사학위논문, 1993.

유미자, 「한국과 일본의 학춤 비교」, 중앙대학교 석사학위논문, 2016.

이송, 「신무용의 역사적의의」, 숙명여자대학교 석사학위논문, 1993.

임학선, 「명무 한성전의 춤 구조 연구」, 한양대학교 박사학위논문, 1983.

정경혜, 「天地人 사상에 근거한 自然의 순환적 표현 연구」, 경북대학교 박사학위논문, 2016.

정영주, 「중국 조선민족 무용 연구」, 중앙대학교 석사학위논문, 2005.

정혜란, 「한성준에 관한 연구」, 이화여자대학교 석사학위논문, 1986.

조경아, 「조선후기 의궤(儀軌)를 통해 본 정재(呈才)연구」, 한국학중앙연구원 한국학대학원 박
　　　사학위논문, 2008.

주은하, 「한중일 동물모방춤의 비교분석」, 단국대학교 박사학위논문, 2007.

한윤창, 「학춤에 관한 연구 : 학연화대처용무와 한성준 학춤을 중심으로」, 숙명여자대학교 석사
　　　학위논문, 1998.

조사보고서

김옥진·구희서, 무형문화재 조사보고서 제243호, 문화재관리국, 1996.
김천흥·최현, 무형문화재 조사보고서 제64호, 문화재관리국, 1969.
김천흥·서국영, 무형문화재 조사보고서 제122호, 문화재관리국, 1976.
서국영, 무형문화재 조사보고서 제105호, 문화재관리국, 1973.

인터넷 홈페이지

국립문화재연구소
경남문화사랑방
대한민국예술원
문화재관리국
문화콘텐츠닷컴
문화포털
민족문화대백과사전
한국민족문화대백과사전
한국콘텐츠진흥원
한국향토문화전자대전

기타

TV악학궤범 '학춤' 인터뷰 교육영상 자료원

사진제공

제1장

전 조세걸, 신선 중 제7폭 ⓒ국립중앙박물관
학창의 ⓒ국립중앙박물관
솟대 ⓒ국립민속박물관
농경문 청동기 ⓒ국립중앙박물관
쌍조문평와당 ⓒ국립중앙박물관
청동쌍조간두식·오리형검파두식 ⓒ국립중앙박물관
서봉총 금관 ⓒ문화재청
쌍조문수막새 ⓒ한국향토문화전자대전
패면 ⓒ국립중앙박물관
토면 ⓒ이뮤지엄
부여 청동가면 ⓒ국립중앙박물관
처용탈 ⓒ정은혜무용단
방상씨탈 ⓒ문화재청
학탈 ⓒ정은혜무용단
수영야류 범탈 ⓒ이뮤지엄
단학 ⓒ문화포털
십장생도 ⓒ문화재청
승학탄금신선도 ⓒ불교신문 2447호
청화백자십장생 문양사발 ⓒ인천광역시립박물관
쌍학문 두루주머니 ⓒ국립고궁박물관

제2장

『악학궤범』 제4권 '연화대' ⓒ이혜구, 『신역 악학궤범』, 국립국악원.
『악학궤범』 제5권 '학연화대처용무합설' ⓒ이혜구, 『신역 악학궤범』, 국립국악원.
『악학궤범』 제5권 '교방가요' ⓒ이혜구, 『신역 악학궤범』, 국립국악원.
김홍도, 〈평안감사향연도〉 중 부벽루연회도 ⓒ국립중앙박물관
김홍도, 〈평안감사향연도〉 중 연광정연회도 ⓒ국립중앙박물관
학연화대처용합설무 ⓒ학연화대합설무(대악회)
현행 학연화대합설 ⓒ국립국악원
한성준 ⓒ홍성신문

찾아보기

소헌 정은혜 素軒 鄭殷惠

1958년   10월 24일생
1976년   전주기전여자고등학교 졸업
1976년   경희대학교 무용학과 입학
1982년   김백봉의 산조춤 「청명심수」로 〈산조연구〉 석사학위논문
1982년   김천흥 선생에게 입문, 학춤, 춘앵전, 처용무, 무산향, 검무, 사자춤 등 궁중정재를
          수학하고 공연활동을 함께 하였으며 '정재연구'라는 서적과 정재에 관한 여러 논문발표
1986년   국립극장에서 첫 개인발표회
1988년   88서울올림픽 개막식지도위원
1991년   최초의 환경춤 '물의 꿈'을 문예회관대극장
1995년   김천흥 선생의 가르침을 받아 「처용무의 동양 사상적 분석을 통한 무의 연구」로
          박사학위 취득
1995년   충남대학교 무용학과 교수 부임
1999년   중요무형문화재 제39호 「처용무」 이수증 수여
2002년   「새가락별무」 산조춤을 완성
2005년   〈미얄〉로 국립무용단 객원 안무,
2011년   대한민국무용대상 〈대통령상〉 수상, 작품 〈처용〉
2011년   대전시립무용단 예술감독
2015년   세종국제무용제 창설
2018년   안무작 〈대전십무〉 대전의 지역브랜드로 선정

논문 및 저서   1982년 「산조」 연구, 1983년 「춘앵전」 연구, 1993년 「정재연구」, 1995년 「무용원론」, 1995년 「처용무의 동양사상적 분석을 통한 舞意 연구」, 1996년 「무용창작의 구성방법에 관한 연구」, 1999년 「무용창작법」, 2002년 「한국 춤의 미학적 특성과 형성요인에 대한 분석」, 2003년 「정재의 형식과 특징에 관한 연구」, 2003년 「궁중무용 연구의 성과와 한계」, 2007년 「수운교 바라춤 연구」, 2014년 「무용감상과 비평」, 2018년 「한국학춤의 역사적 생성과 미」 등

대표 작품   1991년 「물의꿈」, 1996년 「들풀」, 1998년 「달꿈」, 1999년 「춘앵전, 그 역사적 풍경으로 바라보기」, 2001년 「미얄삼천리」, 2002년 「유성의 혼불」, 2004년 「서동의 사랑법」, 2005년 「미얄...」, 「봄의단상」, 2008년 「점지」, 2009년 「진혼」, 2010년 「처용」, 2012년 「한울각시」, 2013년 「계룡이 날아 오르샤」, 2014년 「대전십무」, 「사의 찬미」, 2015년 「기다림2」, 「몽,,,춤의 대지」, 2016년 「폴란드 여정」, 2017년 「대무의 고찰」 등

한국 학춤의 역사적 생성과 미

2018년 4월 27일 초판 1쇄 발행

지은이 정은혜
펴낸이 김흥국
펴낸곳 도서출판 보고사

책임편집 황효은
표지디자인 손정자

등록 1990년 12월 13일 제6-0429호
주소 경기도 파주시 회동길 337-15 보고사 2층
전화 031-955-9797(대표), 02-922-5120~1(편집), 02-922-2246(영업)
팩스 02-922-6990
메일 kanapub3@naver.com/bogosabooks@naver.com
홈페이지 http://www.bogosabooks.co.kr

ISBN 979-11-5516-782-3   93680
ⓒ정은혜, 2018

정가 38,000원